Q&A
中小企業経営に役立つ
会社法の実務相談事例

弁護士	公認会計士・税理士	
島村 謙	佐久間裕幸	編著
	（TAX-CPA研究会 代表）	

ぎょうせい

はしがき

　本書は、旬刊『速報税理』の2014年1月21日号から2016年5月11日号までに連載された、「誌上相談　中小企業経営に役立つ会社法務の実務ポイント」と題する原稿を体系的に整理し、書籍化したものです。

　連載は、多くの優良中堅・中小企業を含む幅広い顧客を抱える、気鋭の公認会計士・税理士のグループであるTAX-CPA研究会が、会社法に関する実例と疑問点を持ち寄り、これに対して私が、弁護士の立場から回答・解説を行うスタイルで進められました。

　幸いにも、この連載は多くの読者から好評を頂きましたが、それは一重に、持ち寄られた実例が、公認会計士・税理士が実際の実務において出くわした現実の問題であり、鮮度と汎用性の両面において優れたものばかりであったからだと思われます。

　昨今、会社法を体系的に解説する教科書や、先端的な手続について詳述する実務家向けの書物など、多くの優れた書籍が存在します。その中にあって本書は、非上場企業を中心とする会社法実務において、いわば「出る順」の問題と回答・解説例を集めたものと理解して頂ければ、その独自の存在意義も伝わるのではないかと思います。

　なお、書籍化に当たっては、法令の改正に関する情報をアップデートするなどしたほか、各原稿のうち、税務実務との関係が深いものについて、TAX-CPA研究会のメンバーが書き下ろしたコラム「税務からのアプローチ」が加えられました。これにより本書は、会社法務の基礎知識のみならず、税務実務との関連についても豊富な情報を提供するものとなったと自負しています。

　本書が、日々、企業の経営や法務・税務に携わる方々や、企業に対する助言を業とされる各種実務家の方々などのお役に立つことがあれば、望外の喜びです。

i

なお、連載から本書の出版に至るまで、株式会社ぎょうせいの皆さまには、格段のご配慮と多くのサポートを頂きました。編著者を代表して、厚く御礼申し上げます。

　平成28年10月吉日

弁護士　　島村　　謙

目次

第1章 定款とその見直し

1. 定款変更の手続 …………………………………………………… 2

    定款の変更にはどのような手続が必要でしょうか。変更する内容によって違いはありますか。また現在当社の株主は1名ですが、近い内に外部株主を増やす予定があります。外部株主がいる場合といない場合とで手続が異なるのでしょうか。また、登記の変更は必ず必要でしょうか。

2. 株式の譲渡制限の意味 …………………………………………… 6

    司法書士から、「御社は、昭和41年の商法改正以前からある会社なので、公開会社という扱いになっているのです」と言われました。この公開会社とはどういうものなのでしょうか。また、中小企業は公開会社でない方がよいのでしょうか。

3. 種類株式の活用 …………………………………………………… 10

    種類株式というものがあるとの話を聞きました。これには、どのようなものがあるのでしょうか。

4. 公告の方法 ………………………………………………………… 17

    当社の定款の中に「公告は官報による」という条文がありますが、他にどのような方法がありますでしょうか。減資手続に係る公告や決算公告を行うにあたり、官報以外の方法を選んだ場合に何か手続上違いが生じるのでしょうか。

5. 監査等委員会設置会社 …………………………………………… 22

    当社は、株式上場を意図して、ガバナンスの再構築をスタートしております。上場企業の場合、監査役会設置会社、指名委員会等設置会社、監査等委員会設置会社のいずれかの機関設計を選択することとされていますが、これらのうち平成26年改正で導入された監査等委員会設置会社の特徴を教えてください。

6. 特例有限会社 ……………………………………………………… 26

    当社は、○×有限会社といいます。現在では、有限会社法は廃止されて、有限会社の設立はできなくなったと聞きました。有限会社として設立された会社は、株式会社に移行することはできますか。移行することのメリット・デメリットを含めて教えてください。

第2章 株主総会の運営

1. 株主総会の開催手続　〜株主が集まれば家族会議でも株主総会になるのか？〜 ……… 30

    株主総会が開催されて決議内容が確定するには、法律上どのような要件が必要でしょうか。たとえば、家族会議の場で、株主のほとんどが集まっていた場合、そこで株主総会は成立しますか。逆に、きちんとした手続を踏んで開催する場合では、遠方に住んでいて来場できない株主に、どのように決議に加わってもらうかが課題となります。株主総会開催手続の留意点について、ご解説願います。

2. 株主総会の手続 〜株主総会の進行から議事録の作成まで〜 ………………… 35

　当社は、株主が8名ほどおります。株主総会を開催するにあたって、どのように総会を進行していくのか不安があります。株主総会の進行から議事録の作成までの段取りについて教えてください。

3. 株主総会の株主を確定する ……………………………………………… 40

　最近当社の株式を取得した株主がいるのですが、この株主が株主総会に出席するのはいつの時点からになるのでしょうか。決算日ではなく、株主総会開催日時点での株主とすることも可能でしょうか。

4. 株主総会の開催期限 ……………………………………………………… 43

　定時株主総会について、いつまでに開催しなければならないという期限はありますでしょうか。設立時の定款を見直したところ「事業年度末日の翌日からから2か月以内」に開催することとなっていましたが、2か月を過ぎて開催するとどうなるのでしょうか。また、この定款の規定は、いかようにも変更が可能なのでしょうか。

5. 株主から株主総会の招集を求められたら ……………………………… 48

　当社は同族会社（取締役会設置の株式会社）ですが、5％強を有する少数株主から、株主総会を開催してほしいと言う通知がありました。どのような内容を審議したいのかなどは、書かれておりません。どのように扱ったらよろしいでしょうか。

6. 株主総会・取締役会手続の簡略化 ……………………………………… 51

　当社は、親族のみで経営をしている小規模な会社です。株主総会や取締役会に関する手続等は、できるだけ簡略化して行いたいと考えています。どのような方法があるか教えて頂ければ幸いです。

7. 遺産分割協議中の株式 …………………………………………………… 55

　当社の創業者であった父（会長）が亡くなり、その保有株式（60％）が相続財産となりました。遺言書がないため相続人（母、長男、長女、次男）間での遺産分割協議が未了の状態で、会社の株主総会を迎えようとしています。あいにく、兄弟間の仲が悪いため、社長（長男。従来から残り40％の株式を所有）として株主総会をどのように乗り切ったらよいでしょうか。

第3章 ●取締役会の運営

1. 取締役会を設置すべきか否か …………………………………………… 60

　当社は株式会社ですが、定款上、取締役会は置いていません。現在、取締役は3名ですが、取締役会を置くべきかどうかについてアドバイスをいただければと思います。

2. 取締役会は、いつ、どのように開催すればよいのか？ ………………… 63

　当社は取締役会設置会社で取締役は全て親族で構成されていましたが、この度取引先の社長を新たに取締役として迎えることになりました。そのため今後は定期的

に取締役会を開催する必要があると思いますが、取締役会はどのような場合にどのように開催する必要がありますでしょうか。

3. 税務調査にも役立つ取締役会議事録の作成 ……………………………… 66
取締役会の議事録を作成しておくと、具体的にどのような場合に役に立つのでしょうか。また、記載する内容はどのようなものでしょうか。

4. 様々な取締役会の開催方法等 ……………………………………………… 71
取締役会の開催方法についてご教授ください。最近は、取締役会を電話会議で済ませたというような話を伺います。どのような条件を整えれば、どこまでの会議形態が認められるのでしょうか。同族会社での自宅家族会議でも大丈夫でしょうか。

5. 取締役会の役割 (1) ～決議に反する代表取締役の行為～ ……………… 75
過大な投資になると取締役多数が反対していた案件を代表取締役が勝手に発注してしまいました。取締役会ではまだ決議していませんが、この発注を取り消すなどの対応はできるでしょうか。

6. 取締役会の役割 (2) ～株主との対立～ …………………………………… 78
代表取締役が勝手に進めた過大な投資に対して、取締役多数の決議により、取締役会で代表取締役を解職しました。すると臨時株主総会が開催されて、過大投資に反対した取締役が解任されてしまいました。解任された取締役に、何か対抗策はあるのでしょうか。

第4章　株主構成の見直し

1. 円滑な事業承継のための手法 ……………………………………………… 82
後継者に事業承継を考えています。円滑な事業承継を行うための対策と株式分散の予防策に関してのポイントを教えてください。

2. 株主の会計帳簿閲覧請求権 ………………………………………………… 85
少数株主から、会計帳簿を見せてほしいとの依頼がありました。見せたくないのですが、会社法には閲覧謄写請求権があると聞きました。どのように対応したらよいのでしょうか。またどこまで見せる必要があるでしょうか。

3. 名義株主の扱い ……………………………………………………………… 91
当社が会社を設立したころ、オーナーのほか、従業員や親族を形式的に株主としました。実際には名前だけを借りている状況でした。これらの株をどのようにしたらよいでしょうか？

4. 従業員持株会 ………………………………………………………………… 95
従業員持株会制度というものがあると聞きました。従業員に会社の株を持ってもらうことで会社との一体感が醸成されるそうですが、なんとなく不安も感じます。持株会について教えてください。

5. | 中小企業で少数株主を排除(スクィーズアウト)する方法 (1) ……………… 100
　　当社株式は、95％ほどを同族で保有していますが、一部同族でない株主がおります。現在は、当社と関係がほとんどないため、全株を同族で固めたいと思っております。同族でない株主に保有している株式の譲渡をお願いしていますが、譲渡をしてくれません。何か良い方法がありませんか。

6. | 中小企業で少数株主を排除(スクィーズアウト)する方法 (2) 〜会社法改正の影響〜 … 103
　　前問では、全部取得条項付種類株式を利用する手法を教えて頂きました。平成26年に会社法が改正されましたが、スクィーズアウトの手法に変化が生じるのでしょうか。

7. | 株主である叔父が経営に口出しをしてきます(株主の共益権)………… 107
　　当社の株式は、二代目社長である私がそのほとんどを所有しておりますが、10％ほど叔父が所有しております。叔父は高齢なので、取締役からは降りてもらったのですが、その後も株主なのだからといろいろ経営に注文を付けようとします。株主の権利を踏まえ、叔父への対応策について教えてください。

8. | 問題のある者への株式の相続の回避 (1) 〜相続人等に対する株式の売渡請求制度〜 … 111
　　株主の中に社長の妹がおりますが、その配偶者は問題のある人で、株主になられては困ります。妹に重篤な病気が発見されたのですが、妹の株が相続によってその配偶者に行かないようにする方法はあるのでしょうか。

9. | 問題のある者への株式の相続の回避 (2) 〜信託による方法、種類株による方法〜 … 114
　　前問では、好ましくない人物が相続により株主になってしまうことを防止するための相続人等への売渡請求制度の解説していただきました。この定款の定め以外にも対策がありましたら、教えていただければ幸いです。

10. | 望ましい外部株主の株式保有割合 ……………………………………… 120
　　当社は社長である私が株式の60％を保有しており、残りは複数の親族が保有しています。この度外部の取引先の方から増資を引き受けたいという申し入れがありましたが、株式保有割合についてどのような点に注意すればよいでしょうか。私の議決権として、過半数は確保した方がよいとは思いますが、他に気を付けることはありますか。

第5章 役員(取締役・監査役等)

1. | 役員の任期は長く設定した方が得なのか？ ……………………………… 126
　　当社では、平成18年に会社法が施行されたのを機会に定款を大きく見直し、当時の司法書士のアドバイスもあり、取締役の任期を10年としました。これらの変更が本当に良かったのか、取締役や監査役の任期は長い方が良いのかご教授ください。

2. | 他社から取締役を受け入れる際の注意(競業取引・利益相反取引) ……… 130

新たな業務提携により、提携先の取締役を当社において取締役として受け入れることになりました。会社法では、取締役を受け入れた後、当該提携先と取引を行う場合に関する規制があるそうですが、どのようなものでしょうか。

3. 役員報酬はどのように決めるのか、引き下げるときはどうか ………… 134
   役員報酬について、通常、会社法上どのような手続に従い決定したら良いのでしょうか。また、今期は業績が悪化し、報酬を支払えない状況になったので、途中で報酬の改定をしたいのですがどのような手続で改定したら良いでしょうか。

4. 取締役の報酬の決議 ……………………………………………………… 140
   取締役の毎年の報酬額は、どのように決めるのでしょうか。事前確定届出給与の届出書の中に取締役の報酬を決定した機関などを記入する項目がありますが、従来、社長が決めてきたことなので、困惑しています。

5. 取締役の解任と「正当な理由」 …………………………………………… 146
   取締役は、任期中途で解任できますか。取締役が不正をした場合に解任することができると思いますが、具体的にどのような場合に解任することができますか。正当な理由がないのに解任した場合、どのようなことになるでしょうか。また、自ら辞任する場合は、いつでもできますか。

6. 取締役が死亡により終任した場合など定員を欠いた場合の取扱い …… 150
   取締役が、死亡により終任した場合はどうなりますか。当社は取締役会設置会社ですが、この結果、取締役が2名となりました。どうすれば良いでしょうか。監査役の場合には、どうなりますか。

7. オーナー会社の取締役責任 ……………………………………………… 153
   取締役は、責任が重いという話をよく聞きます。しかし、自分が100％の株式を保有している限りは、経営に対して批判する株主はいないはずです。それでも責任が生じるのでしょうか。

8. 辞任取締役の会社に対する責任 ………………………………………… 155
   1年前に、友人の会社の取締役を辞任しました。ところが、その会社が株主代表訴訟を受け、私も責任を追及される旨の連絡を受けてビックリしています。実は、私の辞任により役員数に欠員が生じてしまい、退任登記もしていなかったようです。後任の取締役が見つからない場合、私が辞任届を出した後に生じた会社の不祥事などについても、引き続き、取締役としての責任を負うことになるのでしょうか。そのような場合、どうしたら役員としての義務が解消されるのでしょうか。

9. 執行役員 ……………………………………………………………………… 159
   従業員の中の古株が2名いて、ずっと部長という役職名で仕事をしてもらっています。しかし、経営者の右腕としての自覚を持ってもらったり、対外的にも高い役職であると認識してもらえるようにしたいのですが、取締役にするしかないのでしょうか。執行役員という言葉を耳にしましたが。

10. 監査役とその区分 ･･･ 163

    監査役という役職について教えてください。大企業を見ていると常勤監査役と非常勤の監査役という区分があるだけでなくほかにも監査役、社外監査役といった区分があるようです。これらの違いについて教えてください。

11. 監査役の監査範囲の限定 ･･･ 167

    顧問税理士が交代し、新しい税理士に監査役に就任してほしいという依頼をしたところ、監査役の業務範囲を会計監査に限っているならばかまいませんという返事をもらいました。監査役の業務を会計監査に限定するというのはどういうことなのでしょうか。

12. 役員退職金・執行役員退職金の不支給 ･････････････････････････････ 172

    会社には役員退職金規程があります。取締役1名と執行役員1名が社長と意見が合わなくなり、辞任することになりましたが、代表取締役である社長は彼らに退職金を払うつもりはありません。問題はありませんか？

第6章 資金調達・減資・自己株式の取得・剰余金の分配

1. 新株予約権とストックオプション ･････････････････････････････････ 176

    将来、上場しようと考え、事業を始めました。将来、自己の議決権が減らないようにするにも、また役員、従業員のモチベーションを上げるためにも、新株予約権は有効と聞きました。新株予約権の仕組みと発行手続を教えてください。

2. 資本金の額の減少と関係者への影響 ･･･････････････････････････････ 182

    現在、当社の資本金の額は1億4,000万円です。資本金が大きいと感じており、4,000万円ほど減資をしたいと考えております。減資をすると、お金を払い戻さなければならないのでしょうか。また、減資によって、株主が迷惑を被ることはないのでしょうか。

3. 自己株式取得の手続 ･･･ 187

    自己株式の取得・処分・消却について教えてください。昨今の株主対策として、自己株式を取得し、株主配当を増やすといったことを耳にしますが、具体的な手続や手続上の条件等について教えてください。

4. 株式が分散している場合の事業承継（自己株式の取得等） ･･･････････ 194

    当社は、事業継承をすることを考えていますが、株式が分散しており、できるだけ株式を後継者にまとめたいと思っています。後継者には、あまりお金がありません。また、なかには株式の売却に難色を示す株主もいます。どのような対策が可能でしょうか。

5. 配当の手続 ･･･ 201

    当社には設立時に出資してもらった外部株主がいます。このたび会社設立10周年

を迎えるにあたり、この株主の方へのお礼も兼ねて初めて配当を出そうと思うのですが、配当を出すにあたりどのような手続を踏めばよろしいでしょうか。他に法的に特に気を付ける点があれば教えてください。

6. 第三者割当増資 …………………………………………………………… 207

当社は会社の規模が大きくなったこともあり、この度外部の方からの増資を受けようと考えています。保有株式割合や資本金の額を考えて増資したいのですが、手続の概略はどのようなものでしょうか。また、発行価額の決定について気を付けるべきことはありますか。

第7章 計算書類・開示

1. 決算スケジュール …………………………………………………………… 212

ある企業と資本提携をして子会社となりました。親会社への数字の報告に関して、決算取締役会の開催、定時株主総会の招集など決算スケジュールを作成し、遵守することを求められました。決算スケジュールとはどのようなものでしょうか。

2. 計算関係書類の作成 ………………………………………………………… 216

このたび公共事業の入札に参加するに際し、会社の決算書を提出しました。そこで、法律に則った決算書を提出するよう指摘を受けました。決算書を作成する上で、どのような規制があるのでしょうか。

3. 株主総会の招集に際して株主に交付する書類 …………………………… 225

外部株主も加わったため、今後は、株主総会を開催していこうと考えております。それにあたって、招集通知を作成して、発送する必要があり、その中には参考書類として同封しなければいけない書類があります。どのようにしたら良いでしょうか。

4. 会社法上作成保存すべき会計に関する書類 ……………………………… 234

当社は、会社設立を終え、事業を始めたばかりですが、会計に関する書類などの作成、保存について、会社法上どのようなものをいつくらいに作成し、どれくらい保存したら良いかわかりません。

第8章 設立

1. 会社設立と資本金の額の意義 ……………………………………………… 242

会社を設立しようと思います。今は、資本金1円からでも設立できると聞いていますが、実際には、資本金の額は、どういう風にして決めるのでしょうか。

2. 株式会社の設立手続　～発起設立と募集設立～ ………………………… 249

株式会社を設立しようと思います。出資者は私を含め4名です。会社の設立として、発起設立と募集設立があると聞きます。少人数の株主ですので、手続の簡単な方法をとりたいと思っています。違いを教えてください。

3. 合同会社 ……………………………………………………………… 256

日本の会社には、株式会社以外にも、合同会社、合名会社、合資会社があります。合同会社については、小さな会社以外にも大きな会社、出資者が法人の会社（子会社等）なども見かけます。合同会社に向く会社はどのような会社でしょうか。また、合同会社のメリット、デメリットはどのようなものでしょうか。

第9章 組織再編

1. 合併 ……………………………………………………………………… 262

後継者への事業承継を行う上で、多角化した事業の再編を考えております。最近の法律では、柔軟な事業再編が可能と聞きました。合併のケースでの手続のポイントを教えてください。

2. 再生手法としての会社分割 ……………………………………………… 269

わが社の現状は債務超過状態です。いろいろ調べたところ、「会社分割」という手法を使えば、会社債権者の同意なく債務を別法人に移すことができるようですが、法律上の留意点をご教授ください。

3. 第二会社方式 …………………………………………………………… 272

前問では、会社分割による事業再生を教えていただきましたが、「第二会社方式」というのもあるようです。第二会社方式とはどのようなものか、会社分割とはどのように違うのかについて、教えていただければと思います。

4. 兄弟で経営している会社に複数の代表取締役を置く ………………… 275

当社は、兄弟で経営している取締役会設置会社で、2つの事業を兄と弟がそれぞれ所管して、同じくらいの規模で推移しています。しかし、代表取締役が兄なので、弟の事業において、契約等の締結に手間を感じます。どうしたらよいでしょうか。

5. 兄弟で経営している会社を分割して二つの会社にする ……………… 278

当社は、兄弟で経営している取締役会設置会社で、2つの事業を兄と弟がそれぞれ所管して、同じくらいの規模で推移しています。しかし、代表取締役が兄なので、弟の事業において、契約等の締結に手間を感じます。前問では、兄と弟を代表取締役に選任する方法を教えて頂きましたが、会社を分割する方法について教えてください。

6. 不動産を売主に残して事業を譲り受けるには？（会社分割等）……… 282

同業者より事業の売却を提案されました。工場の土地建物を先方に残して、機械などの設備、従業員、得意先などを譲り受け、工場の家賃を払うことになります。株式譲渡や合併によると工場の土地建物まで移転してしまいます。どうしたらよいでしょうか。

7. | 株式の譲受けに際して気を付けるべきポイント ～株券の交付～ ………… 288

　　取引先企業の社長から、「後継者がいないうえに私も高齢になってきた。会社を買い取って、子会社として経営してくれないか。」との打診がありました。申し出を受け、取引先の全株式を買い取るつもりです。なお、この会社は定款上に株券を発行する旨の記載がありますが、社長は株券を所持していないとのことです。株式の取得に際して、注意すべき点はありますか。

第10章　解散・清算など

1. | 経営者保証ガイドライン ……………………………………………………… 296

　　経営者保証ガイドラインというものがあり、銀行融資での連帯保証の扱いが変わるかもしれない、という話を聞いたことがあります。これはどのようなものでしょうか。

2. | 廃業する方法（破産と解散） ………………………………………………… 299

　　経営者の私が高齢になり後継者がいないため、事業を廃止しようと思っています。事業を廃止するには、どのような方法があるのでしょうか。

3. | 廃業する方法（実質債務超過と解散（通常清算）） ………………………… 304

　　前問では、事業を廃止する方法を解説して頂きました。ところで、当社は実質的に債務超過の状態ですが、取引先などの債権者になるべく迷惑をかけないで廃業するにはどうすればよいでしょうか。経営者である私から会社への貸付金は放棄しますし、そのほかにも、多少の個人的な負担は覚悟しています。

4. | 破産 ……………………………………………………………………………… 309

　　会社の業績が悪化して、資金繰りが厳しくなってきました。今後の収益状況から借入金の返済が難しくなってきそうです。会社を破産させるための手続と費用を教えていただけますか？

第1章

定款とその見直し

　定款とは、会社の目的（事業目的）や機関設計など、会社の基本的事項を定めた規範をいいます。定款は、株主総会の特別決議を経なければ変更することができません。換言すれば、株主は、定款の決定権を有することで、会社の基本的な性格をコントロールすることができるのです。
　第1章では、この定款の変更手続や、定款の記載事項のうち重要なもの（株式の譲渡制限、種類株式、公告の方法など）をいくつかとりあげて、説明しています。

1 定款変更の手続

質問

定款の変更にはどのような手続が必要でしょうか。変更する内容によって違いはありますか。また現在当社の株主は1名ですが、近い内に外部株主を増やす予定があります。外部株主がいる場合といない場合とで手続が異なるのでしょうか。また、登記の変更は必ず必要でしょうか。

ポイント

定款を変更するには、常に株主総会の特別決議が必要です。株主が1人の場合、株主総会の招集手続は省略できますが、外部株主が存在することで、省略が難しくなる場合があります。定款変更が必要となるのは、すでに定款に記載した事項を変更する場合のほか、会社法上、定款の定めを置かないと効力が生じないとされる事項（株券発行会社となることなど）を新たに定める場合です。登記は、必要な場合とそうでない場合があるので注意が必要です。

●●● 解説

1 定款変更の手続

(1) **定款変更には株主総会の特別決議を要する**

株式会社の場合、定款の変更を行うためには、株主総会の特別決議が必要です。特別決議は、出席株主の総議決権の3分の2以上の多数で可決します。出席株主は総株主の議決権の半数以上であることが必要ですが（定足数）、定足数は定款により3分の1まで引き下げ可能です（会社法309条2項）。

(2) **株主総会招集手続（1人株主の場合と外部株主がいる場合の相違）**

非上場の、取締役会設置の株主会社の場合、株主総会（定時総会、臨時総会のいずれも）の開催は、①取締役会による招集決議、②代表取締役

による株主総会招集通知の発送（原則として総会の日の１週間前まで（発送日と総会日を算入せず、その間に７日が必要という意味）。上場会社などの公開会社の場合は２週間前まで）、③株主総会、という手順を踏まなければなりません（会社法298条、299条）。

①の決議では、総会の日時場所、議題とその概要（たとえば、議題を「定款一部変更の件」として、概要については、変更文案そのものを決議しておく例が多い）は必ず決議します。同内容は招集通知にも記載します。

以上が原則であり、手続ミスをすると、株主総会の決議が取り消されるリスクが生じます。しかし、議決権を行使できる全株主が同意したときは、②のような招集手続なくして適法に株主総会を開催することができます（会社法300条）。また、株主全員が開催に同意して出席すれば、①の決議がなくても問題ありません[i]。

したがって、株主が１人の場合は、招集手続なくして株主総会を開催することができます。しかし、外部株主が生じた場合は、手続の省略について全株主の同意が得られるかどうかが分からなくなってくることもあり、本来の招集手続を実践した方がよいといえます。この点が外部株主の有無に関して特に注意すべき事項です。

(3) **株主総会後**

定款変更をした場合、登記が必要な場合とそうでない場合があります。その分類は後述します。登記が必要な場合は、株主総会の日から２週間以内に登記を行います。登記のコストは、登録免許税（原則として一件３万円。なお、定款の複数の条項を変更しても同時に申請すれば一件として数えられます（一部例外あり））と、司法書士に依頼する場合は、司法書士に支払う報酬（司法書士によりますが、数万円）が発生します。

つぎに、会社に備え置く定款の記載も、決議に従って変更しておく必要

---

[i] 最高裁昭和46年６月24日判決（民集25巻４号596頁）。

があります[ii]。

2 定款変更が必要な場合と登記

(1) 定款変更が必要な場合

定款の記載事項には、①記載がないと定款が無効となるものや（絶対的記載事項）、②記載しなくても定款は有効だが、当該記載事項の効力が生じないもの（相対的記載事項）、③会社が任意に記載している事項などがあります。したがって、その内容如何を問わず、すでに記載した内容を変更する場合、および、新たに相対的記載事項が発生する場合に、定款変更決議が必要となります。参考まで、非上場の株式会社でよく生じる定款変更の例を記載します。相対的記載事項は太字にしています。

> ①目的の追加（新規事業を始める場合等）、②商号の変更、③本店所在地の変更、④発行可能株式総数の変更、⑤相続人等に対する株式売渡請求（会社法174条）、⑥**株券を発行する旨の定め**（会社法214条）、⑦取締役・監査役の員数（下限・上限）の変更、⑧取締役・監査役の任期の変更[iii]、⑨**取締役会決議の省略**（会社法370条）、⑩事業年度の変更、⑪**取締役会による中間配当の定め**（会社法454条4項）、⑫公告方法（新聞広告や電子公告を定める場合）（会社法939条）。

(2) 登記が必要な場合

上記(1)のうち、登記が必要なものは四角囲みにしました（会社法915条1項参照）。このように、すべての定款変更につき登記が必要なわけではありませんので注意が必要です。

[ii] 変更後の定款の末尾に、「平成28年5月27日　改訂」などの附記をしておく例が多いようです。
[iii] 取締役の任期は原則として選任後2年ですが、定款により短縮は可能です。また、全株につき譲渡制限のある会社は10年まで伸長可能です（会社法332条）。

◆◆◆ 税務からのアプローチ

【変更後の文書としての定款の管理 ──── 吉田健太郎】

　株主総会決議により定款変更をした場合には定款の規定を変更することになりますが、この文書としての定款の変更について決まった手続はありません。会社設立時に作成する原始定款については公証人の認証を受ける必要から形式や手続が定まっていますが、会社設立後に変更した定款については特に認証等の手続は必要なく、会社法第31条1項において、当該株式会社は、定款をその本店及び支店に備え置かなければならないと定められているのみで、変更時の文書形式や更新時期については定められていません。

　そのため、普段定款変更がなく定款の存在自体を意識していない会社では、定款の変更を行っても文書としての定款の管理を行っていないこともあります。例えば、設立後一度も定款を変更していない会社が役員任期の変更を行うことにした場合に、定款変更に必要な株主総会議事録の作成は行っても、その後の文面の更新まで考えが及ばないでいることもあります。

　このような場合でも、原始定款とその後の定款変更の際の株主総会議事録を併せて保管してあれば、最新の定款の内容と変更の日付は確認できるので、定款の備え置きの要件は満たしていると考えられます。ただ、定款の変更が複数回に渡った場合は分かりにくくなりますし、最新の定款の写しが必要になった場合は複数の文書のコピーが手間になりますので、やはり定款の変更を行った際には、その都度文面を更新して最新の状態の原本を作成しておくべきです。古い定款の電子データがあれば、その変更部分を更新した上で、末尾に「平成〇〇年〇月〇日　改訂」と附記したものを保存し、一部印刷しておけば問題ありません。

　なお、最新の定款の写しが必要になるケースとしては株主及び債権者からの請求の他に、県外への支店設立や法人税の申告期限の延長（原始定款の定時総会の開催期日が2か月以内の場合）等があります。

2 株式の譲渡制限の意味

質問

司法書士から、「御社は、昭和41年の商法改正以前からある会社なので、公開会社という扱いになっているのです」と言われました。この公開会社とはどういうものなのでしょうか。また、中小企業は公開会社でない方がよいのでしょうか。

ポイント

その発行する株式の一部でも、譲渡制限のない株式である株式会社を「公開会社」といいます。公開会社ではない株式会社（非公開会社）の場合、株式譲渡により見知らぬ者が株主となることを防ぐことができるほか、株式の取扱いの自由度が高い、既存株主の議決権割合が確保されるよう配慮がなされている、機関設計等の自由度が高い、といったメリットがあります。中小企業は、公開会社ではなく、非公開会社としておいた方が良いといえます。

●●● 解説

1 公開会社と非公開会社

株式会社の株式は、原則として自由に譲渡することができます（会社法127条）。しかし、定款に定めを置くことにより、その譲渡を制限することもできます。この場合は、株式の譲渡に会社（取締役会設置会社の場合は取締役会）の承認を要することを定款に定めます。このようにして譲渡が制限される株式を譲渡制限株式といいます。

そして、発行する株式の一部でも、譲渡制限の「ない」株式を発行する会社を「公開会社」といいます（会社法2条5号）[i]。他方、発行する全部

---

[i] より厳密には、定款上、その発行する全部又は一部の株式の内容として、譲渡制限を定めていない株式会社が「公開会社」です。このように、実際の株式の発行状況ではなく、定款の内容により、公開会社か否かが区別されます。

の株式が譲渡制限株式である会社は、「非公開会社」または「全株譲渡制限会社」などと呼称されています。

2 公開会社と非公開会社の違い

非公開会社の場合、株式譲渡により、見知らぬ者が株主となることを防ぐことができることのほか、以下の例のような種々のメリットがあります。

(1) **非公開会社では、株式の取扱いの自由度が高い**

非公開会社の場合、たとえば、株主ごとに異なる取扱いの定めを定款に定めることができる（会社法109条2項）、役員選任権付種類株式の発行ができる（同法108条1項）、議決権制限株式の発行数の制限がない（同法115条）など、株主平等原則に対する例外が広く認められています。また、株券の発行は、株主が求めるまでは行わなくてもよいなどの規制の緩和がなされています（同法129条2項）。

(2) **既存株主の議決権割合への配慮**

公開会社の場合、低い金額での発行でない限り、株主以外の第三者に対する新株発行は取締役会の決議で実施できてしまいます（会社法201条1項）。つまり、株主の意思とは関係なく、第三者への新株発行がなされて、既存株主の議決権割合が大幅に下落することがあり得るのです。

他方、非公開会社では、上記のような第三者割当増資を含めて、増資を行うためには、株主総会の特別決議を要するため（同法199条2項、309条2項）、既存株主の意に反してそのような増資がなされることはありません。

(3) **機関設計等の自由度が高い**

非公開会社では、取締役会を設置する義務はない（会社法327条1項1号）、定款により、監査役の監査の範囲を会計に関する事項に限定することができる（同法389条1項）など、機関設計の自由度が公開会社に比較して高いといえます。

また、取締役や監査役の任期を、非公開会社では定款の定めにより最長

10年まで伸長することができます（公開会社では、取締役2年、監査役4年が最長。会社法332条1項2項、336条1項2項）。

3 非公開会社への移行手続き

　一般に、中小規模の株式会社では、見知らぬ者が株主に入り込むこと自体が脅威であり、したがって株式の譲渡を制限しておきたいと考えるのが通常です。全株式を譲渡制限株式とすることで、上述した非公開会社となり、様々なメリットを享受することもできます。

　したがって、多くの株式会社が、設立の段階で定款に全株式を譲渡制限株式とする旨の定めを置き、非公開会社となっていますし、そうするべきでしょう。

　しかし、かつての商法時代の一時期、株式の譲渡制限制度自体が認められておらず、昭和41年に譲渡制限制度が制定（復活）されたのですが、その際に株式の譲渡制限を定款に定めなかった株式会社は、現在でも公開会社の扱いを受けることとなります。

　それでは、公開会社である株式会社が、非公開会社に移行するにはどうすればよいでしょうか。公開会社が非公開会社へ移行するためには、株主総会決議により定款を変更して、発行する全ての株式の内容として、譲渡制限を定めます。その決議を可決させるためには、議決権を行使できる株主の半数（頭数）以上で、かつ議決権で3分の2以上（定足数はなし。したがって全ての株主をベースにこれらの条件の成否をカウントしなければならない）の賛成が必要です（会社法309条3項1号）。

　現在は、近しい親族のみが株主なので会社の運営に何の支障もない、という場合でも、相続により遠戚の株主が増えてくると、お金に困った一部の者が勝手に株式を譲渡してしまい、見知らぬ株主が現れる、といった事態があり得ます。しかも、上述のとおり、公開会社を非公開会社に変えるための要件は厳格で、部外者が増えた後では実施できなくなる恐れもあり

ます。現在、公開会社となっている中小企業は、なるべく早めに、非公開化の手続を行っておくべきです。

3 種類株式の活用

質問

　種類株式というものがあるとの話を聞きました。これには、どのようなものがあるのでしょうか。

ポイント

　「内容の異なる複数の種類の株式」を種類株式といいます。種類株式を設計する際の要素には、①剰余金の配当または残余財産の分配の優先劣後、②株主総会で議決権を行使できる事項の制限、③株式の譲渡制限、④取得請求権（株主から会社への取得請求）、⑤取得条項（一定の条件が成就したら会社が株主から強制的に取得）、⑥拒否権、⑦役員選任権、とあり、これらの組み合わせにより、いろいろなタイプの種類株式を設計することができます。

●●● 解説

1 いろいろな種類株式

　定款上、内容の異なる2種類以上の株式の内容が規定されている会社を「種類株式発行会社」といい、その会社が発行する株式を種類株式といいます[i]。

　種類株式を発行するためには、株主総会特別決議により、定款の変更を行うことが必要です。

　種類株式の基本は、以下の(1)から(8)になりますが、これらの組み合わせ

---

i　したがって、たとえば、従来から会社法上認められてきた権利を過不足なく有する株式を普通株式と呼ぶとして、当該普通株式のほかに、配当優先権のある株式を発行する旨を定款に定めた場合、その会社は種類株式発行会社に該当し、その「普通株式」も「優先株式」もいずれも会社法上は「種類株式」に該当することになります。

により様々なタイプの種類株式を設計することができます。

(1) **優先株式・劣後株式**

　剰余金の配当または残余財産の分配について、優先的な扱い（優先株式）または劣後的な扱い（劣後株式）を受ける株式（会社法108条1項1号2号）。

(2) **議決権制限株式（無議決権株式）**

　株主総会で議決権を行使できる事項について内容の異なる株式（同項3号）。たとえば、役員解任議案についてのみ議決権を行使できない株式のように、制限される議決権の対象を限定することもできますが、あらゆる議決権の行使を認めない場合もあり、後者を特に無議決権株式と呼びます。

(3) **譲渡制限種類株式**

　当該種類の株式の譲渡につき、会社の承認を要する株式（同項4号）。なお、非上場の会社の殆どは、発行するすべての株式に譲渡制限を課しています。すべての株式ではなく、一部の株式のみに譲渡制限を課す場合、その会社は二種類以上の株式を発行することになるので、当該種類株式（及びもともとの普通株式）は種類株式に位置づけられます。

(4) **取得請求権付株式**

　株主が、会社に対してその株式を取得するよう請求することができる株式（同項5号）。取得対価の内容は、定款に定めることになります。ただし、請求に応じて会社が株式を取得することになるため、自己株取得にかかる財源規制の適用があり、取得時における分配可能額を超える取得請求は無効となってしまいます。対価がその会社の他の種類株式である場合は財源規制がありません。

(5) **取得条項付株式**

　一定の事由が生じた場合に、会社が強制的にその株式を取得することができる株式（同項6号）。(4)と異なり、会社側に取得の決定権限がある点がポイントです。取得対価に関して財源規制がある点は(4)と同じです。

(6) **全部取得条項付種類株式**

株主総会の特別決議により、会社が、その種類の株式の全部を取得することができる株式（同項7号等）。

(7) **拒否権付種類株式（黄金株）**

株主総会・取締役会の決議事項につき、その決議に加えて、当該種類株式の種類株主総会の決議も要するという株式（同項8号）。この定めの対象となった事項については、株主総会（又は取締役会）の決議が成立しても、当該種類株式の種類株主総会が成立しないと効力が生じません。これは、種類株主が当該事項について拒否権を持つのと同じことなので、この種類株式は、「拒否権付種類株式」と呼ばれています。

(8) **役員選任権株式**

閉鎖会社（全株につき譲渡制限が課されている会社）の場合、当該種類株式の種類株主総会において取締役、監査役を選任できるという種類株式を発行することができます（同項9号）。

2 利用例

(1) ベンチャー企業

たとえば、上場を目指すベンチャー企業がベンチャーファンドから資金調達を受ける際、①投資が成功した場合のベンチャーファンドの利益を確保するため、「株式上場の決定」を条件として複数の普通株式を取得対価として取得することができ（その意味で取得条項付種類株式）、②投資が失敗した場合のリスク低減のために、残余財産の分配等につき優先され（その意味で優先株式）、また、③経営に対するガバナンスをグリップするために役員選任権が付与される（その意味で役員選任株式）、などの種類株式が利用される場合があります。

(2) スクィーズアウト

会社から排除したい少数株主がいる場合、発行済の株式の全てを全部

取得条項付種類株式に振替えたうえ、取得条項を発動し、一定数（少数株主が保有する株式数よりも多数）の既発行株式に対して、別の種類の株式を１株交付するようにします。すると、少数株主は、一株に満たない端数を取得しますが、会社法上、端数は売却され、少数株主には金銭が渡されます（会社法234条１項２号）。

このように、排除したい株主には端数のみが割り当てられるように、全部取得条項付種類株式を設計することで、スクィーズアウト（締め出し）が実現します。

(3) **事業承継**

中小企業の実務で最も重要なのは、事業承継における種類株式の利用です。たとえば現オーナーが議決権を失うことへの不安感払拭のために、現オーナーに拒否権株だけは持ってもらうなどの手法があります。また、すでに発行されている株式の一部（全部ではない）を普通株式から種類株式に振り替える手続きも、会社法の実務上は認められており、これを応用すると、税負担を抑えて、いろいろなバリエーションの事業承継を行うことができます。

◆◆◆ 税務からのアプローチ

【種類株式の評価 ─── 佐久間裕幸】

種類株式の様々な利用法について解説がありましたが、この種類株式を発行したり、その後、譲渡したりする場合の時価はどのように評価するのでしょうか。現在のところ、国税庁から次の３つの種類株式についての評価方式が明らかにされています。

- 配当優先の無議決権株式の評価
- 社債類似株式の評価
- 拒否権付株式の評価

それぞれについて、概略を整理しておきましょう。

(1) 配当優先の無議決権株式の評価

　配当について優先・劣後のある株式を発行している会社の株式を①類似業種比準方式により評価する場合には、株式の種類ごとにその株式に係る配当金(資本金等の額の減少によるものを除く。以下同じ)によって評価し、②純資産価額方式により評価する場合には、配当優先の有無にかかわらず、従来どおり財産評価基本通達(以下「評価通達」という)185((純資産価額))の定めにより評価します。類似業種比準方式の場合、評価の指標の1つに1株当たりの配当金額がありますので、まさに配当優先(ないし劣後)の状況で評価額が異なることが期待されるからです。しかし、純資産価額方式による評価においては配当金の有無・多寡は影響しませんので、特に考慮しないでよいという考え方です。

　原則的評価方式が適用される同族株主が無議決権株式を相続又は遺贈により取得した場合には、原則として、議決権の有無を考慮せずに評価します。ただし、所定の条件を満たす場合には、配当優先株式の評価方法又は原則的評価方式により評価した価額から、その価額に5％を乗じて計算した金額を控除した金額により評価するとともに、当該控除した金額を当該相続又は遺贈により同族株主が取得した当該会社の議決権のある株式の価額に加算して申告することを選択することができるとされています。つまり、原則として議決権についての財産価値は考慮しないものの、5％分を無議決権株式から控除して、議決権がある株式にその金額を加える程度に評価の差をつけることはできるという考え方です。

(2) 社債類似株式の評価

　社債類似株式とは、配当金についての優先権があるが、議決権を有せず、残余財産の分配については、発行価額を超えて分配は行わず、一定期日において、当該株式の全部を発行価額で償還するといった内容の種類株式です。配当金が規則的に支払われるならば、社債と近い経済効果が

期待されます。

　社債類似株式は、その経済的実質が社債に類似していると認められることから、評価通達197－2の(3)に準じて発行価額により評価しますが、株式であることから既経過利息に相当する配当金の加算は行いません。また、社債類似株式を発行している会社における社債類似株式以外の株式の評価は、社債類似株式を社債であるものとして、次の①及び②により評価することになります。

　①　類似業種比準方式
　　(ア)　1株当たりの資本金等の額等の計算
　　　　社債類似株式に係る資本金等の額及び株式数はないものとして計算する。
　　(イ)　1株(50円)当たりの年配当金額
　　　　社債類似株式に係る配当金はないものとして計算する。
　　(ウ)　1株(50円)当たりの年利益金額
　　　　社債類似株式に係る配当金を費用として利益金額から控除して計算する。
　　(エ)　1株(50円)当たりの純資産価額
　　　　社債類似株式の発行価額は負債として簿価純資産価額から控除して計算する。
　②　純資産価額方式
　　(ア)　社債類似株式の発行価額の総額を負債(相続税評価額及び帳簿価額)に計上する。
　　(イ)　社債類似株式の株式数は発行済株式数から除外する。

(3)　**拒否権付株式の評価**

　拒否権付株式とは、株主総会において決議すべき事項について、株主総会だけでは決議できず、当該種類の株式の種類株主を構成員とする種類株主総会の決議があることを必要とするもの、すなわち種類株主権者に拒否

権の行使が認められる株式をいいます。こうした拒否権付株式の評価は、拒否権の有無にかかわらず普通株式と同様に評価するとされています。

　上述(1)の無議決権株式の評価においても同様ですが、国税庁は、議決権には特に財産価値を認めないというスタンスのようです。しかしながら、拒否権付株式を黄金株と呼ぶことがあるように、拒否権があるがゆえに、圧倒的な権限を種類株主にもたらすような種類株もあるため、実務的には、実情に応じて評価に反映する必要があるのではないかと考えます。

第1章 定款とその見直し

4 公告の方法

質問

当社の定款の中に「公告は官報による」という条文がありますが、他にどのような方法がありますでしょうか。減資手続に係る公告や決算公告を行うにあたり、官報以外の方法を選んだ場合に何か手続上違いが生じるのでしょうか。

ポイント

公告の方法には、官報公告のほか、新聞公告や電子公告の方法があります。公告方法を変更するには株主総会特別決議による定款変更と、変更登記を行います。

新聞公告より官報公告の方が低コストです。電子公告は、ウェブページに掲載する方法なので最も低コストなように見えますが、決算公告以外の場合、調査機関の調査を要するので、その分のコストが発生します。なお、新聞公告や電子公告を採用すると、減資やＭ＆Ａの場面等で債権者への個別の催告という手続が不要となる、というメリットもあります。

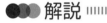

1 公告とは何か

公告とは、会社が、その株主や債権者などの利害に関係する一定の行動をとる際、利害関係者にその事実を知らせるため、会社法に基づき行う情報開示の手段です。公告が必要となる場面の代表例は以下のとおりです。

① 決算公告（定時株主総会終了後、貸借対照表（大会社は損益計算書も）を公告する）
② 株主名簿の基準日を定めたとき（定款に定めのある場合を除く）
③ Ｍ＆Ａ等につき反対株主の株式買取請求権の機会を確保するための

公告
④　Ｍ＆Ａや減資等につき債権者に異議を述べる機会を確保するための公告

2　公告の方法とその変更

　公告の方法には、官報公告、新聞公告、電子公告の三つがあり、定款に定めることにより選択可能です。定款に定めがないときは官報公告がその会社の公告方法となります（会社法939条）。
　官報公告とは、国が発行する情報誌である官報に掲載する方法です。官報公告は、全国の官報販売所（どこでもよい）に掲載の申込みをしますが、インターネット経由で簡単に実施できます。新聞公告とは、時事に関する日刊新聞紙に掲載する方法です。地方紙でも可です。電子公告とは、ウェブページに掲載する方法です。
　公告方法を変更するには、株主総会の特別決議により定款を変更し、変更登記を行います。電子公告を定める場合、ウェブページのURLも登記します。登記するURLは、電子公告が実際に閲覧できるものが原則ですが、リンクをたどれば容易に当該電子公告にたどりつけるのであれば、自社ホームページのトップページのURL等でも可です。

3　コストの比較

　官報公告の掲載料は全国一律ですが、その額は行数や枠の利用により異なります。たとえば貸借対照表の要旨の決算公告の場合、小さくまとめれば約6万円といったところです。
　新聞公告の料金は新聞社により異なります。全国紙の場合、官報公告の10倍程度のコストがかかるといわれています。
　電子公告は、自社管理のウェブページに掲載するのであれば、掲載コストはウェブページの維持費程度です。ただ、決算公告以外の電子公告の場

合、法定の掲載期間中、法務大臣の登録を受けた調査機関（数社存在し、ネットで検索可能です）の調査を受ける必要があり、その調査結果通知書が登記の添付資料とされていますので、調査機関に支払う手数料のコストが発生します。手数料は調査機関により区々です。

したがって、決算公告以外の公告事項が殆ど発生しない、という会社であれば、電子公告が最も低コストかもしれません。なお、定款上、官報公告や新聞公告を定めている会社が、決算公告のみをウェブページで行うことも可能です（会社法第440条3項。URLの設定登記が必要です）。

もっとも、ウェブページは、（官報と異なり）顧客や取引先が見る可能性が高いうえ、決算公告をウェブページで行う場合、掲載する貸借対照表は要旨でなく全文が必要となりますので（官報公告、新聞公告は要旨で可。同条2項）、注意が必要です。

4 いわゆるダブル公告

定款に新聞公告や電子公告を定めると得をする場合があります。たとえば、減資やM＆Aを行う際、官報公告に加え、知れている債権者への個別の催告（各債権者にハガキ等を出したります）が必要とされています。把握している債権者が多い場合、個別の催告は結構大変です。

しかし、定款上の公告方法が電子公告か新聞公告である場合は、官報公告＋電子公告、あるいは官報公告＋新聞公告を実施することにより、個別の催告を省略することができます（いわゆるダブル公告。会社法449条3項、779条3項ほか参照）。

◆◆◆ 税務からのアプローチ

【官報や電子公告にかかる費用の具体例 ─── 佐久間裕幸】

　実際に公告をする場合の費用について、検討してみましょう。官報に掲載する場合には、大会社でない企業の貸借対照表のみの最も小さい2枠での掲載料金が72,978円（平成28年9月現在）となっています。最近では、インターネットのホームページからの入稿もでき、昔より便利になった印象があります。資本金の減少の公告では、4枠を使うため、14万円ほど、吸収合併のように合併会社、被合併会社の貸借対照表を掲載すると6枠となるため、21万円ほどになるようです。

　これに対して、電子公告の場合には、自社のホームページ等に掲載をするため、それ自体には費用はかかりません。ただし、会社法または他の法律の規定による公告を電子公告によりしようとする会社は、公告期間中、当該公告の内容である情報が不特定多数の者が提供を受けることができる状態に置かれているかどうかについて、法務大臣の登録を受けた調査機関に対し、調査を行うことを求めなければなりません（会社法941条）。この電子公告調査機関への報酬が7～8万円となっているようです。平成28年9月現在では、6社が電子公告調査機関として法務大臣の登録を受けています。このように考えると、あえて、電子公告にするように定款を変更し、登記事項の変更をしたうえで電子公告にするほどのメリットがあるようには思えません。

　なお、計算書類の公告は、電子公告調査機関の調査を不要とされており（会社法941条）、費用面でのメリットがあるようにみえます。しかしながら、官報における公告は、大会社でない場合には、貸借対照表の要旨だけでよいのに比べ、計算書類を電子公告する場合には、貸借対照表自体を掲載しなければなりません（会社法440②③）。貸借対照表の要旨は、次の区分での要約記載と当期純損益金額の付記とされています（会社計算規則138～142条）。

貸借対照表

資産の部	負債の部
流動資産	流動負債
固定資産	固定負債
有形固定資産	純資産の部
無形固定資産	株主資本
投資その他の資産	資本金
繰延資産	新株式申込証拠金
	資本剰余金
	資本準備金
	その他資本剰余金
	利益剰余金（当期純利益××円）
	自己株式
	自己株式申込証拠金
	評価・換算差額等
	新株予約権

　さらに、官報による公告をしなかった場合の罰則規定（会社法976第1号）の積極的な運用は見られていないため、官報による公告を選択していながら、公告を失念している企業が多いというのが実態です。

　定款において電子公告を公告の方法としている場合でも、債権者異議の催告に係る手続においては、官報への公告が必須とされています。それが、資本金、準備金の減少（会社法449条2項、627条2項）、清算会社（会社法499条1項、660条1項、670条2項）、合同会社の持分払戻し（会社法635条2項）、組織変更・合併等（会社法779条2項、789条2項、799条2項、810条2項）の場合です。中小企業で官報に公告をするのは、まさに上記の場合に限定されるといえます。

5 監査等委員会設置会社

質問

当社は、株式上場を意図して、ガバナンスの再構築をスタートしております。上場企業の場合、監査役会設置会社、指名委員会等設置会社、監査等委員会設置会社のいずれかの機関設計を選択することとされていますが、これらのうち平成26年改正で導入された監査等委員会設置会社の特徴を教えてください。

ポイント

「監査等委員会」を置く会社を、監査等委員会設置会社といいます。監査等委員会は、3名以上の取締役によって構成される、業務を執行する取締役（代表取締役等）の職務の執行を監査する会議体をいいます。小規模の会社を含め、すべての株式会社は、定款を変更することにより監査等委員会設置会社に移行することができます。

英米型の、監査役を置かない機関設計を参考に導入された指名委員会等設置会社が思うように普及しなかったため、より日本企業が受け入れやすく、しかも英米型モデルにも近い機関設計として、平成26年会社法にて、監査等委員会設置会社制度が導入されました。また、社外取締役を導入する際の、いわば受け皿としても監査等委員会設置会社が機能しています。

監査等委員会設置会社の特徴は、①取締役会から取締役への大幅な権限の委譲が可能であること、②他方で、指名等委員会設置会社と異なり、取締役の報酬決定権限・人事権限はほぼ従来どおりであること、そして、③利益相反取引に関する取締役の責任につき、監査等委員会の承認があったときは、取締役サイドの立証上の負担が軽減されるなどです。

●●● 解説

1 監査役会設置会社・指名委員会等設置会社・監査等委員会設置会社

公開会社（譲渡制限のない株式を1株でも発行する会社）であり大会社（資本金の額5億円以上または負債総額200億円以上）である株式会社は、監査役会を設置するか（監査役会設置会社）、あるいは監査等委員会設置

会社、指名委員会等設置会社のいずれかである必要があります（会社法328条1項）。

その結果、殆どの上場企業は、監査役会設置会社、監査等委員会設置会社、あるいは指名委員会設置会社のいずれかを選択することになります。

これらのうち、監査役会設置会社とは、その名のとおり監査役会（3名以上の監査役（その半数以上は社外監査役）により組織される機関）を置く株式会社をいいます。また、指名委員会等設置会社とは、従来の委員会設置会社（取締役会の選定した指名委員会、監査委員会、報酬委員会の三つの委員会が置かれる株式会社）の名称が変わったものです。

以下では、平成26年会社法改正にて新設された機関設計である、監査等委員会設置会社について概説します。

2 監査等委員会設置会社

(1) 監査等委員会設置会社とは何か

定款の定めにより、「監査等委員会」を置く会社を、監査等委員会設置会社といいます（会社法2条11の2号）。監査等委員会とは、3名以上の取締役によって構成される、業務を執行する取締役（代表取締役等）の職務の執行を監査する会議体をいいます。なお監査等委員の取締役のうち過半数は、社外取締役でなければなりません。小規模の会社を含め、すべての株式会社は、定款を変更することにより監査等委員会設置会社に移行することができます。

監査等委員会設置会社が導入された理由はいろいろ挙げられていますが、アメリカ法を参考に平成14年に導入された指名委員会等設置会社（当時の名称は委員会等設置会社）が思うように普及しなかった経緯から、より日本企業が受け入れやすい、しかし国際的な理解も得られやすい機関設計が必要であったことが重要と思われます。すなわち、英米では、会社内部に監査役は置かず、取締役会が業務執行の決定と業務執行者に対する

監督を兼務する一層型の機関設計が採用されており、日本の監査役制度は国際的な理解が得難いといわれることがあります。これに対し、英米型に近いモデルとして指名委員会等設置会社が導入されたのですが、後述する理由から、さほど日本では受け入れられていません。他方、監査等委員会設置会社は、同じく英米型に近い構造を有しつつ、指名委員会等設置会社に比較して日本企業が受け入れやすいよう工夫された制度となっています。

また、平成26年改正会社法は、社外取締役の設置を強く推奨していますが（たとえば会社法327条の2）、社外取締役を導入する際の、いわば受け皿としても監査等委員会設置会社が機能しています。すなわち、監査役会設置会社である株式会社は、すでに2名以上の社外「監査役」を設置しています。これに加えて社外「取締役」を置くとなると、社外役員が3名以上となり、会社の負担が重くなります。他方、監査等委員会設置会社では監査役は不要（むしろ設置できない）であることから、このような社外役員の重複は生じません。現に、平成27年6月の株主総会では、多くの上場企業が監査役会設置会社から監査等委員会設置会社へと移行しましたが、その多くは従来社外監査役であった者を社外取締役に選任しなおしたものと考えられます。

(2) **監査等委員会設置会社の特徴**

監査等委員会設置会の特徴は、以下のとおりです。

① 取締役会から取締役への大幅な権限の委譲が可能

定款に定めること等により、重要な財産の処分又は譲り受け、多額の借財、重要な使用人の選任、などの業務上の意思決定権限を、取締役に委任することができます（会社法399条の13第5項6項）。これにより、迅速な意思決定の実現が期待できます。

② 取締役の報酬決定権限・人事権限はほぼ従来どおり

上記①と同様の権限の委譲は、指名委員会等設置会社でも行うことができます。

しかし、指名委員会等設置会社では、取締役の報酬決定権が「報酬委員会」に専属し、また株主総会に提出する議案のうち、取締役人事案の決定権が「指名委員会」に専属します。指名委員会等設置会社が思うように普及しなかった理由の一つに、このように役員人事権と報酬決定権限が、社長から委員会へと移されることへの抵抗感があったと言われています。

これに対し、監査等委員会設置会社では、「報酬委員会」や「指名委員会」の設置は強制されません。したがって、通常の株式会社と同様に、株主総会では取締役報酬の総額を決め、個別の配分は取締役会から委任を受けた社長が決定することができます。また、株主総会に提出する取締役選任議案も、取締役会で決定することができます。

③ 利益相反取引に関する責任

取締役が、会社と利益の反する取引をするときは、事前に取締役会の承認を要しますが、その承認があろうがなかろうが、利益相反取引（いわゆる間接取引を除く）により、会社に損害が生じたときには、利益相反取引を行った取締役や、取締役会の承認決議に賛成した取締役などは、任務の懈怠があったものと推定されます（会社法423条3項）。しかし、監査等委員会設置会社の場合、利益相反取引について、監査等委員会の承認があった場合には、このような任務懈怠の推定は作用しないこととされました（同条4項）。

6 特例有限会社

質問

当社は、○×有限会社といいます。現在では、有限会社法は廃止されて、有限会社の設立はできなくなったと聞きました。有限会社として設立された会社は、株式会社に移行することはできますか。移行することのメリット・デメリットを含めて教えてください。

ポイント

平成17年の会社法制定時（有限会社法廃止時）より前に存在した有限会社は、株式会社であるけれど、かつての有限会社と同様の扱いを受ける「特例有限会社」として存続しています。

特例有限会社は、決算公告が不要であるなど種々のメリットがある一方、機関設計の自由度が小さいなどのデメリットもあります。

特例有限会社は、定款を変更して「〜株式会社」の商号とすることで、通常の株式会社に移行することができます。

●●● 解説

1 特例有限会社とは

平成17年の会社法制定前に存在した「有限会社」は、同法制定に伴い廃止され、すべて「株式会社」となりました。ただ、かつて有限会社であった株式会社については、通常の株式会社と全く同じ規律を受けさせることはせず、会社法施行後も、ほぼ従前の有限会社と同様の規律が維持されています。このような特殊な扱いを受ける株式会社のことを、「特例有限会社」といいます。

なお、特例有限会社は、商号の中に「株式会社」ではなく「有限会社」の文字を用いなければなりません。したがって、現在「〜有限会社」と名

乗っている会社は、いずれも特例有限会社に該当します。

また、特例有限会社は、かつての有限会社を株式会社に統一する際の過渡的な制度ですから、新しく特例有限会社を設立することはできません。

2 特例有限会社のメリット・デメリット

(1) メリット

① 取締役・監査役の任期に制限がない

通常の株式会社では、取締役・監査役の任期は最長10年ですが（非公開会社の場合。会社法332条2項、336条2項）、特例有限会社にはこの規律が及びません（会社法の施行に伴う関係法律の整備等に関する法律（以下「整備法」）18条）。

② 決算公告の義務がない

通常の株式会社は、決算に際してその計算書類の公告が義務付けられています（会社法440条）。特例有限会社の場合、この義務が課されていません（整備法28条）。

③ 会計監査人の設置義務が及ばない

通常の株式会社は、資本金5億円以上又は負債合計200億円以上の大会社となると、会計監査人（公認会計士又は監査法人）の設置が義務付けられています（会社法328条2項）。特例有限会社の場合、この規制が及びません（整備法17条2項）。

④ 歴史を感じさせる

上述のとおり、新規に特例有限会社を設立することは許されていません。したがって、有限会社を名乗っている会社は、平成17年会社法の施行以前から存在した会社であることを意味し、プレミア感もあるようです。

(2) デメリット

① 機関設計の自由が制限される

通常の株式会社と異なり、取締役会、監査役会、会計監査人、会計参

与等の設置が許されていません（整備法17条1項）。
② 公開会社となることができない
　特例有限会社は、かならず全株式の譲渡制限のある会社でなければなりません。譲渡制限を解除して、公開会社となることはできません（整備法9条2項）。
③ 株主総会の特別決議の要件が加重されている
　定款変更やM＆Aなどの特別決議事項は、通常の株式会社の場合（議決権の過半数を有する株主が出席し、出席株主の議決権の3分の2以上の賛成で可決）と異なり、総株主の半数以上であって、当該株主の議決権の4分の3以上の賛成が要求されます（整備法14条3項）。
④ M＆Aが制限される
　特例有限会社は、あくまで過渡的に存在が許されている会社という位置付けであるため、基本的に特例有限会社を存続させる形のM＆Aはできません。たとえば、特例有限会社を存続会社とする吸収合併や、特例有限会社を承継会社とする吸収分割はできません（整備法37条）。

3 通常の株式会社への移行

　特例有限会社は、定款を変更し、商号中に「株式会社」という文字を用いる商号に変更することにより、通常の株式会社へ移行します。手続上は、商号を変更する定款変更の株主総会決議を行い、株式会社の設立登記と特例有限会社の解散登記を同時に申請します。

第 2 章

株主総会の運営

　役員の人事や報酬など、一定の重要事項は、株主総会の決議によらなければ決定することができません。万一、株主総会の手続に落ち度があると、遡って役員の選任や役員報酬支給の根拠が失われてしまうかもしれません。
　非上場会社では、株主総会の手続が軽視されがちです。しかし、オーナー一族に内紛が生じた場合などに、過去の手続違反を取り上げて訴訟合戦が繰り広げられる例は珍しくありません。争いの種を未然に摘むべく、日頃から、株主総会の手続はきちんと履践すべきです。
　第2章では、一般的な株主総会の手続や、手続を法に従って省略する方法などについて解説しています。

株主総会の開催手続
~株主が集まれば家族会議でも株主総会になるのか?~

質問

株主総会が開催されて決議内容が確定するには、法律上どのような要件が必要でしょうか。たとえば、家族会議の場で、株主のほとんどが集まっていた場合、そこで株主総会は成立しますか。逆に、きちんとした手続を踏んで開催する場合では、遠方に住んでいて来場できない株主に、どのように決議に加わってもらうかが課題となります。

株主総会開催手続の留意点について、ご解説願います。

ポイント

株主総会を開催するためには、招集通知(書面)を株主に対して総会日の1週間前まで(発信日と総会日を算入せず、その間に7日が必要)に、発する必要があります。ただ、株主全員の同意があれば招集手続は省略することができます。そこで、株主全員が家族会議で集結したので、その会議を株主総会にしてしまう、ということは可能です。ただ、株主が1人でも欠ければ、この方法は使えないのが原則ですから、ご質問のように「ほとんどの株主」が集まったに止まる場合、この方法は使えません。

遠方の株主がおり、総会に来場することが難しいなどの場合、本来の招集手続を踏んだ上で、委任状を提出してもらい、委任状による議決権行使をしてもらうことが考えられます。委任状とよく似た制度として議決権行使書面による方法がありますが、こちらは手続が非常に厳格となるので中小企業向きではありません。

さらに、株主総会の開催そのものを省略してしまう、みなし株主総会という手段もあります。

 解説

1 定時総会と臨時総会

(1) 定時株主総会

毎事業年度の終了後一定の時期に招集することが義務付けられている株

主総会です。多くの会社は1年を事業年度としているので、1年に1度開催されることになります。定時株主総会では、計算書類の承認（又は報告）、事業報告の内容の報告が、法定の目的事項となります。

実務では、株主総会で議決権を行使することができる株主を確定するための基準日（通常は事業年度終了日）を定款に定めている場合が多く、その場合、事業年度終了日から3か月以内に定時株主総会を開催することが必要となります（会社法124条2項）。

(2) **臨時株主総会**

定時株主総会以外にも、その必要に応じて株主総会を開催することができます。定時株主総会以外の株主総会を臨時株主総会といいます。

2 招集手続

(1) **本来の流れ**

取締役会設置会社の株主総会（定時株主総会、臨時株主総会の双方）は、
① 取締役会が、開催日時・場所、議題（株主総会の目的事項）その他の事項（会社法施行規則63条）を決定し、当該決定に基づき、代表取締役が株主総会を招集します。
② 株主総会の招集は、株主に出席の機会と準備の時間を与える必要から、招集通知を株主に対して総会日の1週間前まで（発信日と総会日を算入せず、その間に7日が必要。なお、公開会社では2週間前まで）に、発する必要があります（会社法299条）。

(2) **招集手続の省略**

株主の全員が同意した場合には、招集通知の発送をすることなく株主総会を開催することが可能です（ただし、いわゆる書面投票・電子投票を採用した場合は除かれます）。株主数が限られている小規模の非公開株式会社や、株主が1名（1社）の会社の場合などでは、この規定により招集手続なしで株主総会を開催することが可能です。

3 株主総会の決議等

(1) 決議要件

取締役会設置会社における株主総会の決議の要件は、以下のように決議事項により異なります。

① 普通決議

特別の要件が定款・法律に定められていない決議事項（下記参照）については、議決権を行使することができる株主の議決権の過半数を有する株主が出席し（定足数。議決権行使書面や委任状による出席を含む）、その出席議決権数の過半数の賛成で可決します（会社法309条1項）。

多くの会社では、定足数を定款で排除しているので、単に出席株主の議決権の過半数の賛成があれば可決します。ただし、取締役、監査役等の役員（会計監査人は除く）の選任・解任議案の定足数については、定款によっても、議決権を行使できる株主の議決権の3分の1までしか引き下げることができないため、当該議案を決議する際には、出席株主や議決権行使書面、委任状の確保に努める必要があります。

> ［株主総会の普通決議事項の例（会社法309条1項）］
> ① 取締役・会計参与・監査役の選任
> ② 取締役（累積投票で選任された者、監査等委員である者を除く。）、会計参与の解任
> ③ 役員の報酬等
> ④ 剰余金の配当（金銭分配請求権を与えない現物配当は特別決議）

② 特別決議等

定款変更等の一定の決議事項については、特別決議が必要です。

特別決議は、議決権を行使できる株主の過半数（定款で3分の1まで引き下げ可能）が出席し（定足数）、その出席議決権数の3分の2の賛成で可決します（会社法309条2項）。

その他、実務ではさほど頻繁には発生しませんが、より厳格な決議（特

殊決議）を要する事項も存在します。

(2) 議決権行使書面・委任状

① 書面投票

　以上のとおり、株主総会決議では一定の定足数が要求されていることから、出席株主数を確保することが重要です。そこで、総会当日に参加できない株主に議決権を行使してもらう方法として、議決権行使書面や委任状が利用されます（いずれの方法を利用した場合も、その株主の議決権は、参加議決権としてカウントされます）。

　議決権行使書面（書面投票）とは、株主総会の当日に出席しない株主が、書面により議決権を行使するための方法です。議決権を有する株主が1000人以上の会社では、原則としてこの方法を採用しなければなりませんが、その他の会社でも任意に採用することができます。書面投票を採用した場合、招集通知の際、①議決権の行使につき参考となるべき事項（会社法施行規則65条、66条、73条）を記載した株主総会参考書類と、②議決権行使書面を、あわせて交付する必要があります。この場合、非公開の株式会社であっても上述の招集通知発送期間が2週間となるので注意が必要です。

② 委任状

　株主は、代理人により議決権を行使することができ、その場合には株主または代理人は、代理権を証する書面（委任状）を会社に提出しなければなりません（会社法310条1項）。代理権の授与は、株主総会ごとに実施する必要があります（同2項）。

　書面投票と異なり、詳細な株主総会参考書類の作成が要求されないことから、多くの中小企業ではこの委任状の方法により、出席株主数を確保しています。

4 株主総会の開催を省略する方法（みなし株主総会）

　株主の全員の同意により、招集手続を省略することができることは上述

のとおりですが、さらに、総会の開催そのものを省略する方法もあります。

すなわち、取締役（または株主）が株主総会の目的事項（決議事項）について提案し、当該提案に対し、議決権を行使できる株主全員が書面（または電磁的記録）により同意の意思を表示したときは、当該提案を可決する旨の株主総会の決議があったものとみなされます（会社法319条1項）。

また、定時株主総会における事業報告等の報告事項についても、報告すべき事項を全株主に通知したうえで、株主総会での報告を要しないことにつき全株主の書面（または電磁的記録）による同意があったときは、当該事項は株主総会に報告されたものとみなされます（会社法320条）。これにより、定時総会の開催そのものを省略することも可能となります。

株主総会の手続
～株主総会の進行から議事録の作成まで～

質問

当社は、株主が8名ほどおります。株主総会を開催するにあたって、どのように総会を進行していくのか不安があります。株主総会の進行から議事録の作成までの段取りについて教えてください。

ポイント

適法に株主総会が招集された後には、総会当日の議事運営を滞りなく行い、その結果を議事録にまとめることが必要です。

議事運営に関しては、会社法上の定めは殆どなく、慣行に基づいて行われる部分が少なくありません。最も簡便な方法は、あらかじめ議事録のベースを用意しておき、議事録の流れに沿って議事を進める方法です。また、シナリオを用意しておけば、より適切な議事運営が可能となります。解説に簡易なシナリオの例を掲載しましたので、ご参照ください。

●●● 解説

1 株主総会でやるべきこと

株主総会では、報告事項の報告と決議事項の決議が行われます。

定時株主総会の決議事項としては、計算書類の承認（会社法438条2項）が法定の決議事項ですが[i]、そのほか、剰余金の配当や、任期が切れる取締役・監査役の選任（再任）決議が行われる場合が多いです。定時株主総会の報告事項には、事業報告が該当します（会社法438条3項）。決議

---

i なお、会計監査人設置会社の場合には、会計監査報告に無限定適正意見が含まれ、当該監査について相当でないと認める監査役の意見がないことなどの要件を満たすと、株主総会での計算書類の承認は不要となり、単なる報告事項となります（会社法439条）。多くの上場会社が、この方法により計算書類を報告事項として扱っています。

事項ごとの定足数、可決要件については本章1「株主総会の開催手続」をご参照ください。

2 議事の運営について

　株主総会の議事運営については、実は、会社法上の定めは殆どなく、慣行に基づいて行われる部分が多いのです。議事を運営するための簡便な方法としては、あらかじめ議事録のベースを用意しておき、議事録の流れに沿って議事を進める方法が考えられますが、簡易なものでよいので、シナリオを用意しておくとより適切な議事運営が可能となります（シナリオ例は後掲）。

　株主総会の実務で大事なことは、違法な手続をしないことに尽きます。株主総会が違法となる原因はいろいろありますが、非上場会社の実務の場合、招集通知の発送などの招集プロセスに瑕疵がある場合がほとんどです。総会当日に気を付けるべきは、たとえば、意図的に一部の株主の発言を封じるなどの不公平な運営をしないこと、そして、株主からの質問に対し、取締役としての説明義務を果たすことです（説明義務については後述）。

　なお、議事の運営は議長の職務ですが、株主総会の議長は、定款に定めがない場合は株主総会で選任します。多くの会社では、定款上、社長が議長となる旨が定められています。

3 簡易な定時株主総会シナリオの例

　上場会社の実務では、多くの株主が参加をする前提で、滞りなく議事を進める観点から、用意したシナリオに基づいて議事が運営されています。非上場会社の場合、形式ばった運営を行う必要はありませんが、簡易なシナリオを用意しておくと便宜でしょう。以下は、上場会社のシナリオ例をベースに、非上場会社用に簡略化してみたものです。

(1) 冒頭手続

　おはようございます。社長の○○です。本日は、ご多用のところご出席頂きありがとうございます。当社定款第○条により、私が、本株主総会の議長を務めさせて頂きます。どうぞよろしくお願いいたします。

　それでは、ただ今より、当社第○回定時株主総会を開催します。本日の、株主総会の目的事項として、お手許の招集ご通知に記載のとおり、本総会に提出いたします。

(2) 報告事項の報告

　次に、第○期事業報告につきましては、招集通知の○ページから○ページまでに記載のとおりですが、～（概略を説明）。

(3) 決議事項の議案の説明

　それでは次に、決議事項の説明に移らせて頂きます。

　まず、第1号議案「計算書類承認の件」の内容は、招集通知○ページに記載のとおりですが、～（計算書類の概略を説明）。

　第2号議案「取締役○名選任の件」は、当社の取締役のうち○名は、本総会終結の時をもって任期満了となりますので、参考書類○ページに記載の○名を選任することをお諮りするものです。

　最後に第3号議案は、招集通知○ページに記載の○氏に対し、在任中の功労に報いるため、当社所定の基準により、相当の範囲内で退職慰労金を贈呈することとし、その金額・時期・方法等は、取締役については取締役会に、監査役については監査役の協議にご一任頂くことをお諮りするものです。

　それでは、株主様からご質問、ご意見、動議を含めた審議に関するご発言をお受けしたいと存じます。ご発言を希望される株主様は、挙手をお願いします。

※一括上程方式と個別上程方式

　上記は、複数の議案（決議事項）を一括して上程し、質疑応答はすべての議案について後でまとめて実施するシナリオ例です（一括上程方式）。効率よく議事を進める観点から、多くの上場会社がこれによっていますが、議案一つ一つにつき、説明、質疑、決議を繰り返す方法（個別上程方式）で行っても支障ありません。

※取締役の説明義務

　説明義務は、①決議事項に関しては、「株主総会参考書類」に記載すべき内容を敷衍する程度の説明をすれば果たされると考えられています。②事業報告などの報告事項に関しては、事業報告に加え、附属明細書に記載された事項を敷衍する程度の説明ができれば足りると考えられています。

　なお、説明事項に該当する質問であっても、会社法上、特別に説明を要しない場合が列挙されています（会社法314条、同規則71条）。

［説明を要しない事項］

① 説明することにより株主共同の利益を著しく害するとき
　　たとえば、営業秘密に関する事項の質問など
② 説明するために調査が必要な場合
③ 説明することにより会社その他の者の権利を侵害する場合
　　たとえば、守秘義務を負う契約の内容について説明を行うことは、契約の相手方の権利を侵害する場合に該当します。
④ 当該総会において実質的に同一の事項について繰り返し説明を求める場合

---

(4) 審議の終了

　それでは、議案の採決に移らせていただきます。

　（※）第○号議案「○の件」の採決をいたします。原案にご賛成の株主様は、拍手をお願いいたします。（拍手）

　ありがとうございました。［過半数／3分の2以上］のご賛成をいただき

ましたので、本議案は原案どおり可決されました。
　（以下、各議案ごとに※を繰り返し）
　以上をもちまして、報告事項のご報告と、決議事項の決議が全て終了しましたので、本定時株主総会を散会とさせて頂きます。本日は、ありがとうございました。

4 議事録の作成・保管

　株主総会については、議事録を作成し、総会の日から10年間、本店に備え置く必要があります（会社法318条）。作成を怠っても総会決議の効力に影響はありませんが、証拠確保の観点からも作成すべきであり、また登記との関係で（たとえば役員の選任や定款変更の場合）議事録が必要となる場合もあります。

　記載事項は、①開催日時・場所、②議事の経過の要領および結果、③出席取締役・監査役等の氏名・名称、④議長の氏名、⑤議事録を作成した取締役の氏名、等です。法律上、原則として押印の必要はありませんが、原本を明らかにし、改ざんを防ぐ観点から、議事録作成者が押印することが望ましいと考えられています[ii]。

---

ii　松井信憲『商業登記ハンドブック（第３版）』（平成27・商事法務）145頁参照。

3 株主総会の株主を確定する

質問

最近当社の株式を取得した株主がいるのですが、この株主が株主総会に出席するのはいつの時点からになるのでしょうか。決算日ではなく、株主総会開催日時点での株主とすることも可能でしょうか。

ポイント

1．会社に対して議決権の行使を主張することができる株主

定時株主総会の議決権行使につき、事業年度の末日（期末）を基準日とする旨の定款の定めがある会社の場合、定時株主総会に関しては、期末までに株主名簿の名義書換を了した株式取得者に限り、会社に対し、議決権の行使を主張することができます。

臨時株主総会に関しては、基準日設定がなされた場合には、同様に当該基準日までに名義書換を了した株式取得者に限り、議決権の行使を主張することができます。基準日設定がない場合は、株主総会の日までに名義書換を了していれば、議決権を行使することができます。

2．会社の側から議決権行使を認めることの可否

定時株主総会、臨時株主総会のいずれの場合も、基準日後に行われた第三者割当増資により新規に株主となった者などを、会社の側から、株主として扱うことは可能な場合が多いと考えられます。この意味で、会社の判断により、株主総会日時点での株主に議決権を行使させることも可能です。

他方、基準日後に、他の株主から株式を譲り受けた者との関係では、譲受人の議決権行使に、譲渡人が同意している場合などに限り、会社の側から、譲受人を株主として扱うことができます。

●●● 解説

1 原則

株主総会において株主としての議決権を行使することができるのは、本来的には、株主総会の日において株主である者です。

しかし、新たに株式を取得した者は、株主名簿上の名義を自己に書き換えて初めて、会社に対して自己が株主であることを対抗（主張）することができるようになります（会社法130条）。

したがって、株式の取得者は、株主総会当日までに株式を取得し、かつ、株主名簿の名義書換を済ませた場合に限り、当該株主総会において、議決権を行使することを会社に主張することができます。以上が原則です。

2 株主総会の基準日

しかし、上記の原則によると、名義書換のたびに、会社が株主として扱うべき者が変動するため、株主取扱事務が煩雑となります。

そこで会社は、株主権の行使ができる者を早期に確定するために、一定の日を「基準日」と定め、基準日において株主名簿上に記載された者に権利行使を認める方法（基準日制度）を採用することができます（会社法124条1項）[i]。

基準日を定めた場合、会社は、基準日までに株主名簿の名義書換を了した者のみを株主として扱えば足り、名義書換未了の株式取得者を株主として扱う義務はありません。

なお、基準日を設定するためには、（名義書換未了の株主に名義書換を実施する機会を与えるため）会社は、基準日の2週間前までに、基準日と株主が行使できる権利内容を公告しなければなりませんが、定款にそれらの定めがある場合は、公告不要です（会社法124条3項）。実務上は、定時株主総会の議決権行使と剰余金の配当につき、事業年度の末日を基準日とする旨を定款に定めている例が多いです。

したがって、定款にそのような定めのある会社の場合、①定時株主総会の議決権行使に関しては、事業年度末日（定時株主総会の基準日）までに

---

i かつて存在した株主名簿の閉鎖制度は、平成16年に廃止されています。

名義書換を了した取得者に限り、会社に対して自己を株主として扱うよう求めることができます。②臨時株主総会に関しては、基準日設定がなされた場合には、同様に当該基準日までに名義書換を了した取得者に限り、議決権の行使を主張することができますが、基準日設定がない場合は、原則に戻り、株主総会の日までに名義書換を了していれば、当該取得者は議決権を行使することができます。

3 会社の側から株主として扱うことの可否

では、基準日の設定等がある場合に、基準日後に株式を取得した（したがって基準日には名義書換未了）譲受人を、会社の側から株主として扱うことができるでしょうか。

この点、会社法は、株主総会の議決権に関しては、基準日後に株式を取得した者を株主として扱うことも、「基準日株主の権利を害すること」がない限り、可能としています（会社法124条4項）。

したがって、たとえば基準日後の第三者割当増資により新規に株主となった者を、会社の方から、その株主総会の株主として扱うことは可能な場合が多いでしょう。他方、基準日後に他の株主から株式を譲り受けた者の場合、譲受人に議決権行使を認めると、譲渡人（名簿上の株主）の権利を害する可能性があります。よってこの場合、譲受人の議決権行使に譲渡人が同意している場合などに限り、譲受人を株主として扱うことができるでしょう。

4 株主総会の開催期限

質問

定時株主総会について、いつまでに開催しなければならないという期限はありますでしょうか。設立時の定款を見直したところ「事業年度末日の翌日からから2か月以内」に開催することとなっていましたが、2か月を過ぎて開催するとどうなるのでしょうか。また、この定款の規定は、いかようにも変更が可能なのでしょうか。

ポイント

1．2か月を過ぎて開催するとどうなるのか

定款に記載のある開催期限を徒過して実施した株主総会は、「株主総会決議取消の訴え」の対象となり得ます。もっとも、全株主が出席したなどの事情があれば、開催時期遅延の問題は治癒されます。

また、定時株主総会を所定の時期に開催しないことは、過料の対象とされています。

2．定時株主総会の開催日に関する定款変更の制約

定款の内容は、株主総会の特別決議を経て変更することができます。その際、会社法上、直接の制約は存在しないので、より余裕のある期限（たとえば「事業年度末日より4か月以内」など）の定めを置くことも理論上は可能です。

ただ、定時株主総会の基準日制度との関係、あるいは、法人税の申告期限の延長申請制度との関係で、実務上は、事業年度終了後3か月以内を、定款上の定時株主総会開催時期と定める例が多いものと思われます。

●●● 解説

1 定款記載の株主総会開催期限を徒過するとどうなるのか

毎時事業年度ごと、計算書類の承認と事業報告などを行う株主総会を定時株主総会といいます。

定款に、定時株主総会の期限を定めている会社が、当該期限を徒過し

て株主総会を開催した場合、その株主総会は、招集手続が定款に違反したとして、株主総会決議取消の訴え（会社法831条1項1号）の対象となってしまいます。

　もっとも、株主総会の招集手続に係る瑕疵は、株主全員の同意があれば解消されると解されます。ですから、定款に定めた時期に遅れて定時株主総会を開催したとしても、全株主が文句をいうこともなく出席した場合、株主総会決議取消の問題は生じません。株主数が限られた非上場会社の場合、そもそも、（内紛がある場合は別として）訴訟が提起されること自体が稀です。

　また、定時株主総会を所定の時期に開催しないと、取締役等に対して100万円以下の過料の制裁が科されることになっています（会社法976条18号）。ただ、実際にこの理由で過料の制裁が科された例は殆ど存在しないようです。

2 定時株主総会の開催日に関する定款変更

(1) **定時株主総会の開催日の定め方につき、直接の制約はない**

　定款上の定時株主総会の開催日の定めは、株主総会の特別決議により変更することができます（削除も可）。

　定時株主総会の開催時期について、会社法上は、事業年度の終了後「一定の時期」とされているだけですので（会社法296条1項）、定款を変更する場合、その内容に関して、会社法上の直接の制約はありません。

(2) **実質的な制約事由（基準日制度と法人税の申告期限）**

　ところが実際は、以下のように、基準日制度や法人税の申告期限の延長申請制度が事実上の制約となっており、そのため、定時株主総会の開催日を事業年度終了後3か月以内に定める例が多いものと思われます。

① 基準日制度との関係

　株式会社は、一定の日を基準日と定め、基準日の株主名簿に記載・登録

されている株主を、その権利を行使する者と定めることができます（会社法124条1項）。この関係で、事業年度末日を定時株主総会の基準日と定款に定めている会社は少なくありません。

ところで、基準日の効力が及ぶのは、基準日から3か月以内に開催した株主総会に限られています（会社法124条2項）。そこで、事業年度末日を基準日とした会社は、定時株主総会の開催日も、事業年度末日後3か月以内に定めることになります。

② 法人税の申告期限等との関係

法人税の申告期限は、各事業年度終了日の翌日から2か月以内が原則です（法人税法74条）。しかし、会計監査を受けなければならない等の理由で決算が確定せず、提出期限までに申告書を提出できない場合は、確定申告期限の延長が認められます（法人税法75条の2）。

実務上、会計監査が不要な会社でも、定款上の株主総会開催日が、毎事業年度の終了後3か月以内と定められている場合、これに対応した確定申告期限の延長が認められる場合が多いようです。

この理由から、会計監査が不要な会社の場合であっても、定款上、定時株主総会の開催日を事業年度終了後3か月以内とする定めを置く例は多いものと思われます。

◆◆◆税務からのアプローチ

【税法上の申告期限と定時株主総会開催期限 ──── 吉田健太郎】

解説にもあるとおり、法人税と法人地方税（以下「法人税等」）の確定申告書は、原則として各事業年度終了日の翌日から2か月以内に提出することが必要になります。税務署等に所定の申請書を提出することによりこの確定申告書の提出期限を1か月延長することができますが、その際に定款の定時株主総会の開催期日に関する規定が問題になることがあるので注

意が必要です。

　税務署等に法人税等申告期限延長の申請をする場合、申請書の中で原則の申告期限（各事業年度終了日の翌日から2か月以内）までに決算が確定しない理由について記載する必要があります。通常この記載内容についてあまり細かくチェックされることはなく、たとえば「決算が2か月以内に確定しないため」と記載して申告期限の延長を申請したとしても、具体的に決算が2か月以内に確定しない理由として、監査法人の監査を受けるためなのか、株主総会の準備に手数がかかるかなどの理由について確認を受けたという話を聞いたことがありません。

　ただし、定款において定時株主総会の開催期日が「事業年度終了日の翌日から2か月以内」と定められている場合は申請が認められません。法人税法の確定決算主義においては、定時株主総会で確定した決算書に基づいて税額の計算を行うため、定時株主総会が事業年度終了日の翌日から2か月以内に行われていた場合、その時点で決算が確定するため申告期限を延長する必要がないためです。

　そのため、法人税等の申告期限の延長の申請をする場合は、その前に定款における定時株主総会の開催期日を「事業年度終了日の翌日から3か月以内」としておく必要があります。最近設立された会社であれば原始定款の段階で3か月以内と定めている場合が多いですが、歴史のある会社で設立時から全く定款を変更していない場合には定時総会の開催期日が「事業年度終了日の翌日から2か月以内」となっているケースもありますので、その場合は定款を変更しておくことになります。

　定時株主総会の開催期日に関して登記は必要ありませんので、定款変更の株主総会決議をして定款の文書を更新するだけで問題ありません。定款における定時総会の開催期日を「3か月以内」とすることによるデメリットは特にありませんので、仮に今すぐに法人税等の申告期限を延長する予定がないとしても、機会があれば定款を変更しておくことをお勧めします。

なお、通常税務署には会社設立時の原始定款しか提出されていませんので、原始定款における定時株主総会の開催期日が2か月となっている会社が申告期限の延長の申請書を提出した場合、税務署から定款の記載内容についての確認の問い合わせがくることが考えられます。問い合わせを受けてから定款を変更してある旨を伝えて変更後の定款を送付する形でも問題はありませんが、このような会社の場合は、申告期限の延長の申請書を提出する際に変更後の定款を添付しておくと後から対応する手間が省けることになります。

　消費税に関しては、確定決算主義の考え方がありませんのでそもそも申告期限の延長の制度がありません。したがって、法人税等の申告期限を延長していたとしても、消費税等の申告書については必ず事業年度終了日の翌日から2か月以内に提出する必要がありますのでご注意ください。

　また、法人税等に関しても延長できるのはあくまで申告書の提出期限だけで、発生した税額の納付に関しては延長前と同様に、事業年度終了日の翌日から2か月以内に仮納付をしておく必要がありますのでご留意ください。仮納付の後、決算確定時において税額が前後した場合は過不足額について追加納付もしくは還付を受けることになります。

5 株主から株主総会の招集を求められたら

質問

当社は同族会社（取締役会設置の株式会社）ですが、5％強を有する少数株主から、株主総会を開催してほしいと言う通知がありました。どのような内容を審議したいのかなどは、書かれておりません。どのように扱ったらよろしいでしょうか。

ポイント

敵対的な対応方法としては、株主からの招集請求を無視し、裁判を待ったうえ、裁判所で請求手続の不備を主張するなどの対応が考えられます。この対応により、少なくとも株主総会の招集を遅らせることは可能です。

他方、敵対的な事例でない場合は、当該株主に総会の目的や理由を尋ね、会社自ら、要望に沿った株主総会を招集するといった対応もあり得ます。

●●● 解説

1 株主による株主総会の招集権

取締役会が設置されている株式会社では、株主総会の招集権限は、原則として取締役会に属しています。しかし、一定の要件を満たせば、株主による招集も認められます。株主が招集するための要件等は以下のとおりです。

(1) 要件
　① 総株主の議決権の3％以上を有する株主であること(※)
　② 株主総会の目的事項（議題）と招集の理由を示して請求すること
(2) 手続
　③ 請求の後、請求日から8週間以内の日を開会日とする招集通知が会社より発されないとき（または遅滞なく会社による招集手続が行われないとき）
　④ 上記③のとき、当該株主は、「裁判所の許可」を得て、自ら株主総会を招集できる。

> ※ 公開会社（1株でも譲渡制限のない株式を発行する会社）の場合、請求の6か月前から引き続き当該割合の議決権を有していたことが必要。

　請求株主が裁判所の許可を得ると、株主は会社に代わって招集手続を実施することができます。招集のために株主名簿の閲覧が必要であれば、会社にこれを求めることができます。なお、招集手続の費用は請求株主が負担しますが、決議が成立したなどの場合は、会社にとって有益な費用であったことが明らかなので、当該株主は、合理的な金額の範囲で会社に求償することができると解されます（民法702条）。

2 請求を無視するとどうなるのか
(1) 裁判所の許可がカギ

　株主の総会招集請求に対する対応方法について知るためには、まず、当該請求を会社（取締役）が無視するとどうなるのかを知ることが肝要です。

　会社が、招集請求を無視すると、請求株主は裁判所の許可を得て自ら株主総会を開催しようとします。ただし、この裁判所の許可を得る手続には会社も関与します。そこで、会社（取締役）が請求株主による招集を望まない場合、その請求が法定の要件を満たしていないことを主張して、裁判所の許可が出ないように働きかけます。

　質問の場合、請求株主の議決権は5％とのことですから、議決権の要件は満たされています。しかし、議題と招集の理由が明示されていませんから、この請求は明らかに不適法です。したがって、裁判所の許可は出ないことになります。

　なお、請求株主は、改めて議題と請求理由を明示したうえで、招集請求をやり直すことができます。ただ、再度、8週間以内に会社主導での招集通知がないなどの他の要件も満たす必要があるため、会社としては時間稼ぎができることになります。

(2) **権利濫用の主張**

議題と招集理由の明示がないといった形式的な不備は、やり直しにより補正されますので、いつかは裁判所の許可がなされます。

しかし、請求株主による請求が、たとえば会社の業務を妨害する目的でなされているなどの例外的な場合には、請求自体が権利の濫用となります。この場合も裁判所の許可が出ないうえ、補正も効かない可能性が高くなります。ただし、権利濫用の主張が認められる場合は極めて稀です。

3 実際的な対応

(1) **内紛事例の場合**

非上場会社の実務で、株主による株主総会招集がなされる場合とは、当該株主と取締役が敵対的な関係にあり、株主側が取締役の解任を求めるなどの内紛事例が多いものと思われます。

このような敵対的な事例の場合、会社（取締役）側は、請求株主からの請求を無視したうえ、裁判で請求手続の不備を主張し、なるべく株主総会の招集が遅れるようにし、その間に株主の多数派工作をするなどの対応もあり得ます。

(2) **友好的な解決**

他方、請求株主と友好的な関係にある場合や、敵対的であっても、相手が支配株主であり、争っても無駄な場合などでは、請求株主に、議題と招集理由を確認のうえ、会社自ら株主総会を招集するなどの対応も考えられます。

株主総会の運営 | 第2章

6 株主総会・取締役会手続の簡略化

質問

当社は、親族のみで経営をしている小規模な会社です。株主総会や取締役会に関する手続等は、できるだけ簡略化して行いたいと考えています。どのような方法があるか教えて頂ければ幸いです。

ポイント [i]

株主総会、取締役会のいずれも、参加者全員の同意により招集手続を省略することが可能です。また、参加者全員から、議案に同意する旨の書面を集めることで、開催そのものを省略する方法（みなし決議）もあります。

また、株主総会の場合は、総会は開催しつつ、委任状や議決権行使書面により、株主が来場しないで議決権を行使する方法もあります。取締役会では、そのような制度が存在せず、取締役は、自ら会議に参加しない限り議決権の行使はできません。

●●● 解説

1 株主総会の手続を簡略化する

(1) 本来の株主総会招集手続

株主総会（定時株主総会、臨時株主総会）を開催するときは、まず、取締役会で開催の日時場所、議題等を決定し、代表取締役が株主に対して招集通知（書面）を発送して行います。招集通知は、総会の日の1週間前まで（上場会社などの公開会社の場合は2週間前まで）に発しなければなりません（会社法299条）。これが、株主総会の原則的な招集手続です。

---

i 取締役会設置会社を前提にポイントを上げています。

(2) 招集手続の省略

例外として、「株主の全員の同意」があるときは、(1)のような招集手続を経ることなく、株主総会を開催することができます。

したがって、たとえば株主の全員が揃って合議をした場合には、招集手続がなかったとしても、株主総会は有効に成立します。また、株主が一人しかいない場合などは、その者が議決に関する意思決定をすれば、その瞬間に株主総会が開催されたと解することも可能となります。

(3) 出席を省略する方法

株主総会を開催しつつ、株主が来場しなくても議決権を行使することができる方法としては、委任状を利用する方法と議決権行使書面を使用する方法とがあります。

委任状の場合、会社が委任状用紙を株主に交付し、欠席の場合でも、必要事項を記載して会社に送付するよう促す場合が多いようです。委任状の代理人欄は空欄で返送してもらい、会社の方で、適当な人を代理人に定めて議決権を行使させているようです。

これに対し、議決権行使書面は、委任状と同様に、一定の書面を株主に交付し、返送してもらうのですが、代理人を介さずに、株主自らが、当該書面を通じて議決権を行使する、というものです。

委任状の場合、議決権行使書面の場合のいずれも、提出した株主は、法律上は「出席」と同視されますので、株主総会決議の定足数を満たすなどの観点から、有用です。

なお、非上場会社の実務では、議決権行使書面の利用は稀で、委任状を利用するのが通常と思われます。議決権行使書面を利用する場合、議決権行使書面に加えて、議決権行使に関する詳細な説明資料（株主総会参考書類）の株主への交付が要求されるため（会社法301条）、準備に手間がかかるからです。

(4) 開催そのものを省略する方法（みなし決議）

　株主総会の決議事項について、議決権を行使することができる株主の全員が取締役や株主からの提案に同意したときは、その提案を可決する株主総会決議があったものとみなされます。株主総会への報告事項（事業報告など）も、その内容を通知し、株主全員が同意したときは、株主総会の開催が省略されます（会社法319条、320条）。

　この方法による場合、株主総会の開催そのものが省略可能となります。

2 取締役会の手続を簡略化する

(1) 本来の取締役会招集手続

　取締役会は、招集権者（本来は全取締役に招集権があるが、定款で、社長等に限定している例が多い）が、個々の取締役と監査役に通知（口頭も可。議題等を示す必要なし）して招集します（会社法366条1項、368条1項）。これが原則的な招集手続です。

(2) 招集手続の省略

　株主総会同様、全取締役・監査役が同意すれば、招集手続の省略が可能です。いわゆる定例取締役会は、この同意の下で実施される取締役会と解されるため、招集手続がなされません。

(3) 出席を省略する方法

　株主総会と異なり、取締役会に、委任状や議決権行使書面の制度はありません。株主が「権利」として議決権を行使するのと異なり、取締役は、職務として自ら決議に加わるべきだからです。

(4) 開催そのものを省略する方法（みなし決議）

　ところが、取締役会の開催そのものを省略する方法は認められています。すなわち、定款にその旨を定めている会社の場合、議決に加わることのできる取締役の全員が、書面により、議案に同意する意思表示をしたときは、当該提案を可決する取締役会があったものとみなされます（会社法

370条)。

　また、取締役への報告事項についても、全取締役・監査役に通知することで、取締役会への報告を省略することができます(会社法372条)。

　ただし、会社法上、3か月に1回の頻度で実施することが義務付けられている取締役会への職務執行状況の報告(会社法363条2項)は、省略の対象外となっています。したがって、取締役会は、少なくとも3か月に1回は現実に開催することが必要です。

第2章 株主総会の運営

 遺産分割協議中の株式

質問

当社の創業者であった父（会長）が亡くなり、その保有株式（60％）が相続財産となりました。遺言書がないため相続人（母、長男、長女、次男）間での遺産分割協議が未了の状態で、会社の株主総会を迎えようとしています。あいにく、兄弟間の仲が悪いため、社長（長男。従来から残り40％の株式を所有）として株主総会をどのように乗り切ったらよいでしょうか。

ポイント

株式を数人の相続人（共同相続人）が相続すると、株式はまず、共有（準共有（民法264条））の状態となります。その後、遺産分割によって、各株式の具体的な帰属が確定すれば、各相続人が各自の承継した株式の株主として扱われることになります。

相続後、遺産分割未了の間は、各共同相続人は、そのままでは株主権を行使することができず、「権利行使者」を1名定めて会社に通知します。通知された権利行使者は、全共有株式につき、株主の権利を行使します。

したがって、質問の事案の場合、たとえば長男（社長）と他の協同相続人が対立しているとすれば、遺産分割を先行させる場合と、分割前に権利行使者が選定される場合とで、株主総会における過半数の議決権者が異なってくる可能性があります。状況次第では、株主総会はしばらく開催せず、遺産分割を先に終えるよう努力する方が無難かもしれません。

●●● 解説

1 株式の共有と遺産分割

株式を数人の相続人（共同相続人）が相続すると、株式は、共有（準共有（民法264条））の状態となります。

遺産分割により、各株式の具体的な帰属が確定すれば、株式の共有状態も解消されます。その場合、遺産分割協議書を会社に提示するなどし

て、株主名簿の記載を変更すれば、各相続人が各自の承継した株式の株主として扱われることになります（具体的な手続は各会社が株式取扱規程などで定めています。また上場会社の場合、手続が大きく異なりますので注意が必要です）。

なお、遺産分割は当事者の協議によることが理想ですが、協議が調わないときや、協議ができないような場合は、各共同相続人は、家庭裁判所に遺産の分割を請求することができ（民法907条2項）、裁判所の関与の下で解決を目指すことになります。

2 遺産分割未了の間

遺産分割未了の間は、相続人らはそのままでは株主としての権利を行使することができず、権利を行使すべき者（権利行使者）を1名定め、会社に通知することが必要とされています（会社法106条）。通知された権利行使者は、共有状態にある全ての株式につき、株主の権利を行使することができます。

「権利行使者」は、共同相続人間において、持分価格に従い、その過半数の多数決をもって決めることになります（最高裁平成9年1月28日判決）。

したがって、質問の事例に即して言えば、法定相続分に従い、母が2分の1、各子が6分の1の持分を有することを前提に、その過半数の意見によって権利行使者を定めることになります。

なお、会社法106条但書は、遺産分割未了で、権利行使者の通知がない状態でも、会社から、特定の協同相続人を株主として扱うことを認めています。ただこれは、会社が自己のリスクで特定の者を権利行使者として扱うことを認めたにすぎず、当該特定の者が真実の権利行使者でない場合、議決権行使にかかる株主総会の取消問題や、損害賠償の問題などが生じてしまいます。

3 具体的な処理方法

(1) 「長男 対 他の共同相続人」の構図の場合

質問の会社につき、発行済株式が100株であったと仮定します。そして、共同相続人間で、従来から40株を所有する長男（社長）と、他の共同相続人（母、弟、妹）が対立関係にあったとします。

もし、この場合に、権利行使者の決定手続を経ると、母親グループ（の誰か）が権利行使者となり、相続財産である60株全てにつき権利を行使することになります。なぜなら、長男の持分（6分の1）と他の共同相続人の持分（2分の1＋6分の1＋6分の1）では、後者の方が多数だからです。

その結果、株主総会では、母親グループ選出の権利行使者が議決権の過半数を持つため、長男が取締役を解任され、会社から追い出される可能性すらあります。

他方、遺産分割手続を先行させると、別の結論が見えてきます。というのは、仮に法定相続分に従って株式の遺産分割がされたとしても、長男は10株を承継するので、自己の株式と併せて50株（50％）となります。すると、株主総会では、長男と母親グループの議決権が拮抗し、少なくとも母親グループの好きなように決議が進むことは回避されます。

しかも、実際の遺産分割調停等の裁判所手続では、相続財産の価値をなるべく維持し、毀損させないという視点も作用します。長男がこれまで社長として会社を経営してきた経緯に鑑みれば、会社の支配権は長男が把握することが、企業価値の温存という観点からみても合理的です。したがって、株の多くを長男が承継し、他の協同相続人には金銭などの他の相続財産を多く与える方向で、裁判手続が進むことでしょう。

このように考えると、長男（社長）としては、遺産分割を先行させるべきであり、議決権闘争を誘発しないよう、株主総会は焦って開催しない方がよいかもしれません。

(2) **母親が長男の味方である場合**

　他方、母親が長男の味方である場合は、どのようなルートをたどっても、長男＋母親グループが議決権の多数を掌握します。

　この場合も、遺産分割を先行させるのが正攻法ですが、株主総会が必要であれば、権利行使者を決定するための協議を開催し、長男を権利行使者に定めるなどして、長男の意思に沿った株主総会決議を経ることも可能です。

　ただし、権利行使者の指定プロセスにつき、共同相続人間で事前に（株主総会の）議案内容の重要度に応じ、しかるべき協議をすることが必要であって、この協議を全く行わずに権利行使者を指定することが権利の濫用になるとする裁判例（大阪高裁平成20年11月28日判決）があります。権利行使者を決める際は、できる限り各共同相続人の話合いで結論を出せるよう、少なくとも協議を尽くすこと（協議を尽くしてなお結論が出なければ、やむなく多数決を実行します）が必要であり、注意が必要です。

第3章

取締役会の運営

　取締役会が置かれている会社では、多額の設備投資や多額の借入などの重要な意思決定は、代表取締役（社長）の独断では決められず、取締役会の承認を経る必要があります。
　また、すべての取締役は、代表取締役などの業務を執行する取締役を監督する義務を負っており、会社は、少なくとも3か月に1度、取締役会を開催し、代表取締役らの業務執行状況を各取締役に報告させる必要があります。
　第3章では、取締役会の開催手続や議事録の作成などについて解説しています。

1 取締役会を設置すべきか否か

> **質問**
>
> 当社は株式会社ですが、定款上、取締役会は置いていません。現在、取締役は3名ですが、取締役会を置くべきかどうかについてアドバイスをいただければと思います。

> **ポイント**
>
> 　取締役会を設置すると、業務執行に関する意思決定権限が、株主総会から取締役会へと移るため、頻繁に株主総会を開催する必要がなくなるなどのメリットがあります。
> 　他方で、取締役を最低3名採用しなければならない、監査役を置かなければならないなどの負担が生じます。
> 　取締役会を置くべきか否かは、以上のようなメリット・デメリットを勘案して決定しますが、たとえば外部株主が多く、頻繁に株主総会を開催することができないなどの場合、取締役会を設置せざるを得ないでしょう。

●●● 解説

1 取締役会の設置は義務ではなくなった

　平成17年に会社法が制定される前の旧商法時代には、株式会社は、必ず取締役会が置かれることになっていました。会社法はこのルールを改め、非公開会社（発行する全株式について譲渡制限を定款に定めている株式会社）である限り、取締役会を置くか否かは、定款の定めにより選択することができることにしました。

2 取締役会を設置すべきか否か

(1) 取締役会非設置会社

　会社法上許容される、最も簡素な株式会社の機関構成は、以下のものです。

> 株主総会＋取締役（1名）

　この場合、取締役会が存在しないため、株主総会が、会社の組織や運営・管理に関するあらゆる事項を決定する権限を有します（会社法295条1項）。そして、理念的には、そのような株主総会で決定した事項を、執行機関である取締役が執行します。

　役員の選任（重任）・解任のみならず、株主による株式譲渡の承認決議（会社法139条1項）、取締役の競業取引や利益相反取引の承認（会社法356条1項）なども株主総会の権限とされます。

　そこで、取締役会非設置会社では、株主による株式譲渡や、取締役の競業取引・利益相反取引などが生じる度、株主総会の開催が必要になります。

(2) **取締役会設置会社**

　他方で、取締役会を設置すると、業務上の意思決定は、株主総会ではなく取締役会の権限となり、頻繁に株主総会を開催する必要がなくなります。

　たとえば、前述した株式の譲渡承認の決議や、取締役の競業取引・利益相反取引の承認決議なども、取締役会設置会社では、取締役会の決議事項となるのです。ほかにも、たとえば以下のような事項が取締役会の決議事項とされます。

[取締役会決議事項（例）]

①重要な財産の処分・譲受け、②多額の借財、③支配人その他の重要な使用人の選任・解任、④支店その他の重要な組織の設置・変更・廃止、⑤社債の募集に関する重要事項、⑥いわゆる内部統制の整備、⑦役員等の会社に対する責任の取締役会による免除、⑧これらと同等の「重要な業務執行」、⑨特別支配株主の株式等売渡請求の承認、⑩代表取締役の選定・解職等

---

(3) **取締役会を設置すべきか否か**[i]

　取締役会を設置することのメリットは、以上のとおり、株主総会の決議事項を削減し、その開催頻度を下げることができることです。実際、取締役会設置会社では、株主総会といえば、年に一度の定時株主総会のみであり、臨時株主総会は殆ど開催していない例が多いといえます。

　しかし、取締役会を設置するためには、取締役は最低でも3名必要です（会社法331条5項）。

　そして、取締役会を置く場合、監査役（あるいは監査等委員会等）を置くことも必要です（会社法327条2項）。

　取締役会を設置するべきか否かは、以上のようなメリット・デメリットを考慮して決定することとなりますが、たとえば、外部株主が多く、頻繁に株主総会を開催することができない、といった場合には、取締役会を設置せざるを得ないでしょう。

---

[i] 本文の記載は、全ての株式に譲渡制限が付されている非公開会社である株式会社を前提としています。他方、その発行する株式の一部でも、譲渡制限のない株式である公開会社の場合、取締役会の設置が義務とされているので（会社法327条1項1号）、取締役会の設置につき選択の余地はありません。

第3章 取締役会の運営

取締役会は、いつ、どのように開催すればよいのか？

質問

当社は取締役会設置会社で取締役は全て親族で構成されていましたが、この度取引先の社長を新たに取締役として迎えることになりました。そのため今後は定期的に取締役会を開催する必要があると思いますが、取締役会はどのような場合にどのように開催する必要がありますでしょうか。

ポイント

会社法上、取締役会の開催時期を定めた規定はありません。ただ、代表取締役等から取締役会への職務執行状況の報告は、3か月に1回以上行うことが義務付けられています。したがって、取締役会は少なくとも3か月に1回は開催することになります。また、会社が意思決定するために、取締役会の決議を要する事項（取締役会決議事項）が定められているため、当該決議が必要となった際、随時、取締役会を開催する必要があります。

取締役会を開催するためには、会日から1週間前（定款で短縮可）に各取締役・監査役に招集通知を発しなければなりません。株主総会と異なり、招集通知は書面による必要はなく（口頭で可）、会議の目的事項を特定する必要もありません。また、取締役・監査役の全員が同意すれば、招集手続を経ることなく開催することもできます。

●●● 解説

1 取締役会はいつ開く必要があるのか

取締役会をいつ開催すべきかについて、法的な定めはありません。ただ、株式会社の意思決定事項のうち、取締役会の決議が必要なもの（取締役会決議事項）が法定されています。したがって、あえていえば、取締役会決議事項の生じたときが、取締役会を開催すべきタイミングである、といえます。繰り返しになりますが、取締役会決議事項には、たとえば以下

のようなものがあります。

> ［取締役会決議事項（例）］
> ①重要な財産の処分・譲受け、②多額の借財、③支配人その他の重要な使用人の選任・解任、④支店その他の重要な組織の設置・変更・廃止、⑤社債の募集に関する重要事項、⑥いわゆる内部統制の整備、⑦役員等の会社に対する責任の取締役会による免除、⑧これらと同等の「重要な業務執行」、⑨譲渡制限株式・譲渡制限新株予約権の譲渡承認等、⑩特別支配株主の株式等売渡請求の承認、⑪代表取締役の選定・解職等

なお、代表取締役や業務執行取締役は、3か月に1回以上、その職務執行の状況を取締役会に報告しなければなりません（会社法363条2項）。このため、取締役会は少なくとも3か月に1回は開催されることになります。

2 取締役会の招集手続

取締役会は、各取締役が招集することができるのが原則ですが、定款や取締役会決議により、特定の取締役を招集権者と定めることができます（会社法366条1項）。

取締役会を招集するには、会日から1週間前に各取締役（監査役設置会社では監査役も）に対し招集通知を発しなければなりません。この期間は定款の定めで短縮でき、実務上は短縮している例（3日）が多いです（会社法368条1項）。

株主総会と異なり、招集通知は書面による必要はなく（口頭で可）、会議の目的事項を特定する必要もありません。

なお、取締役会は、取締役（監査役設置会社では監査役も）の全員が同意すれば、招集手続を経ることなく開催することができます（会社法368条2項）。

3 議事録の作成

　取締役会については、議事録を作成し、取締役会の日から10年間、本店に備え置く必要があります（会社法371条）。作成を怠っても決議の効力に影響はありませんが、証拠確保の観点からも作成すべきであり、また登記との関係で（たとえば代表取締役の選定・解職の場合）議事録が必要となる場合もあります。

　記載事項は、①開催日時・場所、②議事の経過の要領および結果、③特別利害関係取締役があるときはその氏名等です（会社法施行規則101条3項）。

　株主総会の議事録と異なり、出席した取締役・監査役はこれに署名し、または記名捺印するものとされています（会社法369条3項）。そして、決議に参加した取締役で、議事録に異議をとどめないもの（異議を提示した旨を記載しないもの）は、決議に賛成したものと推定されてしまいます（同条5項）。

4 身内だけの会社

　ちなみに、冒頭の質問は、取引先の社長を取締役として招くことになったから、今後はきちんと取締役会を開催したい、という要望のようです。このように、親族など身内だけで経営していた会社が、外部の役員や株主を迎えるようになってから、取締役会を開催するようになるという例は少なくないと思われます。ただ、あくまでも法律上は、外部者がいてもいなくても、取締役会の開催は必要とされていますので、念のため。

3 税務調査にも役立つ取締役会議事録の作成

質問

取締役会の議事録を作成しておくと、具体的にどのような場合に役に立つのでしょうか。また、記載する内容はどのようなものでしょうか。

ポイント

取締役会議事録は、株主総会議事録と同様、会社の意思決定機関がどのような議論を経て、どのような意思決定を行ったのかを示す資料です。取締役会議事録を作成することは会社法上の義務ですが、義務云々を抜きにしても、取締役の善管注意義務の履行状況を示す証拠となる、登記の際の添付資料となる、などの意味があります。加えて、税務調査の際に、充実した議事録の存在が会社に有利に作用することもあります。

議事録の記載内容、記載例は、解説をご参照ください。

●●● 解説

1 取締役会議事録は税務調査にも役立つ

取締役会議事録は、会社経営上の様々な場面で役に立ちます。たとえば、①取締役の善管注意義務の履行状況を示す証拠となる、②登記（代表取締役の選定、支店の設置・廃止等）の際の添付資料となる、③税務調査等で会社の有利に作用する、などです。

これらのうち、中小企業の法務でも意識されているのは②でしょう。中には、そもそも取締役会を開催しておらず、登記に必要な議事録のみを作成している、という会社もあるかもしれません（そのような取締役会の決議は無効（不存在）ですので注意が必要です。念のため）。他方、外部株主がいる会社（とくに上場企業）では、①の観点からの議事録の重要性も、ある程度理解されていると思います。

③の税務調査対策としての議事録の効用はさほど意識されていないように思われます。しかし、この観点は、会社の大小を問わず、もっと意識されるべきだと思います。

　たとえば、親会社が子会社救済のために子会社貸付を放棄する場合、その判断に「相当な理由」があれば、寄附金として扱わない（つまり親会社において損金処理が認められる）とされています（法人税基本通達９－４－１）。相当な理由とは、たとえば債権放棄をしなければ子会社が倒産し、親会社により大きな損害が生じることが合理的に見込まれる場合等です。

　そこで、子会社貸付を放棄するに当たっては、放棄した場合としない場合の予測シミュレーションの資料を作成し、取締役会にて議論したうえで決定を下すべきです。そして、その議論の概略や参照した資料を取締役会議事録に盛り込んでおきます。そうすると、税務調査が入ったとしても、効果的に寄付金に該当しない根拠を説明することができます。税務調査でコトが終われば、会社の負担は顧問税理士の報酬だけで足ります。

　ところが、取締役会での議論を経ず、あるいは経ているものの議事録に十分な記載がないとなると、調査の際、十分な説明ができずに処分を受けてしまい、審査請求や訴訟まで行かなければならない可能性が高くなります。そうなってしまうと、弁護士報酬が発生するうえ、証拠が不十分なので主張立証に相当の工夫と努力を要します。

　実務においては、以上のように、議事録の整備がしっかりしていないために無駄な課税処分を受けてしまったと思われる例に出くわすことはさほど珍しいことではありません。

　感覚的に言えば、議事録などの客観資料がない取引は、税務署職員にとって有利となるような処分がなされる余地が大きくなります。他方、しっかりした議事録が残されていると、その記載内容と異なる課税処分をするには、税務署職員の方で相応の証拠とロジックを固めなければなりません。いわば立証責任が逆転したような状況です。

以上の通りですから、税務調査における議事録の効用は、もっと意識されるべきだと思います（なお、この意味では株主総会議事録も同様に重要です）。

2 取締役会議事録

(1) 議事録の記載内容

取締役会の議事については、議事録を作成しなければなりません（会社法369条3項）。取締役会議事録の記載事項はいくつかありますが、代表的なものは以下の通りです。

ア．開催日時・場所

イ．議事経過の要領と結果

　報告事項の報告や質疑の内容、決議事項の審議や採決の結果などを記載します。議事録の最も重要な部分です。

ウ．決議事項に関する特別利害関係取締役の氏名

　特定の決議事項につき、特別な利害関係を有する取締役は、議決に加わることができず、またその頭数は定足数に含まれません（会社法369条1項2項）。そのため、特別利害関係取締役がある場合、その氏名を明記することが必要とされています。

エ．議長があるときは議長の氏名

(2) 記名・押印

取締役会議事録には、出席した取締役・監査役のすべてが署名又は記名押印をしなければなりません（会社法369条3項）。特別利害関係取締役として、特定の議案の審議・議決に参加しなかった者も、取締役会には参加していますから署名又は記名押印が必要です。

(3) 備置と閲覧謄写

取締役会議事録は、取締役会の日から10年間、本店に備え置く必要があります（会社法371条1項）。株主総会議事録と異なり、写しを支店に備え

置くことまでは要しません。

　会社の株主は、その権利行使のために必要であれば、取締役会議事録の閲覧・謄写が認められます。ただし、監査役設置会社等の場合、株主が取締役会議事録の閲覧・謄写をするためには裁判所の許可が必要です（同条3項）。同様に、会社に対する債権者や親会社の株主も、裁判所の許可を得て取締役会議事録を閲覧・謄写することができます（同条4項、5項）。

3　記載例

最後に、取締役会議事録の記載例を掲載しておきます。

××ホテル株式会社

取締役会議事録

開催日時　平成28年8月5日（水）午前10時
開催場所　当社本社会議室
出席者　　取締役4名中3名　甲、乙、丙（丁は欠席）
　　　　　監査役2名中2名　A、B

　定刻、代表取締役社長甲は議長席に着き、開会を宣言して議事に入った。

報告事項
　1．平成28年4～6月度業務執行状況報告
　　　議長の指名により、財務部長戊から、平成28年4月から6月までの当社各事業部門における業績の推移、予算達成状況等について詳細な報告がなされた。
　　　取締役丙より、○×事業の業績が下落傾向にあり、予算未達月が続いている点につき、より詳細な原因分析と改善策の策定が必要である旨の指摘があり、次回定例取締役会にて、当該事項につき追加報告がなされることとなった。

決議事項
　1．××フーズ株式会社に対する債権放棄の件
　　　議長の指名により、執行役財務部長戊から、別紙「××フーズ㈱　リバイ

バルプラン」（以下「リバイバルプラン」という。）に基づき、当社子会社である××フーズ㈱の作成に係る再建計画案の概要及び当該計画案によれば同社に対する当社の子会社貸付金６億2000万円の債権放棄が含まれている旨の説明がなされ、併せて別紙「××フーズ㈱の再建の件」に基づき、リバイバルプラン以外に想定し得る救済策、早期の破産処理案、及びそれぞれに係る当社への影響等につき詳細な説明がなされた。

　その上で議長は、××フーズ㈱が倒産した場合、同社の銀行借入○億円に係る当社の保証債務が現実化する可能性が高いこと、グループ全体の信用が損なわれ、当社を含め融資が引き上げられるリスクが否定できないこと、及び、××フーズ㈱は、長年、当社経営のホテルと同じ名前を冠したレストランを経営しており、同社が倒産すると当社経営のホテルにも多大なマイナスイメージが生じることが予想されることなどから、同社の再建に全力を傾けることが合理的であるところ、リバイバルプラン以外の再建策には、〜などの難点があることから、リバイバルプランが最も有効な再建策であると考えられる旨が述べられた。

　議長は、以上の次第から、リバイバルプランに賛同し、同社に対する当社の子会社貸付金６億2000万円の債権放棄を承認されたい旨が述べられた。

　これに対し、乙取締役からは、〜との意見が出された。また、丙取締役は、〜である旨を述べた。

　以上の質疑の後、議長が議場に諮ったところ、出席取締役全員異議なく、当該議案は承認可決された。

　議長は、以上をもって全議題を終了した旨を述べ、午前11時55分、閉会を宣言した。

　以上の議事の経過及び結果を明確にするため本議事録を作成し、出席取締役・監査役は次に記名押印する。

平成28年８月５日

　　　　　　　　　××ホテル株式会社　取締役会
　　　　　　　　　　　　議長　代表取締役　　甲　㊞
　　　　　　　　　　　　　　　取締役　　　　乙　㊞
　　　　　　　　　　　　　　　取締役　　　　丙　㊞
　　　　　　　　　　　　　　　監査役　　　　Ａ　㊞
　　　　　　　　　　　　　　　監査役　　　　Ｂ　㊞

添付資料
　「××フーズ㈱　リバイバルプラン」
　「××フーズ㈱の再建の件」

様々な取締役会の開催方法等

質問

取締役会の開催方法についてご教授ください。最近は、取締役会を電話会議で済ませたというような話を伺います。どのような条件を整えれば、どこまでの会議形態が認められるのでしょうか。同族会社での自宅家族会議でも大丈夫でしょうか。

ポイント

まず、現実に取締役会を開催する場合については、全取締役、監査役の同意があれば、招集手続を省略することができます。また、取締役会の期日に会場に来ることができない取締役、監査役は、テレビ会議システムや電話会議システムを使ってこれに参加することも可能です。

なお、（定款であえて取締役会の開催場所を限定するなどしない限り）取締役会の開催場所に制限はありませんから、自宅で取締役・監査役が全員集合したついでに、招集手続を省略した取締役会を開催してしまうことなども可能です。

さらに、書面決議により、取締役会の開催そのものを省略してしまう方法もあります。ただ、会社法上義務付けられている、代表取締役等の職務執行状況の報告は省略が認められません。したがって、少なくとも3か月に1回は、現実に取締役会を開催することが必要となります。

●●● 解説

1 招集手続の省略

取締役会の招集は、招集権のある取締役が、会日から1週間前（定款の定めにより短縮可）に各取締役（監査役設置会社では監査役も）に対し招集通知を発して行うのが原則です。

しかし、取締役会は、取締役の全員、および監査役設置会社では監査役の全員が同意すれば、招集手続を経ることなく開催することができます（会社法368条2項）。この同意は、口頭でも足ります。ただ、とくに臨時

取締役会を招集手続の省略により開催する場合、念のため、議事録に「なお、本取締役会につき、所定の招集手続を省略することにつき、出席全取締役、監査役が同意する旨を述べた。」などと記載しておくと、後の紛争予防となってよいでしょう。

　一定の時間に一定の場所で開催する、いわゆる定例取締役会は、この招集手続の省略により開催されるものと理解されています。そのため、定例取締役会はいちいち招集手続を経なくても有効です。また、全取締役、監査役が、あらかじめ招集手続の省略に同意しているため、実際の定例取締役会で欠席者がいたとしても、取締役会の開催手続に瑕疵は生じません。

取締役会議事録

　平成〇年〇月〇日午前〇時から、電話回線及び電話会議用装置からなる電話会議システムを用いて、取締役会を開催した。
　開催場所　東京都〇区〇　当社本店会議室
　　　　　　大阪府大阪市〇区〇　当社大阪支店会議室
　出席取締役及び監査役
　　<u>当社本店会議室　取締役A、B及び監査役D</u>
　　<u>当社大阪支店会議室　取締役C</u>
　上記のとおり、全取締役及び監査役の出席が確認され、代表取締役Aが議長となって、本取締役会は電話会議システムを用いて開催する旨宣言した。
　<u>電話会議システムにより、出席者の音声が即時に他の出席者に伝わり、出席者が一堂に会するのと同等に適時的確な意見表明が互いにできる状態となっていることが確認されて</u>、議案の審議に入った。
　（中略）
　本日の電話会議システムを用いた取締役会は、<u>終始異常なく議題の審議を終了したので</u>、議長は午前〇時〇分閉会を宣言した。
　この議事の経過の要領及び結果を明確にするため、本議事録を作成し出席取締役及び監査役はこれに記名捺印する。

---

2 電話会議システム・テレビ会議システムによる取締役会への参加

　取締役会は、個々の取締役が相互の協議を通じて意思決定を行う場であり、1つの場所に全員が集合して開催するのが通常です。

　しかし、テレビ会議システムや、電話会議システムによる参加も可能であると解されています[i]。「電話会議システム」に特別な定義はなく、たとえば通常の電話機をスピーカフォンにして、全参加者の声が同時によく聞こえる状態にするなどでも、取締役会は成立します。

　登記実務との関係で、テレビ会議や電話会議システムを使った場合の議事録にはやや特殊な記載をする必要があります。上記は電話会議システムを使用した場合の記載例です。

　上記の議事録案のポイントは、①電話会議システムを使った旨、②どの役員が電話会議システムで参加したのか、③電話会議システムによる意思疎通が対面での会議と同等のレベルであることの確認（下線部）、そして④終始システムに異常がなかった旨、の4点です。

　この4つのポイントを満たしていれば、記載の順序や表現はいろいろであって構いません。

3 取締役会の開催そのものを省略する方法

　取締役・監査役の全員の同意により、招集手続を省略することができることは1で述べたとおりですが、さらに、取締役会の開催そのものを省略する方法もあります。

(1) 決議の省略（書面決議）

　取締役会は、現実の会議を開くことが原則ですが、定款で定めれば、書面決議も認められます。

　すなわち、ある取締役が取締役会の決議の目的事項について提案し、当

---

i　平成14年12月18日・民商3044号・民事局商事課長回答

該事項につき議決に加わることができる取締役の全員が書面により同意の意思表示をしたときは、監査役が当該提案につき異議を述べた場合を除き、当該提案を可決する旨の取締役会の決議があったものとみなすことができます（会社法370条）。この場合、取締役会議事録の記載事項も若干特殊となるので注意が必要です（会社法施行規則101条4項1号参照）。

　実務上は、まず提案者である取締役が提案事項を書面やメールで各取締役、監査役に示し、全取締役から同意書を、全監査役からは異議のない旨の書面を、それぞれ記名押印したうえで交付を受けることで決議の省略を行っています。

　なお、取締役全員が「書面による同意」をしたことが必要ですから、たとえば、代表取締役が個々の取締役と順次面談や電話をし、全員から口頭の同意をとりつけた、というようなことでは、有効な決議があったとはみなされません。

(2) 報告の省略

　取締役、会計参与、監査役または会計監査人が取締役（監査役設置会においては監査役を含む）の全員に対し、取締役会に報告すべき事項を通知したときは、当該事項を取締役会に報告することを要しないとされます（会社法372条1項）。

　しかし、決議の省略制度を併用することにより、会議をまったく開催せずに済ませることは、取締役会制度の趣旨に反するため、業務執行取締役による3か月に1回以上の取締役会に対する職務執行状況の報告は、実際の会議において行わなければなりません。

　したがって、取締役会設置会社は、3か月に最低1回は取締役会が開催される必要があります。

取締役会の役割(1)
～決議に反する代表取締役の行為～

質問

過大な投資になると取締役多数が反対していた案件を代表取締役が勝手に発注してしまいました。取締役会ではまだ決議していませんが、この発注を取り消すなどの対応はできるでしょうか。

ポイント

当該投資は、取締役会決議を要する重要な財産の譲受けに該当する可能性があります。にもかかわらず、取締役会の決議を経ずに行われた発注行為は、判例上、取引相手が取締役会決議を欠くことにつき悪意または過失がある場合に限り無効であり、そうでない限り有効と解されています。

会社としては、そのような勝手な行為をした取締役に対する損害賠償請求を行うこともできますが、まずは、取引相手に取引がなかったことにしてくれるよう求め、話し合いにより円満な解決を目指すのが妥当でしょう。

なお、第二の被害を防ぐ意味で、当該代表取締役につき、取締役会決議により代表権を奪うか、株主総会決議により取締役から解任するなどの対応も検討すべきです。

●●● 解説

1 代表取締役の権限

代表取締役は、会社の業務に関する一切の行為につき、会社を代表する権限を有しています（会社法349条4項）。

他方で、会社の業務に関する意思決定の権限は取締役会に属しており（会社法362条2項）、とくに、重要な財産の処分・譲受や多額の借財などの重要な業務執行の決定は、代表取締役に委任することができず、原則として取締役会の決議に基づいて意思決定を行い、代表取締役は当該決定に従って代表行為（契約の締結）を行うことになります（同条4項）。

何が「重要な財産」に該当するのかは、当該財産の価額、その会社の総資産に占める割合、保有目的などを総合して判断されるので、個々の会社の実情に応じて異なります。実務上は、取締役会決議により取締役会規程などを制定し、具体的な取引類型毎に、取締役会の付議基準となる金額を定めておく場合が少なくありません。このような基準は、訴訟においても尊重される可能性が高いと考えられています[i]。

　質問の過大な投資は、その会社の状況にもよりますが、「重要な財産の譲受け」に該当し、取締役会の決議を要する事項である可能性があります。

2 取締役会の決議なく行われた重要な業務執行行為への対応

(1) 重要な業務執行行為の効力

　取締役会の決議を要するにも関わらず、その決議を経ないで代表取締役が行った代表行為については、そもそも当該行為が、私法上有効なものとして会社を拘束するか否かが問題です。

　この点判例は、そのような行為は会社の内部的な意思決定を欠くに過ぎないので、原則として有効であり、相手方が取締役会の決議を経ていないことについて知りまたは知りうべかりしときに限り無効としています（民法93条の類推適用。最高裁昭和40年9月22日判決）。

　ある投資が「重要な財産の処分」に該当するか否かは、個々の会社の事情により異なるので、取引相手には分からない場合も多いでしょう。その結果、上記判例に照らすと、取締役会決議を経ずになされた重要な財産処分が有効とされる場合も少なくないように思われます。

　ただ、実際に取引が有効とされるか否かは裁判所の判決をもらうまで分からないことであり、訴訟対応自体が大きな負担であることは、取引の相手方にとっても同じことです。そこで、実務的な対応としては、取引相手

---

i　江頭憲治郎『株式会社法（第6版）』（平成27年・商事法務）409頁。

に対し、取締役会の承認を欠くため無効であることを主張したうえ、話し合いにより円満な解決を目指すのが妥当と思われます。

(2) **代表取締役に対する損害賠償請求**

取締役会の承認を要するにも関わらず、承認なくして取引を行うことは代表取締役の任務懈怠に該当すると考えられるので、それにより会社に損害が生じたときは、会社は代表取締役に対する損害賠償請求を行うことができます（会社法423条1項）。取引先と異なり、内部者である代表取締役にとっては、その取引が取締役会承認事項であることは知っているべきであり、過失等の要件の立証も容易と思われます。

(3) **解職・解任**

このような勝手な行為をする者を代表取締役に留めておくと、第二の被害を招くおそれもあります。そこで、取締役会決議により、その者を代表取締役から解職して平取締役にしてしまう（代表権を奪う）、あるいは株主総会決議により、その者を取締役から解任してしまう（すると自動的に代表取締役でもなくなる）などの対応も考えられます。後者の場合、解任された取締役から会社に対する損害賠償請求のリスクがありますが（会社法339条2項）、質問のような事情があれば、解任にかかる正当理由があるものとして、会社は損害賠償責任を負わない可能性が高いと思われます。

6 取締役会の役割(2)
~株主との対立~

質問

代表取締役が勝手に進めた過大な投資に対して、取締役多数の決議により、取締役会で代表取締役を解職しました。すると臨時株主総会が開催されて、過大投資に反対した取締役が解任されてしまいました。解任された取締役に、何か対抗策はあるのでしょうか。

ポイント

取締役は、いつでも、また理由を問わず、株主総会の普通決議により解任することができます。解任された取締役は、当該解任決議に正当の理由がない限り、会社に対して損害賠償を求めることができるにすぎません。

質問の解任された取締役にも、解任決議をした臨時株主総会が適法である限り、この損害賠償による救済以外は期待できません。

もっとも、中小企業の内紛事例では、対立関係にある株主に招集通知を発することなく、仲間内だけで株主総会を開催してしまう、という例が少なくありません。そのような場合、「株主総会の決議取消の訴え」を提起することで、当該決議を遡って無効にすることができます。

ただ、取締役を解任した株主が、議決権の過半数を有する支配株主だとすれば、株主総会決議を取り消したところで、再度、適法な株主総会が招集され、再び同様の取締役解任決議が成立することでしょう。したがって、決議取消訴訟に意味があるのは、取締役を解任した株主が議決権の過半数までは有しておらず、他の株主が、解任された取締役に同調する可能性がある場合に限られるでしょう。

●●● 解説

1 取締役の解任

取締役は、いつでも、理由のいかんを問わず、その取締役を選任した株主総会の決議により解任することができます（会社法339条1項）。

解任決議の要件は、旧商法時代は特別決議が要求されていましたが、現行法上は普通決議で足りるものとされています（会社法341条）。
　したがって、たとえば株主の総議決権の過半数を有するような大株主が、ある取締役を解任したいと考えるなら、適法な株主総会を開催し、いつでも、理由を問わず、その取締役を解任することが可能です。
　このように、取締役はいつでも解任され得るという不安定な地位にあることから、「正当の理由」なしに取締役を任期満了前に解任したときは、当該解任された取締役は、解任により生じた損害の賠償を会社に請求することができるものとされています（会社法339条2項）。賠償額の範囲は、判例上、（いずれも任期が2年の場合の例ですが）解任されなければ残りの任期中に得られたであろう役員報酬の額とされる場合が多いようです。

2 取締役解任の株主総会決議を争う

　株主総会決議の瑕疵を争う方法としては、決議取消の訴え、決議無効確認の訴え、決議不存在確認の訴えがあります。
　これらのうち、現実に臨時総会が開催され、取締役の解任が決議された冒頭の設問のような事例では、決議取消の訴えの可否は検討の余地があります[i]。
　決議取消事由の一つに、「株主総会等の招集の手続又は決議の方法が法令若しくは定款に違反し、又は著しく不公正なとき」というものがあります（会社法831条1項1号）。
　中小企業の内紛事例では、対立関係にある株主に招集通知を発することなく、仲間内だけで株主総会を開催してしまう、という例が少なくありま

---

[i] 決議無効確認の訴えは、たとえば欠格事由のある者を取締役に選任するなど決議内容が法令に反する場合、また、決議不存在確認の訴えとは、総会も決議も行っていないのに、議事録だけが作成され、登記がなされたような場合に提起できるものです。現実に臨時総会が開催され、取締役の解任が決議された冒頭の質問のような事例では、いずれの訴えも認められる余地がありません。

せん。そのような場合、明らかに招集手続に法令違反がありますので、株主総会の決議取消の訴えが認められることになります。決議取消判決が確定すると、当該決議は遡って無効となります。

なお、取締役は、決議取消訴訟を提起する資格（原告適格）を有する者に含まれています。一応は解任決議で解任されているので取締役とは言えないのでは、という疑問も生じますが、決議が取り消されれば取締役に復帰する者であるため、原告適格は否定されません。

もっとも、いくら株主総会の決議を取り消しても、その総会に出席して賛成票を投じた株主が、総議決権の過半数を確保しているとすれば、再度、適法な手続を踏んで臨時株主総会が開催されれば、同様の取締役解任決議が、適法に成立することでしょう。このような場合は、当初の臨時総会決議に対する決議取消訴訟の提起には、単なる時間稼ぎ程度の意味しかありません。

第4章

株主構成の見直し

　多くの非上場会社は、株式について譲渡制限を定めており、会社（取締役会設置会社の場合は取締役会）の承認なくして、勝手に株主が入れ替わることが防止されています。ただ、このような譲渡制限は、相続に対しては効力を持ちません。その結果、時を経て、相続により株主が複雑に分散してしまう例が見受けられます。
　第4章では、株主の分散を防ぐ方法や、分散してしまった株式を再度集中させる方法、問題のある株主への対処方法など、非上場会社で必要となる株主対策のあれこれについて説明しています。

円滑な事業承継のための手法

質問

後継者に事業承継を考えています。円滑な事業承継を行うための対策と株式分散の予防策に関してのポイントを教えてください。

ポイント

相続により株式が分散することを防ぐ方法として、相続があった株式を、会社が強制的に買い取ることができる「株式売渡請求制度」があります。

また、種類株式の一種である「議決権制限株式（完全無議決権株式）」を利用し、後継者には議決権のある普通の株式を相続させ、他の相続人には議決権制限株式を相続させることで、（株式は分散するものの）議決権の分散を防止することができます。

既に分散してしまった株式を再集約する方法の例としては、平成26年改正会社法で導入された「特別支配株主の株式等売渡請求制度」の利用が考えられます。

●●● 解説

1 事業承継対策の必要性

会社を承継した後継者は、ただでさえ、不慣れな社長業に四苦八苦します。株式が分散していると、それに加え、他の株主が経営に口を挟むといった問題が加わる恐れがあります。

したがって、事業承継対策としては、後継者に現経営者の保有する株式を承継することだけではなく、株式の分散を防止し、また、すでに分散している株式をあらかじめ集約しておくことも検討しなければなりません。

2 相続による株式の分散を防ぐ方法（株式売渡請求制度）

非上場の株式会社では、通常、譲渡制限株式（株主が株式を譲渡する

際、会社の承認が必要となる株式）を導入しています。しかし、譲渡制限の効力は、相続や合併などによる株式の移転に対しては生じません。そこで、相続の度に株式が複数の相続人に分散してしまう、ということが起こり得ます。

　このような、譲渡制限株式の限界をカバーする手法として、株式売渡請求制度があります。これは、相続や合併などの一般承継により譲渡制限株式を取得した者に対して、強制的に、その株式を会社が買い取ることができる制度です（会社法174条）。定款にその旨を定めることで導入します。

　この制度を利用すると、たとえば既に存在する外部株主に相続が生じた際、その相続人から強制的に株式を買い取るなどの対応ができ、株式の分散化をある程度防止することができます。

　ただし、いわゆる配当可能限度額（≒利益剰余金）の範囲内でしか買取りができませんので、利益剰余金が足りない時期に相続が起こると、この制度は機能しません。また、株式売渡請求は、現経営者から後継者への相続にも適用される可能性がある（しかもその場合、後継者は買取請求を決める決議で議決権を行使できない）ので、導入に際しては、後継者への承継は生前贈与で済ませておくなどの対応が必要です。

3　相続による議決権の分散を防ぐ方法（議決権制限株式）

　現経営者が死亡し、相続人が複数いるが、相続財産は株しかない、というような場合に、いわゆる種類株式の一種である、議決権制限株式（完全無議決権株式）を利用する方法が考えられます。

　たとえば、議決権制限株式を新たに発行し、あるいは既存株式の一部を議決権制限株式に振り替え、これを後継者以外の者に相続させ、後継者のみが議決権のある株式を相続するなどの方法です（不公平感を緩和するため、議決権制限株式には配当優先権も付与してあげる、などの工夫も可能です）。

こうすると、株式は分散しますが、議決権は後継者に集中するので、経営の混乱を回避することができます。

4 分散してしまった株式を集約する方法
（特別支配株主の株式等売渡請求制度）

「特別支配株主の株式等売渡請求」制度とは、平成26年改正会社法で新設された、新しいスクィーズアウト（少数株主の締め出し）の手法です。

これは、議決権の9割以上を保有している株主（「特別支配株主」）が、取締役会の承認決議を得ることを条件として、他の少数株主の株式全てを、強制的に買い取ることができる、というものです。上場会社に限らず、非上場会社でも利用が可能です。また、買い取りの主体が会社ではなく株主なので、配当可能限度額の有無も問題になりません。

すでに分散してしまった株式を再度集中させたいなどの場合、議決権の9割まで確保した上で、売却に抵抗する株主からは、この手法により株式を強制的に買い取る、といった利用が考えられます。

第4章 株主構成の見直し

2 株主の会計帳簿閲覧請求権

質問

少数株主から、会計帳簿を見せてほしいとの依頼がありました。見せたくないのですが、会社法には閲覧謄写請求権があると聞きました。どのように対応したらよいのでしょうか。またどこまで見せる必要があるでしょうか。

ポイント

まず、当該株主が持株数要件（解説2）を満たしているかをチェックします。満たしていないなら、対応不要です。

持株数要件を満たしている場合、請求の理由を聞きます。理由は書面で出してもらうことが望ましいです。会社の規程類（定款や株式取扱規程）でその旨を定めていれば、「書面で出さない限り請求に応じない」という対応も可能です。

理由が開示されたら、会社法の定める拒絶事由（解説3）に該当するかをチェックします。とくに、競業者要件に該当する場合は少なくないのでよく検討します。

拒絶事由に当たるなら、開示しなくて結構です。ただ、株主が訴訟を提起するかもしれないので、あらかじめ拒絶事由の証拠は保全しておきましょう。拒絶事由がないなら、開示するほかありません。開示対象は、会計帳簿やその記録の基礎となる資料です（解説1）。

●●● 解説

1 会計帳簿閲覧請求権

会計帳簿閲覧請求権とは、株主が会社に対して、会計帳簿（計算書類と附属明細書の作成の基礎となる帳簿（いわゆる仕訳帳と元帳がメイン）と、会計帳簿の記録材料となった資料（領収書など））の閲覧や謄写を求める権利を言います。

株主は、取締役が不正を行った場合には株主代表訴訟でその責任を追

及すること等ができますが、会計帳簿の閲覧請求権は、そのための情報収集手段として機能します。

他方で、無制限に閲覧謄写を認めますと、濫用する株主が生じるかもしれないし、また、会社の業務が停滞する可能性もあります。そこで会社法は、権利行使できる株主の範囲や、権利行使の要件を制限しています。

2 権利行使できる株主（持株数要件）

権利行使できるのは、総株主の議決権の100分の3（定款で緩和可能）以上の議決権を有する株主または発行済株式（自己株式を除く）の100分の3（定款で緩和可能）以上の数の株式を有する株主です（会社法433条1項前段）。

なお、権利行使された後に、第三者割当増資などにより当該株主の持ち株比率を下げて、上記の要件を満たさないようにする、という会社の対抗手段は、認められません[i]。

3 権利行使の要件

請求に際しては、株主は、請求の理由を明らかにしてしなければなりません。濫用防止のため、会社は、次のいずれかの拒絶事由に該当すると認められる場合には、請求を拒絶することができます（会社法433条2項）。

① 請求者がその権利の確保または行使に関する調査以外の目的で請求を行ったとき。
② 会社の業務の遂行を妨げ、株主の共同の利益を害する目的で請求を行ったとき。
③ 請求者が会社の業務と実質的に競争関係にある事業を営み、または従事するとき。
④ 請求者が会計帳簿またはこれに関する資料の閲覧または謄写によって

---

[i] 高松地裁昭和60年5月31日判決（金融・商事判例863号28頁）。

知り得た事実を利益を得て第三者に通報するため請求したとき。
⑤ 請求者が、過去2年以内において、会計帳簿またはこれに関する資料の閲覧または謄写によって知り得た事実を利益を得て第三者に通報したことがあるものであるとき。

上記のうち、実務上特に問題となる場合が多いのは③の競業者要件です。

学説上、この要件で閲覧を拒絶することができるのは、当該株主が単に協業者であるのみでは足らず、閲覧で得た情報を競業に使用する意図がある場合に限り拒絶できる、という狭義説もありました。

しかし、訴訟実務では、条文の文言通り、請求者に競業関係が認められれば拒絶してよい、という広義説が採用されています[ii]。さらに「競争関係」とは、現に競争関係にある場合のほか、近い将来において競争関係に立つ蓋然性が高い場合を含むと述べ、拒絶できる範囲を広げている裁判例も現れています[iii]。

◆◆◆ 税務からのアプローチ

【会社法の会計帳簿と税務上の会計帳簿 ── 青山恒夫】

1 会社法上の会計帳簿

会社の会計帳簿は、会社の業務状況および財務状況を記載したものです。会社法は、会社に対し、適時に正確な会計帳簿の作成と10年間の保存を義務付けています。さらに、会社の出資者たる株主への情報提供の趣旨から、少数株主権として、会計帳簿等閲覧謄写請求権を規定していま

[ii] 最高裁平成21年1月15日決定（民集63巻1号1頁）。
[iii] 楽天対TBS事件。東京地裁平成19年9月20日判決（判例時報1985号140頁）。

す。会社法は、閲覧謄写請求の対象となる範囲について、「会計帳簿又はこれに関する資料」と規定しています。

「会計帳簿」とは、仕訳帳、総勘定元帳、各種の補助簿（現金出納帳、仕入帳、売上帳など）などです。「会計帳簿に関する資料」とは、会計帳簿を作成する材料となった書類等を指し、具体的には、日記帳、領収書、契約書、信書等を指します（大隅健一郎、今井宏、小林量著「新会社法概説［第2版］」P.344、有斐閣平成22年）。

なお、会計帳簿の作成・保存は電磁的記録によることもできます。

2 税務上の会計帳簿

法人は、帳簿を備え付けてその取引を記録するとともに、その帳簿と取引等に関して作成または受領した書類（以下「書類」といい、帳簿と併せて「帳簿書類」といいます。）を、その事業年度の確定申告書の提出期限から7年間（欠損金が生じた年度は9年間）保存しなければなりません。ただし、平成27年度税制改正により、平成29年4月以降に開始する欠損金額の生ずる事業年度においては、帳簿書類の保存期間が10年となります（法人税法施行規則26条の3第1項）。

「帳簿」には、たとえば総勘定元帳、仕訳帳、現金出納帳、売掛金元帳、買掛金元帳、固定資産台帳、売上帳、仕入帳などがあり、また、「書類」には、たとえば棚卸表、貸借対照表、損益計算書、注文書、契約書、領収書などがあります。

税務上でも、電子帳簿保存法に基づき承認申請することにより会計帳簿の電磁的保存が認められています。

3 会社法と税法との会計帳簿の違い

会計帳簿について、上記のように会社法と税法とでそれぞれ規定がありますが、両者で基本的な違いはないと考えていいでしょう。強いて言えば

会社法では会計帳簿の保存期間が10年なのに対して、税法では原則7年であることが違いと言えます。

会計と税務とで保存期間が異なる場合には、保存期間が長いほうに合わせて保存する必要があります。したがって、税法上の保存期間と会社法での保存期間の両方に十分な配慮が必要です。

4 税務上、帳簿書類がなかったらどうなるか

帳簿書類の保存がない場合、次の2つの点のデメリットが生じます。

(1) **青色申告が取り消される**

たとえば、次のような青色申告のメリットが享受できなくなります。

① 欠損金の9年繰越
② 30万円未満の固定資産購入時の即時償却
③ 中小企業等投資促進税制等の特別控除制度の利用

(2) **法人税の推計課税が行われる**

青色申告法人であっても、帳簿書類の備付け、記録、保存がない場合がありえます。その場合には、税務署長は青色申告の承認を取り消した上、推計課税を行います（法人税法131条）。推計課税とは帳簿に代わる何らかの合理的な資料に基づいて課税所得を計算するというものです。

(3) **消費税の仕入税額控除が認められなくなる**

消費税法上は、法人税法のような推計課税の規定はありませんが、課税仕入れに係る帳簿及び請求書等の保存が義務付けられているため、仕入税額控除が認められなくなる可能性があります（消費税法30条7項）。

その場合は、売上に係る消費税額をそのまま確定消費税額として納税しなければならなくなります。

昨今、会計ソフトで会計データを入力し、決算書や法人税等の申告書の作成が完了してもパソコンから会社の会計データを帳簿として打ち出さず

に、パソコンの中だけでデータ保存をしている会社も少なくないと思われます。
　そのようなとき、税務調査のために帳簿を印刷しようとしてもデータファイルが行方不明では大変なことになってしまいます。普段から会計データの保管等については十分に留意し、原則は書面での出力が求められていることを忘れないようにしてください。

第4章 株主構成の見直し

3 名義株主の扱い

質問

当社が会社を設立したころ、オーナーのほか、従業員や親族を形式的に株主としました。実際には名前だけを借りている状況でした。これらの株をどのようにしたらよいでしょうか？

ポイント

会社設立に際し、名義を貸しているだけの者（名義株主）がいる場合、実際に会社に対し引受・払込をした者が真実の株主となります。真実の株主は、名義株主に対し株券（もしあれば）の引渡しを求め、また会社との関係でも、株主権を行使し、また株主名簿の名義書換を求めることができる場合があると考えます。ただ、事実関係がはっきりしないまま、株主名簿に記載のない者を株主として扱うと、会社は一定の責任を負う可能性があるので、実務上は、慎重な対応が望まれます。また、万一、株券が名義株主に交付されている場合には、善意取得という制度との関係に気を付ける必要があります。

●●● 解説

1 名義株主とは何か

株式の引受および払込については、一般私法上の法律行為と同様、真に契約当事者として行為した者が引受人（株主）としての権利義務を有します[i]。

したがって、①Aが、Bの了解を得ることなく勝手にBの名義を使い、Aが引受・払込をしたような場合はもちろん、②Aが、Bの了解を得てその名義を用い、Aが引受・払込をしたというような場合も、真実の株主は

---

[i] 最高裁昭和42年11月17日判決（民集21巻9号2448頁）。

Aとなります。これらの場合のBが、名義株主と呼ばれます。

　他方、③Bが、Aから資金を借りて、自ら引受・払込をした、という場合では、株主は名実ともにBとなります。この場合、Bは会社との関係で真に契約者として行為したといえ、単にその必要資金をAから借りただけだからです。

　実際は、②と③の境界は曖昧です。Aは②のつもりであったところ、Bより③の法律関係を主張される場合もあり得るでしょう。争いになれば、訴訟で決着をつけることになります。

2 真実の株主の採り得る手段
(1) 株主権の行使

　真実の株主Aは、株主名簿上の記載が名義株主Bとなっているままでも、議決権などの株主権を行使することができるでしょうか。

　この点、会社法130条1項は、株主名簿に記載がされない間は、会社に対し、自己が株主である旨を会社等に対抗できないとしています。そこで、真実の株主であっても、株主名簿の名義書換を経ないと、Aは株主権を行使することができないことになりそうです。

　しかし、同条項は「株式の譲渡」について定めているため、会社の設立や新株発行の場合には適用がないと解する余地があります。このような考え方により、名義書換を了しないまま、真実の株主による議決権行使が認められるとした裁判例があります[ii]。これに従えば、Aは、自己が真実の株主であることを会社に立証したうえ、議決権の行使を認めるよう求めるなどの方法も採り得ることになります。ただし、通常はこのような立証は困難であると思われます。

---

ii　東京高裁平成4年11月16日判決・金法1386号76頁。

なお、このような立証がない場合でも、会社の方から任意に、Aを株主として扱うことは可能です。ただし、万一、Bの方が真実の株主であった場合、会社はBに対する損害賠償責任を問われるリスクが生じます（また、善意取得（後述）との関係で、とくに株券が発行されている場合は注意が必要です）。

(2) **株主名簿の名義書換**

　株主名簿の名義書換についても、(1)と同様、Aが真実の株主であることの立証がある場合、あるいは、そのような立証がない場合でも、会社が自らのリスクを覚悟のうえで、BからAへの名義書換に応じることもあり得ます。

　ただし、実務上は、会社法133条に準じて、①AとBの共同申請を受ける、②Aに株券を提示させる（株券発行会社である場合）、③AのBに対する勝訴判決（確定したもの）を呈示させる、などのうえで名義書換に応じる方が、会社にとっては安全です（会社法133条、会社法施行規則22条）。

(3) **株券の回収**

　なお、万一、株券が発行され、これが名義株主に交付されている場合には注意を要します[iii]。たとえば、名義株主Bが、第三者Cに株券を交付してこれを譲渡した場合、Cに悪意や重過失がない限り、Cは適法に株式を取得し、真実の株主の地位は、AからCに移転してしまう可能性があるからです（善意取得といいます。会社法131条2項）。

　したがってAは、早期にBから株券を回収すべきです。Bが任意に株券を交付しないなら、訴訟を提起します。

(4) **名義株主の所在が不明な場合**

　設立から長期を経ており、名義株主との連絡がとれないなどの場合で

[iii] そもそも、名義株主と真実の株主との間では、株券は真実の株主が保管することとするのが通常と思われ、名義株主が株券を保有している場合は稀であろうと思われます。

も、Aが真実の株主であることの立証があるなら、上記(1)や(2)により、会社はAを株主として扱い、株主名簿を書き換えるなどの対応をとってよいこととなります。

　真実の法律関係があやふやになってしまっている場合、①会社は、自らのリスクを覚悟のうえで、同様の対応をとることも考えられますが、②所在不明株主制度（会社法197条）[iv]により、Aに形式的に株式を購入させる方が安全です。

　なお、株券が発行されており、Aはこれを所持していないという場合、善意取得の成立を阻止するため、①Aに株券失効制度（会社法221条以下）[v]を利用させる、②あるいは、定款を変更して株券不発行会社に移行してしまう、などの対応をとるべきでしょう[vi]。

[iv] 5年以上継続して会社からの通知や催告が到達しない等の要件を満たす株主名簿上の株主に係る株式を、競売や任意売却できる制度です。所在不明株主の場合、対価は供託することになります。

[v] 紛失した株券を無効にするための手続です。手続に1年以上の期間を要します。

[vi] なお、これらの方法で回避できるのは、「今後、新しく善意取得が成立すること」のみであり、すでに善意取得が生じている場合は、これらの方法によっても善意取得の効果は覆されません。

株主構成の見直し | 第4章

 従業員持株会

質　問

従業員持株会制度というものがあると聞きました。従業員に会社の株を持ってもらうことで会社との一体感が醸成されるそうですが、なんとなく不安も感じます。持株会について教えてください。

ポイント

従業員持株会とは、会社の従業員が、その会社の株式を取得・保有するための組織をいいます。

上場会社の場合、過去に取得した株式は、会社の業績が上がれば上がるほど高く売れるので、持株会は従業員の意識高揚や福利厚生などの観点から有益といわれます。非上場会社の場合、株式の換金性が低いので、必ずしも同様の議論が当てはまらず、むしろ相続対策などのオーナー側の都合で組織される場合もあるようです。

持株会が保有する株式は、その理事長が代表して株主権を行使します。その結果、株式数によっては、少なくとも理論上は、株主総会決議に影響を及ぼされる可能性も、また会計帳簿閲覧謄写請求権などの少数株主権が行使される可能性も生じます。

なお、非上場会社の持株会では、規約上、株式分散防止のため、会社や持株会が、退職従業員の持分を取得価額で強制取得する旨を定める例が多いですが、そのような定めは常に有効と解されているわけではないので、注意が必要です。

●●● 解説

1 従業員持株会とは

従業員持株会とは、会社の従業員が、その会社の株式を取得・保有するための組織（民法上の組合とされる場合が多い）をいいます。

上場会社の株式は、株式市場で譲渡・換金でき、しかも会社の業績が上がれば上がるほど高く売れます。そこで、従業員持株会は、主に従業員

の財産形成や意識高揚などの狙いから組織されます(会社の安定株主工作として組織される場合もありますが)。また、役員で組織する役員持株会や、取引先で組織する取引先持株会などが置かれる場合もあります(以下、従業員持株会を単に「持株会」といいます)。

他方、非上場会社の場合、(上場準備をしている場合を除き)オーナー株主の相続対策など、オーナー株主の都合で組織される場合も多いようです。持株会は組織せず、単に事実上、複数の従業員が株式を保有している場合もあります。

2 従業員持株会の仕組み

持株会は、「規約(従業員持株会規約)」という、集団で定める契約のようなものにより組織されています。

したがって、持株会は、その会社ごと(その持株会ごと)にいろいろなバリエーションがあり得るのですが、以下では共通的な特徴を解説します。

(1) 持株会が株式を取得する方法

上場会社の持株会が、株式を買い増す方法として一般的なのは、会員である従業員が毎月一定額を持株会に拠出し、持株会は、集まった資金をまとめて、一定のタイミングで、そのときの株価で買えるだけの株式を市場から購入するというものです(月掛投資)。なお、拠出金を給与から天引きする場合は、労働者代表などとの協定が必要です(労働基準法24条1項但書)。このように、定時に一定額の買付を機械的に行う仕組みを採用すると、金融商品取引法上、インサイダー取引規制の例外として扱うことができるため、上場会社の持株会はほぼこの方式を採用しています。なお、このような毎月の事務処理を一般人が正確に行うことは難しいため、持株会の管理・運営は証券会社や信託銀行に委託するのが通常です。

これに対して、非上場会社の場合、株式市場が存在しないので、定期的に株式を買い増しすることができませんし、インサイダー取引規制を気に

する必要もありません。そこで、必要が生じた際に、一括してオーナー株主から購入し、あるいは会社の新株発行に応じるなどして株式を取得しているようです。購入資金の方は、当該株式取得の際に、会社が従業員に貸し付け、あるいは臨時ボーナスを支給するなどして一時に調達することが多いと思われますが、上場会社の場合と同様に、給与から一定額を積み立てておくことも不可能ではありません。その場合、積立金を会社が預かる可能性がありますが、その際には当該事項につき労働者代表との協定などを労基署に届け出る必要があるので注意が必要です（労働基準法18条2項）。給与から天引きする場合にも協定が必要なのは上場会社の場合と同じです。非上場会社の持株会の場合、その管理・運営を証券会社等に委託する必要性も低く、そこまでしないのが通常と思われます。

(2) 奨励金

上場会社の持株会の例では、持株会による株式購入資金に対して会社が一定の奨励金を補充している場合が多いです。非上場会社の場合にも実施することが考えられます。ただ、金額によっては、株主に対する利益供与（会社法120条）や株主平等原則との抵触が問題となりますから、相当な範囲に止める必要があります（従業員拠出額の5％前後とする例が多いようです。）。

(3) 発行開示規制との関係

非上場会社の持株会を組成する上で特に注意していただきたいのは、金融商品取引法上の発行開示規制との関係です。

すなわち、株式を50人以上の従業員に取得するよう声掛けすると（最終的に50人以上が取得するか否かでなく、声掛けした人数で決まることに注意。）、それは有価証券の「募集」や「売出し」に該当し、有価証券届書の提出義務等が生じ、これに違反すれば罰則の適用もあります。しかし、持株会への株式譲渡の取扱いに当たっては、おおむね次のような条件に合致する限り、持株会を一人の株主として扱うこととされています（企業内

容等開示ガイドライン5-15)。
① 株主名簿に「持株会」の名義で登録されていること
② 議決権の行使は「持株会」が行うこと
③ 配当金を「持株会」でプールし運用するシステムをとっていること

したがって、(対象となる従業員がごく少数の会社の場合は別段)ある程度の規模の非上場会社が持株会を組成する場合は、上記の条件を満たす仕組みとする必要があります。

(4) 持株会と株主権

持株会が民法上の組合である場合、組合には法人格がないため、独立した株主にはなれません。そこで、持株会で取得した株式は、持株会の理事長に管理信託させ、株主総会では当該理事長が議決権を行使します。その代わり、個々の持株会の構成員である従業員は、理事長に対して事前に特別の指示を与えることができるとされています。会計帳簿閲覧謄写請求権などの少数株主権有無も、原則として理事長名義の株式数で判断され、理事長が権利を行使することになります。

つまり、少なくとも制度上は、招集通知に記載される計算書類の内容や、会計帳簿の内容などが、持株会を通じて従業員に閲覧される可能性があることになります。

(5) 株式分散の防止

持株会制度に関して、非上場会社のオーナーが最も気にするのは、持株会を通じて株式が分散してしまうリスクでしょう。

上場会社の持株会の場合、持株会の構成員は、自己の拠出した金額に応じて、持株会が保有する株式に対する「持分」を有しており、持分が一定の単位に達すれば、現実の株式として引き出す(その結果、名実ともに当該構成員が株主となる)ことができる旨が定められます。また、構成員が従業員の地位を失ったときや、持株会を退会する際には、やはり単位相当の持分は株式として引き出すことが権利として認められるのが通常です。

他方で、非上場会社の持株会の場合、従業員の退職や持株会からの退会の際には、その従業員の株式（持分）を会社や持株会が強制的に取得価額で買い取る旨を定めている例が多いようです。ただし、このような定めを置き、しかも利益配当も全くしないというのでは、構成員である従業員にはほとんどメリットがないことになってしまいます。したがって、このような定めは、会社が、「多額の利益を計上しながら特段の事情もないのに一切配当を行うことなくこれをすべて内部に留保していたというような事情」がある場合に当たるものとして無効とされる可能性があるので注意が必要です（最高裁平成21年2月17日判決参照）。

5 中小企業で少数株主を排除（スクィーズアウト）する方法(1)

質問

当社株式は、95％ほどを同族で保有していますが、一部同族でない株主がおります。現在は、当社と関係がほとんどないため、全株を同族で固めたいと思っております。同族でない株主に保有している株式の譲渡をお願いしていますが、譲渡をしてくれません。何か良い方法がありませんか。

ポイント

上場会社のMBO（経営陣が会社を買収する方法）などの場面で、「全部取得条項付種類株式」を用いて少数株主を排除（スクィーズアウト）する方法が利用されていました。このスキームは、非上場の中小企業でも利用することは可能です。

●●● 解説

1 スクィーズアウトの各種手法と問題点

会社の支配株主が主導して、他の少数株主を会社から締め出すことを、スクィーズアウト（直訳すれば「絞り出し」）といいます。

会社法上、スクィーズアウトに利用できる手法は種々考えられます。たとえば、①受皿会社を用意して、対象会社に対する株式交換を実施する、②対象会社の主要な事業を受皿会社に譲渡してしまい、その後対象会社は清算させる、③株式併合により少数株主には1株未満の端数が割り当てられるようにして、現金で清算してしまう、そして、④後述する全部取得条項付種類株式を用いる方法、などです。

いずれの方法も、株主総会の特別決議で実施されるため、理論上は、議決権の3分の2を支配してしまえば、スクィーズアウトを実施できることになります。

しかし、②の方法だと、これらに反対する株主に、株式買取請求権（会社に対して公正な価格での株式買取を求め、価格が折り合わなければ裁判所で価格を争うことができる権利。）が付与されていないため、少数株主が、自己の株式の公正な価値すら得られずに締め出されてしまうという大きな問題があります。後述（本章質問⑥）のとおり、かつては③にも同様の問題がありました。

また、①の株式交換ですと、受皿会社を用意する手間が生じ、適格組織再編の要件を満たさないと、対象会社に潜在する含み益への課税が生じることなどの問題があります。

そこで、④の全部取得条項付種類株式を利用する方法が、スクィーズアウトの手法として利用されてきました。なお、この方法は、非上場の中小企業でも利用可能です。

2 全部取得条項付種類株式によるスクィーズアウト

(1) スキームの概要

「全部取得条項付種類株式」とは、株主総会の特別決議により、会社がその全部を取得することができるという種類株式をいいます（会社法108条1項7号）。

たとえば、会社から排除したい少数株主の持株数が99株であったとすれば、発行済の株式の全てを全部取得条項付種類株式に振り替えたうえ、取得条項を発動し、既発行の株式100株に対して、別の種類の株式を1株交付するようにします。すると、当該少数株主は、1株に満たない端数を取得しますが、会社法上、端数は売却され、少数株主には金銭が渡されます（会社法234条1項2号）。

このように、排除したい株主には端数のみが割り当てられるように、全部取得条項付種類株式を設計することで、スクィーズアウトが実現します。

(2) **実施手順**

普通株式のみを発行する会社（種類株式発行会社ではない会社）が、上記のスキームを実施する手順は、概ね以下の通りです。

① まず、株主総会の特別決議により定款を変更し、二以上の種類の株式を発行する旨を定めます*。追加する種類株式は、たとえば通常の株式よりほんの少し残余財産分配請求権が優先するなど、ほとんど、通常の株式と変わらないものとしておきます。

② 次に、株主総会（および既発行株式の株主による種類株主総会）の特別決議により、既発行の株式に全部取得条項を付する内容の定款変更を実施します（会社法111条2項、324条2項1号）。反対株主には株式買取請求権が付与されます。

③ そして、取得条項を発動させるための株主総会特別決議を実施します（会社法171条1項）。その際、「取得対価」として、上記①で追加した種類株式を割り当てるようにします。すると、会社に残る支配株主は、従前とほとんど内容の変わらない種類株式を取得し、少数株主は金銭交付で排除されることになります。なお、当該取得条項発動の株主総会の際にも、反対株主には株式買取請求権が付与されます。

以上の各手順は、一つの株主総会で実施することも可能と解されています。その場合、未だ存在しない種類株主の株主総会のための招集手続が事前に実施されるなど、ちょっと不思議な光景を目にすることになります。

---

* 最初に種類株式発行会社化の手順を踏むのは、発行済みの株式を全部取得条項付種類株式に変更するためには、前提としてその会社がすでに種類株式発行会社になっていることが必要と解されているためです（会社法111条2項本文）。

第4章 株主構成の見直し

中小企業で少数株主を排除（スクィーズアウト）する方法(2)
～会社法改正の影響～

質問

前問では、全部取得条項付種類株式を利用する手法を教えて頂きました。平成26年に会社法が改正されましたが、スクィーズアウトの手法に変化が生じるのでしょうか。

ポイント

平成26年改正会社法では、議決権の9割以上を有する「特別支配株主」が、直接、少数株主から株式を強制的に取得できる「特別支配株主の株式等売渡請求制度」が新設されました。他方で、種類株式によるスクィーズアウトの手法にも、開示の強化などの手当てがなされ、さらに、株式併合についても、開示の強化や株式買取請求制度の創設など、株主保護が強化されています。したがって、会社法改正により、スクィーズアウトの手法は多様化することが予想されます。ただし、いずれの方法によるにせよ、スクィーズアウトを行うにはそれなりの必要性・合理性が必要と解され、その具体的な内容（の類型化）が、今後の課題となります。

●●● 解説

1 平成26年改正会社法の新手法　～特別支配株主の株式等売渡請求制度～

(1) 売渡請求制度の概要

特別支配株主の株式等売渡請求制度とは、議決権の9割以上を直接、間接に保有する株主（「特別支配株主」）が、他の株主から、強制的にその株式を買い取ることができる制度です。

売渡請求の手続の概要は、①特別支配株主は、買取価格、取得日等を含め、売渡請求をしようとする旨を「会社に」通知します、②会社の取締役会は、売渡請求を承認する旨を決議し、少数株主（売渡請求の対象とな

る株主）にその旨を通知又は公告します（取締役会が承認しない場合は手続終了）、③特別支配株主は、取得日において、売渡請求の対象となった株式の全部を取得します、④なお、少数株主は、裁判所に対し、株式の売買価格決定の申立をすることができます。

売渡請求を利用できる対象は、上場会社などに限定されておらず、非上場の中小企業でも利用は可能です。

(2) **売渡請求制度の特徴**

この制度は、①スクィーズアウトそのものを目的とした初めての制度であること、②種類株式の設計を考える必要がなく、株主総会決議は不要であるなど、全部取得条項付種類株式スキームに比べ簡易な手続であること、③株主総会決議を経ないことから、株主総会決議取消のリスクがないこと、などの特徴があります。

(3) **売渡請求制度の限界**

売渡請求を行う「特別支配株主」は、対象会社の議決権の9割以上を保有していることが必要です（会社法179条1項）。保有議決権数が9割に満たない場合、協力株主からいったん株式の譲渡を受けるなどして、9割要件を満たす必要が生じます。

また、9割要件さえ満たせば、同制度を利用できる、と考えるのは早計です。上場企業でも、スクィーズアウトを実施するには、たとえば「企業を維持するためには痛み（損失）を伴う改革が必要であり、少数株主が株式を保持し続けると損をしてしまう。」といった合理的理由が求められます。非上場の中小企業では、少数株主といえども会社の経営に無関心とは限らず、上場企業に比して、より強い合理性が求められる可能性があります*。

＊　閉鎖的な会社において、実質的な必要性もなく行われた株式売渡は無効原因に該当することを指摘するものとして、齊藤真紀「キャッシュ・アウト」（ジュリスト1439号57頁）。また、合理性のない売渡請求を承認した取締役の責任も問題となり得る。

2 従来の手法はどうなるのか

　平成26年改正会社法は、従来の種類株を利用したスクィーズアウトについても、情報開示を強化するなどの株主保護の手当を設けました。これは、引き続き当該手法がスクィーズアウトに利用されることを予定していることを意味します。

　さらに、改正法は、株式併合についても、情報開示の強化や、株式買取請求権の付与など、株主保護を強化しています。従来、株式併合によるスクィーズアウトが問題視された理由の一つに、株式買取請求制度が存在しないことが挙げられてきたことに鑑みますと、改正後は、株式併合によるスクィーズアウトも利用し易くなることが予想されます。

　以上のとおり、改正法の影響により、むしろスクィーズアウトの手法は多様化することが予想されます。

　ただし、いずれの方法によるにせよ、スクィーズアウトを行うにはそれなりの必要性・合理性が必要と解され、その具体的な内容（の類型化）が、今後の課題となります。

◆◆◆ 税務からのアプローチ

【売渡請求された株主の税務 ──── 佐久間裕幸】

　改正会社法で登場した特別支配株主の株主等売渡請求制度により株式を売り渡した個人株主側の税務はどうなるでしょうか。

　個人が株式をその発行会社に譲渡（金融商品取引所の開設する市場における取引を除く）した場合（会社による自己株式の取得）には、その交付を受けた金銭の額及び金銭以外の資産の価額の合計額がその発行会社の資本金等の額のうち、譲渡した株式に対応する部分の金額（すなわち1株当たり資本金等の額×譲渡株数の金額）を超えるときは、その超える部分の金額は配当所得とみなされて所得税が課税される取扱いとなっています。

しかしながら、この制度は、特別支配株主が少数株主から買い取るという仕組みになっています。個々の少数株主には、売渡請求承認の旨・その条件等の通知が発行会社から行われるものの、取得をする当事者は、特別支配株主です。したがって、本制度での株式の譲渡の取引は、自己株式の取得ではありません。株主間での株式の譲渡取引だということになります。
　したがって、売り渡した個人株主としては、分離課税による譲渡所得として申告をすれば良いということになり、所得税、住民税合わせて20％の税率（他に復興特別所得税）で課税されることになります。
　ちなみに特別支配株主の株主等売渡請求制度は、議決権の9割以上を有する特別支配株主が存在することが前提となっていますので、この制度で株式等の売渡しを求められるのは、数％程度の議決権しか保有していない株主であることも多いと思われます。その場合の株価ですが、配当還元価格で評価されるようなことがあると少数株主としては、想定より大幅に低い買い取り価格であると認識されることもあると思われます。このような場合、制度の中には、差し止め請求（会社法179条の7第1項）、裁判所への価格決定の申立て（会社法179条の8）などの仕組みが用意されていますので、専門家に相談しながら対応することになると思われます。

第4章 株主構成の見直し

7 株主である叔父が経営に口出しをしてきます（株主の共益権）

質問

当社の株式は、二代目社長である私がそのほとんどを所有しておりますが、10％ほど叔父が所有しております。叔父は高齢なので、取締役からは降りてもらったのですが、その後も株主なのだからといろいろ経営に注文を付けようとします。株主の権利を踏まえ、叔父への対応策について教えてください。

ポイント

取締役会設置会社の場合、株主には、具体的な経営上の判断をする権限は一切ありません。多数の株主の意に反する取締役は、再任されず、あるいは解任されてしまうというリスクがありますが、経営者自らが支配株主である会社では、そのようなリスクもありません。

また、経営者が違法な行為をしているとか、一族の内紛が発生している場合などでない限り、監督是正権が行使される可能性も高くはありません。

したがって、叔父さんは、株主として経営に口出しする権限はなく、仮に、そのような口出しがあった場合、経営者がそれに従わなかったとしても、法的には問題ありません。

とはいえ、小さな頃からお世話になった（であろう）叔父さんに対し、「経営に口出しすることは株主の権限を越えています！」などと法律論で攻め立てるのも、大人げないかもしれません。

ところで、株主総会では、議決権を有するすべての株主が、取締役に対して質問し、意見をぶつけることができます。もちろん、取締役はその意見に拘束されるわけではありませんが、株主総会は、会社法が予定する、会社と株主との正式なコミュニケーションの場なのです。小規模の株主総会は、会社の会議室や応接室等で開催することが可能で、費用もほとんどかかりません。

叔父さんへの対策としては、毎年、会社法に従って株主総会を開催することとした上で、「株主である叔父さんのご意見は、株主総会で聞かせて頂きたいと思いますので、どうかご理解ください。」などと伝えるのが、妥当な対応ではないかと思われます。

●●● **解説**

1 株主の権利

株主の権利は、会社から経済的な利益を受ける権利である「自益権」（たとえば配当請求権）と、会社の経営に参加する権利である「共益権」とに分けて説明されます。

今回の質問は、共益権にかかわるものです。共益権には、株主総会の「議決権」と、取締役等の行為に対する「監督是正権」があります。

2 議決権等

議決権とは、いうまでもなく株主総会に出席し、決議に参加する権利です。株主総会は、1人1票ではなく、1株1票の多数決ですから、持株の割合が重要な意味を持ちます。

株主総会の決議事項には、様々なものがありますが、たとえば、普通決議事項（議決権の過半数を有する株主が出席し、出席議決権数の過半数の賛成で可決するもの。会社法309条1項）には、①取締役・会計参与・監査役の選任（会社法329条）、②取締役（累積投票で選任された者、監査等委員である者を除く）、会計参与の解任、③役員の報酬等（会社法361条、379条、387条）などが含まれます。

重要なことは、たとえば「最近流行の○○事業をわが社でも始めるべきだ」とか「採算の悪い○○店は閉鎖すべきだ」などといった、具体的な会社の経営判断そのものは、一切、株主総会の権限に含まれていない、ということです。取締役会設置会社では、具体的な経営判断は、取締役会や代表取締役の専権事項だからです。

では、株主はどうやってその意向を経営に反映させるのか、といいますと、取締役の選任・解任権を行使することで、間接的に自己の意思を反映させるしかないのです。

しかし、ご質問のような、経営者が支配株主である会社で、わずか10％

しか株式を有しない他の株主の場合、このような、取締役の選任・解任を通じた間接的な影響力すら行使することができません。

3 監督是正権

監督是正権とは、会社の誤った行為等を、個々の株主が、文字通り監督し、是正するための権利です。

誤りを正すことは、全株主にとって利益のあることですから、多数決によらずとも、個々の株主が行うべきです。他方で、監督是正権には強力な権限が含まれますので、濫用の恐れもあります。そこで、その具体的な権利ごと、持株数要件が定められています。以下は代表例です。

議決権数・持株数の要件	権限の内容（会社法）
1株でもOK	代表訴訟、取締役の違法行為差止請求権、等
議決権1％以上又は300個以上	株主提案権
議決権3％以上又は発行済株式総数の3％以上	帳簿閲覧請求権、取締役解任請求権
議決権3％以上	株主総会招集請求権

（※ 公開会社の場合、株式の保有期間も法定されています。）

左の表のように、取締役の違法行為に対して、事前に差し止める権利（違法行為差止請求権）、損害賠償を求める権利（株主代表訴訟）、その解任を株主総会で否決されたときに、自ら裁判を起こして解任する権利（取締役解任請求権）など、取締役の違法行為に対処する権利が主になっています。

つまり、監督是正権も、具体的な経営判断に関与するための権利ではありません。非上場会社の実務では、オーナー家の内紛が発生したとき、相手方を攻撃する手段として監督是正権の一部が利用されることはありますが、まっとうな経営をしているかぎりは、監督是正権が行使されることは、まずありません。

4 株主総会での質問・意見

なお、議決権を有するすべての株主は、株主総会に出席し、株主総会の報告事項や決議事項に関連する内容であるかぎり、取締役に質問する権限を有します。

通常は、経営への注文を出すことも許容されます。取締役がその注文に従う義務がないことはいうまでもありませんが、「ご提案をありがたく受け止め、前向きに検討させて頂きます。」などと答えると、多くの株主は満足してくれます。

株主総会は、会社と株主との公式のコミュニケーションの場としても機能し得るのです。

そこで、質問の事例のような場合の対処方法としては、株主総会をきちんと開催し、株主がいろいろな意見を会社にぶつけることができる公の場を設け、意見があれば株主総会で述べてもらうよう促す、という方法も考えられます。

8 問題のある者への株式の相続の回避（1）
～ 相続人等に対する株式の売渡請求制度 ～

質　問

株主の中に社長の妹がおりますが、その配偶者は問題のある人で、株主になられては困ります。妹に重篤な病気が発見されたのですが、妹の株が相続によってその配偶者に行かないようにする方法はあるのでしょうか。

ポイント

株式の譲渡制限を定めている会社で、好ましくない者への相続により株式が移転することを防ぐ方法の例として、相続人等に対する株式の売渡請求制度があります。

この制度は、あらかじめ、定款に定めを置くことにより、株主に相続が発生したとき、会社の決定（株主総会の特別決議）により、当該相続に係る株式を会社が強制的に買い取ることができるというものです。

ただし、この制度を定款に定めますと、会社は、すべての株主の相続につき、売渡請求を行うことが可能であり（これと異なる結果を導く定款の記載を可能とする説もあります）、しかも、売渡請求を受ける株主（相続人）は、株主総会の決議に参加することができません。したがって、本来、会社の経営を受け継ぐべき人材が、当該制度により追い出されてしまうリスクすらあります。財源規制を利用して、売渡請求を実施できる範囲に事実上の制限を設けておく、問題のある者への売渡請求が終了したら直ちに定款を元に戻す、などの対応が必要です。

●●● 解説

1 問題のある者への株式相続の回避

株式の譲渡制限（会社法107条1項1号）は、相続などの包括承継には適用がないため、相続により、会社にとって好ましくない者に対して株式が移転してしまうことがあり得ます。

当該相続人が、任意に株式の売却に応じてくれれば問題ありませんが

（会社法162条参照）、応じるとは限りません。したがって、何等かの事前の対策を講じておくことが肝要です。ここでは対策方法の例として、相続人等に対する売渡請求制度を解説します。

2 相続人等に対する売渡請求制度の概要

平成17年の会社法により、株式会社は、相続その他の一般承継により株式（譲渡制限株式に限ります）を取得した者に対し、その株式を会社に売り渡すことを請求することができる旨を定款に定めることができるようになりました（会社法174条）。

定款にこの定めを置いた会社は、株主に相続があったときは、株主総会の特別決議により、買取請求の相手方の氏名や株式数等を決議することができます（会社法175条1項、309条2項。もちろん、当該決議をしないことも自由です）。

その後、会社は当該相手方に株式の売渡しを請求し、株式の買取価格を協議します。協議が調わないときは、売渡しの請求をした日から20日以内に、裁判所に対して売買価格の決定を申し立てることができ、裁判所の定めた額が、売買価格となります。当事者間の協議が調わないのに、当該期間内に裁判所への価格決定の申立てを行わないと、売渡請求は効力を失います（会社法177条）。

3 制度利用上の注意点

相続人等に対する売渡請求制度を利用するにあたっては、以下の各点に注意が必要です。

(1) **財源規制があること**

相続人等に対する売渡請求をすることは、会社にとっては自己株式の取得となります。そこで、他の自己株取得の場合と同様、財源規制があり、分配可能額（≒利益剰余金の額）を超える金額での取得はできません（会

社法461条1項)。

(2) すべての株主に適用されてしまうこと

相続人等に対する売渡請求にかかる定款の定めは、すべての株主に適用されます*。そして、売渡請求を受ける相手方は、売渡請求を決議する株主総会において、議決権を行使することができません（会社法175条2項）。

したがって、たとえば株式を有する現経営者が死去し、その後継者が株式を相続したような場合にも、売渡請求を行うことは可能であり、しかも、その株主総会では、当該後継者は議決権を行使することができないわけです。その結果、会社が乗っ取られてしまうことすらあり得ます。

もっとも、この問題は、上述の財源規制を利用して、会社に、支配株を買い取れるような多額の分配可能額（剰余金等）が存在しないように調整しておくこと、あるいは、問題となる相続人への対応が済んだら、定款を元に戻すことにより、対処が可能です。

(3) 期間制限があること

相続人等に対する売渡請求は、会社が、相続があったことを知った日から1年を経過したときは、行使することができません（会社法176条1項但書）。

4 制度の導入方法

相続人等に対する売渡請求制度を導入するためには、株主総会の特別決議により定款を変更します。登記は不要と考えられています。

---

* これに対し、「特定の相続人」のみに限定して、売渡請求ができる旨の定款の記載方法も可能である、という見解があります（相澤哲編『会社法の実務論点20講』（平成21年・きんざい）14頁）。

問題のある者への株式の相続の回避(2)
～ 信託による方法、種類株による方法 ～

質問

前問では、好ましくない人物が相続により株主になってしまうことを防止するための相続人等への売渡請求制度の解説していただきました。この定款の定め以外にも対策がありましたら、教えていただければ幸いです。

ポイント

好ましくない人物への株式の相続に対処する方法は、前問でとりあげた相続人等に対する株式の売渡請求制度のほかにも、信託を利用する方法や、種類株式を利用する方法なども考えられます。

信託の場合、株式につき信託を設定し、議決権の行使だけは相続人が行使できないようにする方法が考えられます。

種類株式の利用法としては、あらかじめ特定の株主の株式のみ、無議決権株式に変更しておき、株式が相続されても、相続人が議決権を行使できないようにしておく方法などが考えられます。

●●● 解説

1 信託を利用する方法

信託とは、ある財産の所有者（委託者）が、その管理・処分を委ねるために、その財産を他人（受託者）に移転することをいいます。

たとえば、株主が委託者となり、その株式を受託者（たとえば社長）に移転し、配当受領権は委託者に残す、といった信託を設定しておけば、相続が発生しても、相続人に移転するのは配当受領権のみ、という結果を導くことができます。あるいは、株主自らが委託者兼受託者となり、議決権の行使については、指図者（たとえば社長）の指図に従うものとする等の方法もあり得ます。

ただ、後者の場合ですと、指図権を無視して、相続後の相続人が議決権を行使した場合、当事者間に信託契約違反の問題が生じるのみで、会社との関係では当該議決権行使は有効と解される可能性が高く、その意味では会社のリスクは残ります。また、前者では、受託者である社長が多大な責任（善管注意義務等）を負うことや、当該責任の違背、受託者の死亡（そして承継人の不在）などを理由に、信託の終了を主張されるリスクは残るなど、対処すべき課題は残ります。

この意味で、信託はその設計の自由度が高いというメリットがある反面、制度の安定性の面では、後述の種類株式の利用の方が優れているかもしれません。

2 種類株式を利用する方法

(1) 種類株式とは

種類株式とは、たとえば議決権が制限される株式や、配当金の受領に際して普通の株式より優遇される株式など、普通の株式と異なる権利内容を定めた株式をいいます[i]。

種類株式のメニューは、会社法108条に列挙されていますが、それらの組み合わせを工夫することにより、様々な種類株式を設計することが可能です。

(2) 無議決権株式＋α

好ましくない人物が株式を相続してしまうことへの対処方法としては、たとえば無議決権株式を利用する方法が考えられます。無議決権株式とは、株主総会における一切の決議事項につき、議決権がないものと定めた

---

[i] 厳密には、会社法は2種類以上の内容の異なる株式を発行した場合、それら全ての株式を種類株式と定義しています。したがって、いわゆる普通株式に加えて配当優先の種類株式を発行した場合、その会社は「普通株式」という種類株式と配当優先の種類株式を発行する会社、ということになります。

株式をいいます。

　無議決権株式の株主は、会社に対して一切の口出しができません。原則としてこの株主に対しては、株主総会の招集通知を発送することも不要です。そこで、好ましくない人物が相続人に含まれている株主につき、あらかじめ、その株式を無議決権株式に変更しておけば、相続が発生したとしても、会社は当該相続人の意向を気にすることなく経営を維持することができます。

　もっとも、後述のとおり、普通株式の一部を無議決権株式に変更するためには、変更を受ける現株主の同意が不可欠であると解されています。そこで、無議決権株式とする代わりに、配当の側面では優遇される内容の株式とするなどのメリットを提供することで、変更賛同へのインセンティブを付与するといった工夫を要します。

　無議決権株式のほかにも、会社が定めた取得事項が発生したとき、会社が当該株式を取得することができるという取得条項付種類株式を利用することも考えられます。

　なお、定款に定めた株式の譲渡制限は、これら種類株式にもそのまま適用されます。

(3) 普通株式を種類株式に変更する方法

　既発行の普通株式の一部のみを、種類株式に変更することは登記実務上認められており、①種類株発行に係る定款変更、②内容変更に応じる株主と会社の合意、③内容変更に応じる株主と同一種類に属する他の株主全員の同意、③その他の種類株式（損害を受ける可能性のあるもの）の株主全員の同意[ii]又は種類株主総会特別決議[iii]を経ることが必要です。

[ii] 稲葉ほか『実務相談会社法1』（平成4年・商事法務研究会）876頁の見解。

[iii] 松井信憲『商業登記ハンドブック（第3版）』（平成27年・商事法務）249頁の見解。

株主構成の見直し | 第4章

◆◆◆税務からのアプローチ

【種類株式・信託の評価と相続対策 ──── 山田美代子】

　平成18年の会社法改正の中で、中小企業にとっても活用しやすいものとして「種類株式」があります。事業承継を考える場合に相続税の負担だけでなく、事業承継後の経営の安定を図る手法として種類株式の利用があります。相続発生後の経営を安定させるために、後継者以外の相続人に持たせる株式を「議決権制限株式」としたり、後継者が「拒否権付株式（黄金株）」を持つことが考えられます。

　種類株式の評価方法は相続税法等の法令にも財産評価基本通達にも規定がありません。その中で国税庁のホームページの質疑応答事例にある中小企業庁事業環境部長を質問者とする「相続等により取得した種類株式の評価（照会）」が参考になります。この質疑応答事例では、事業承継目的での活用が期待される種類株式として、(1)配当優先の無議決権株式、(2)社債類似株式、(3)拒否権付株式について、の評価の考え方が示されています。この中から事業承継で利用しやすいとされている次の2つを具体的に説明します。

① 　無議決権株式の評価

　無議決権株式は、原則として、議決権の有無を考慮せずに評価します。例外として、同族株主が無議決権株式を相続または遺贈により取得した場合には、一定の条件を満たす場合に限り、原則的評価方式により評価した価額から、その価額に5パーセントを乗じて計算した金額を控除した金額により評価するとともに、当該控除した金額を当該相続または遺贈により同族株主が取得した当該会社の議決権のある株式の価額に加算する方法を採用できます。

② 　拒否権付株式の評価

　拒否権付株式とは、特定の株主総会等での決議事項については、種類株主総会による決議も必要とすることを内容とする株式です（会社法108条

1項8号)。拒否権付株式については、拒否権を考慮せずに評価します。

以上のように種類株式であっても普通株式と原則的には同じ評価方法となりますので、事業承継で種類株式を利用することに税務的なメリットはなく、経営の安定が目的となります。

拒否権付き株式を利用する場合、なるべく評価の低いときに遺留分を配慮しつつ自社株を相続人へ贈与あるいは譲渡させていく財産の事業承継をしつつも、「拒否権付株式」を発行して生前は議決権を所有して経営は手放さずに、最終的に遺言書で後継者にだけ「拒否権付株式」を相続させる手法が考えられます。しかし、事業承継のために種類株式を発行するうえで、拒否権の内容をあらかじめ定めておくことの困難性、種類株式ごとの株主総会や登記の必要性等で中小企業経営者にとって負担もあって、実際には利用しにくい結果となっています。

種類株式の活用に代わるものとして信託を利用することも考えられます。平成19年の改正された信託税制では法人税法においては、受益者等課税信託として、その信託の受益者（受益者としての権利を現に有するものに限る）は当該信託の信託財産に属する資産および負債を有するものとみなし、かつ、当該信託財産に帰せられる収益および費用は当該受益者の収益および費用とみなして、同法の規定を適用することとされています（法人税法12条1項）。

この信託制度の「他益信託」を利用することで、「拒否権付株式」と同じ効果を持たせる方法があります。経営者が生前に自社株式を対象に信託契約を行い、経営者が生前は「受益権」と「議決権行使権」を持ち、遺言書で後継者には「議決行使権」を付与して、「受益権」は遺留分を配慮して後継者とその他の相続人に持たせます。これは、中小企業にとって種類株式発行による管理の複雑さを回避しながら、後継者が議決権確保できるメリットがあります。

しかし、後継者以外の相続人にとっては、経営に参画できない株式を相

続しても意思決定に参加できないにも関わらず、株式の評価は同じであるため将来的に後継者と同じような相続税の負担が生じます。したがって、種類株式でも信託でも相続後に後継者以外の相続人が「財産権」を主張して、会社への株式買取請求を行うことが考えられます。後継者以外のその他相続人に対してはやはり株式だけでなく資金化しやすい相続財産も残すことや、後継者による株式の買取りも考えていく必要があります。

問題のある者への株式の相続を回避する手段としての種類株式、信託もオーナー会社における相続対策としては完全ではないということになります。

10 望ましい外部株主の株式保有割合

質問

当社は社長である私が株式の60％を保有しており、残りは複数の親族が保有しています。この度外部の取引先の方から増資を引き受けたいという申し入れがありましたが、株式保有割合についてどのような点に注意すればよいでしょうか。私の議決権として、過半数は確保した方がよいとは思いますが、他に気を付けることはありますか。

ポイント

外部株主に、議決権の過半数を渡すことは、会社の支配権を渡してしまうようなものなので、通常はしません。また、議決権の3分の1（たとえば34％）を持たれると、「特別決議事項」につき、外部株主に拒否権を与えることになります。特別決議事項には、定款変更や、会社分割などの組織再編行為等が含まれます。株主総会決議を円滑に可決させる観点からは、外部株主の議決権比率は3分の1以下に抑えておくのが無難でしょう。

なお、株主には、持株が1株でも認められる権利や、1％、3％などの低率の議決権で認められる権利もあります。そのような権利を駆使して内紛が展開される例もなくはないです。したがって、議決権比率を3分の1以下に抑えれば何の問題も起きない、と言い切れるわけではないので注意が必要です。

取引先を株主とする場合、現実問題として最も気になるのは、それにより、企業秘密が漏えいするのではないか、という懸念でしょう。この点、1株の株主でも、計算書類の交付を受け、また附属明細書の閲覧ができます。また、3％以上の株式を持たれると会計帳簿の閲覧謄写も可能とされています。

●●● 解説

1 円滑に株主総会決議を可決させる観点

(1) 定足数と表決数（可決要件）

外部株主に持たせる株式数を決めるに際して、まず検討すべきは、外部株主を受け入れた後にも、重要な株主総会決議を円滑に可決させることが

できるかどうかという点です。

　株主総会決議を可決させるためには、まず、株主総会を有効に開催するために必要な出席株主数（定足数）を満たすことが必要であり、それが満たされた上で、賛成票と反対票の比率で、議案の可決・否決が決まります。

　後掲の表は、会社法の定める普通決議事項と特別決議事項についてポイントを整理したものです。なお、会社法には特別決議より要件の厳しい特殊決議事項なども定められていますが、実際に使用することは稀なので割愛しています。

(2) **50％超を持たれるとどうなるか**

　外部株主に議決権の50％超（例えば51％）をもたれると、いわゆる「会社の乗っ取り」を仕掛けられるリスクが生じます。会社の乗っ取りは、役員を入れ替えることで実現しますので、役員の選解任議案を可決させる要件である議決権の過半数が重要になるわけです。

　したがって、非上場の会社が、外部株主に議決権の50％超を渡すことは、（ベンチャーキャピタルを利用するなどの特別な場合を除き）ほとんどありません。

[図表　定足数と可決要件]

	普通決議事項	特別決議事項
具体例	①取締役等の選任・解任（監査役の解任は特別決議事項）、②役員報酬の支給、③剰余金の配当、④計算書類の承認　など	①株式等の有利発行（第三者割当増資）、②定款変更、③重要な事業譲渡・重要な子会社株式の譲渡・合併・会社分割・株式交換・株式移転、④解散　など
定足数	原則：総議決権の過半数を有する株主の出席 例外：①定款の定めにより定足数の排除が可能。ただし、②役員の選解任の決議等は3分の1以上の割合が必須（会社法341条）	原則：総議決権の過半数を有する株主の出席 例外：3分の1以上の割合を定款で定めた場合にあっては、その割合以上
可決要件	出席株主の議決権の過半数の賛成	出席株主の議決権の3分の2以上の賛成

(3) 3分の1超を保有されるとどうなるか

外部株主に議決権の3分の1（たとえば34％）を保有されると、特別決議事項につき、外部株主に拒否権を与えることになります。

特別決議事項といっても、たとえば些細な定款変更に外部株主が反対することはまずないでしょう。問題があるとすれば、会社分割や重要な子会社株式の譲渡などの組織再編行為を実施したい場合などです。組織再編は、その内容によっては会社の収益構造や事業の内容も変えてしまうことがあるので、取引先などの外部株主も無関心ではありません。

このような特別決議事項について拒否権を与えない観点からは、外部株主の議決権は3分の1以内に止めるべきです。

(4) 定足数も考慮すべき

上記(2)、(3)は、外部株主が会社に対して敵対的な行動をとる場合の問題です。このような場合は、外部株主が積極的に株主総会に出席することが想定されるので、株主総会の定足数は問題とはなりません。

反対に、外部株主が、議決権の行使に何らの関心もなく、株主総会に出席してくれないという場合は、「いかにして定足数を確保するか」が重要となります。

定足数に関し、実務上は、普通決議事項および特別決議のいずれの定足数も、定款の定めにより可能な限り排除または低減させているのが通常です（表中の「定足数」「例外」参照）。その結果、株主総会を成立させるために注意しなければならないのは、役員選解任の決議や、特別決議事項の定足数の下限である、総議決権の3分の1以上の出席を確保することに限られます。

したがって、安定的に総会決議を成立させる観点からは、オーナー側の株主のみで、総議決権の3分の1以上を確保しておくことが有効であると言えます。

なお、外部株主が株主総会に積極的に参加してくれない場合でも、委任状を活用するなどして定足数を充足させることは可能です。

2 3分の1以下に抑えれば紛争は防げるのか

　上記1(2)(3)のとおり、外部株主の議決権比率を3分の1以下に抑えれば、重要な株主総会決議を会社側（オーナー側）の意に従って可決させることができます。したがって、外部株主の議決権比率を3分の1以下に抑えることには重要な意味があります。

　ただし、議決権比率を3分の1に抑えれば、何の問題も起きないかというと、そうでもありません。

　株主には、持株数に関係なく認められる権限もあります。たとえば、取締役が違法な行為をして会社に大きな損害（回復することができない損害）が生じているとして、その行為を差し止める訴訟を提起する権利（会社法360条）や、株主代表訴訟を提起する権利（会社法847条）などです。もちろん、取締役に違法な点がなければ取締役が勝訴するわけですが、小さな会社では、訴訟に関わること自体が大きな負担となり得ます。

　また、株主には、少数株主権と呼ばれる、1％から3％の株式を有することで認められる権利があります。株主総会の招集を求める権利（議決権の3％以上。会社法297条）、議題を提案する権利や自己の議案を他の株主に通知するよう求める権利（議決権の1％以上または議決権300個以上。会社法303条、305条）などのほか、後述の会計帳簿閲覧謄写請求権も少数株主権の一つです。

　実際に、これらの株主権が行使されることはほとんどないのですが、非上場会社の内紛事例では、このような権利を行使する訴訟が乱発される例がありますので、留意が必要です。

3 取引情報等の漏えい防止の観点

　現実的な問題として、取引先を外部株主として受け入れる際に最も気になるのが、「株主にすることで、当社の情報がどの程度漏れるのか」という点でしょう。

⑴　**全ての株主に計算書類等が開示される**

　まず、取締役会設置会社であれば、貸借対照表、損益計算書などの計算書類は、定時株主総会の招集通知に添付して株主に提供しなければなりません（会社法437条）。附属明細書は招集通知には添付しませんが、株主の求めがあれば開示しなければなりません（会社法442条）。招集通知は、1株しか有しない株主であっても送付する必要があります。

　多くの非上場会社では、損益計算書が外部に出る機会はそう多くないことに鑑みると（決算公告の対象は（大会社でない限り）貸借対照表のみ）、計算書類の提供義務が生じることの意味は無視できないでしょう。

⑵　**3％以上の株主は会計帳簿も閲覧可能**

　もっとも、計算書類や附属明細書には、仕入単価などの営業秘密というべき情報は記載されていません。しかし、会計帳簿の閲覧謄写が行われると、そのような情報も開示されることになります。

　会計帳簿の閲覧謄写請求権は、総議決権数の3％以上の議決権を有する株主（又は発行済株式総数の3％以上を有する株主）が行使することができます（会社法433条）。

　もっとも、会社は、閲覧謄写請求をする株主が、「会社の業務と実質的に競争関係にある事業を営み、又はこれに従事するもの」である場合は、請求を拒絶することができます。しかし、「競争関係」の意義については比較的広く解する裁判例もありますが、たとえば、当社が卸売業で、取引先株主が小売業であるなどの場合、必ずしも市場が競合しないため、「競争関係」が否定される可能性が十分あります。そうすると、当社の仕入単価情報という、生命線ともいうべき営業秘密が、会計帳簿の閲覧を通じて漏えいする可能性があるわけです。

　この意味で、実は3％以上を保有させるかどうかという観点は意外に重要です。ただ、実務上は、友好関係にある株主が、会計帳簿の閲覧謄写請求を行うこと自体がほとんどないため、この観点はさほど重視されていないようです。

第5章

役員（取締役・監査役等）

　取締役は、会社の利益のために力を注ぐ義務を負っており、一般的な知識・経験を有する他の取締役であればしたであろう行為を怠ると、会社に対する損害賠償責任を負う可能性があります。いわゆる社外の取締役（会社法上の「社外取締役」の意味ではなく、ほかに職業を持っており、当社では取締役会のみに参加するような関与の仕方の取締役のこと）も例外ではなく、代表取締役の違法行為や放漫経営を看過するなどについて責任を負う場合があります。
　第5章では、そのような取締役の責任について述べるほか、取締役の報酬や退職金などの実務、また監査役についても解説しています。

1 役員の任期は長く設定した方が得なのか？

質問

当社では、平成18年に会社法が施行されたのを機会に定款を大きく見直し、当時の司法書士のアドバイスもあり、取締役の任期を10年としました。これらの変更が本当に良かったのか、取締役や監査役の任期は長い方が良いのかご教授ください。

ポイント

　非上場会社の場合、全株式に譲渡制限を付しているのが通常で、そのような会社では、取締役・監査役の原則的な任期（取締役2年・監査役4年）を、定款に定めることにより、10年まで伸長することができます。任期を長く設定すると、役員を再任する都度発生する登記費用を節約できるメリットがあります。

　ところで、ある取締役・監査役に辞めてもらいたい場合、任期満了により退任して頂くのが最も波風が立たない方法です。しかし、任期を長く設定してしまうと、任期満了まで期間が長いため、自ら辞任してくれない限り、解任せざるを得なくなります。解任の場合、会社に対する損害賠償請求訴訟が提起される可能性があり、しかも、会社が敗訴した場合の賠償金額は、残存任期が長ければ長いほど高くなるリスクがあります。

　非上場会社では、親戚・友人・取引先など近しい人物を取締役・監査役に迎えるのが通常ですが、それでも、役員間の対立や、財政難で役員報酬をセーブしたいなどの事情から、一部の役員に辞めてもらう必要が生じる場合は意外に起きるものです。

　定款上の役員の任期を定めるに当たっては、登記費用の節約を優先するのか、役員人事の自由度を優先するのか、慎重に検討する必要があります。

●●● 解説

1 取締役・監査役の任期の定め方

(1) 取締役の任期

① 原則的な任期

　取締役の原則的な任期は、2年（厳密には、その選任後2年以内に終了する事業年度のうち最終のものに関する定時株主総会の終結の時まで。以下、このような任期の定めを省略して「任期○年」と表現します。）とされています（会社法332条1項）。

　公開会社（その定款上、発行する株式の1部でも、譲渡制限が付されていない株式会社）の場合、定款で定めるか、取締役の選任決議により、2年の任期を短縮することができますが、延長はできません。

　なお、取締役の任期が2年に制限されているのは、公開会社では株主が流動的であることから、比較的短期の期間ごとに株主の信任を問うようにするためです。

② 非公開会社の場合

　他方で、定款上、発行する全ての株式に譲渡制限が課されている会社（以下「非公開会社」といいます）の場合、譲渡制限により株主の入れ替わりはほとんどないため、短期的に株主の信任を問い直すことを要しない場合も想定されます。

　そこで、非公開会社の場合は、定款に定めることにより、取締役の任期を10年まで伸長することが許されます（会社法332条2項）。多くの非上場会社は、この非公開会社に該当するので、取締役の任期を原則通り2年とするか、あるいは10年までの範囲で延長するかを選択することができます。

③ その他の場合

　なお、「○○有限会社」のように有限会社の名称を使用している会社（特例有限会社）の場合、会社法の定める任期に関する規定が適用されないことになっています（会社法整備法18条）。したがって、特例有限会社

では役員の任期はありません。

また、主に上場会社の問題となりますが、逆に、取締役の任期が上記の諸原則より短く定められている例もあります＊。

(2) **監査役の任期**

監査役の原則的な任期は、選任後4年とされています（会社法336条1項）。取締役の場合と異なり、定款によってこれを短縮することは許されません。これは、監査役の地位を強化して、その独立性を確保するためです。

非公開会社の場合、定款の定めにより、監査役の任期を10年まで伸長することができます（会社法336条2項）。

2 任期を長く設定した方が得なのか？

(1) **任期を長く設定することのメリット**

以上の通り、非公開会社の場合、原則的な任期は取締役2年、監査役が4年であり、いずれも、定款の定めにより10年まで伸長することができます。

取締役、監査役の任期を10年と定めると、選任後10年間、（役員が自ら辞任するなどしない限り）再任決議をする必要がありません。ところで、役員の再任の際には、商業登記上の変更登記が必要とされています。そこで、任期を長くすればするほど、登記費用（1回につき登録免許税として1万円、司法書士に依頼するとその報酬も）が浮くので、任期を長くした方が良いと判断する会社も少なくないようです。

＊ たとえば、剰余金の配当を株主総会決議ではなく取締役会決議で行いたい株式会社は、取締役の任期を1年に定めることが必要です（会社法459条1項）。

また、指名委員会等設置会社（いわゆる「委員会設置会社」ですが、平成26年改正会社法により呼称が変更されました。）の取締役の任期は1年とされており、定款によってもこれを伸長することはできません（会社法332条6項）。平成26年改正会社法で新たに導入された監査等委員会設置会社（株主総会と取締役のほか、監査役に代わる組織として取締役により構成される監査等委員会を設置する会社のこと。）の場合も同様に、一般の取締役の任期は1年です（会社法332条3項）。

(2) 任期を長く設定することのデメリット

　他方で、任期を長くすることにはデメリットもあり得ます。その典型例は、ある役員と対立が生じたなど、辞めさせたい場合の取扱いです。

　取締役・監査役のいずれも、会社はいつでも理由なく解任することができます。しかし、解任に「正当の理由」がない場合には、解任された取締役・監査役は、会社に対し、解任により生じた損害の賠償請求をすることができます（会社法339条2項）。「正当の理由」の例としては、取締役が法令違反を犯した場合や、心身の故障の場合などがありますが、そのような事情が認められる事例は多くはないでしょう。

　「正当の理由」が認められず、会社側が敗訴した場合の損害賠償額は、原則的な任期の定め（取締役2年、監査役4年）をしている会社の場合、残存していた任期に係る役員報酬の額とされる場合が多いです。任期を10年まで伸長した場合、たとえば残存任期が8年残っているというような場合もあり得るわけです。その場合に、8年分全ての報酬に係る損害賠償が認められるとは限りませんが、もともとの任期が長い分、それだけ賠償額が大きくなる可能性は高いと言えるでしょう。

　他方で、辞めさせたい取締役・監査役の任期が満了となる場合、解任をせずとも、任期満了に伴い会社を去ってもらえば済みます（再任しなければよい）。この場合、解任の場合と異なり、訴訟などに発展するリスクも極めて低いと言えます。したがって、辞めさせたい取締役・監査役の任期がもうすぐ満了する、というような場合、解任ではなく任期満了で対応するのが普通です。

　以上より、取締役・監査役の任期を長く設定した場合のデメリットは、辞めさせたい事情が生じたときに、①任期が長い分、任期満了ではなくて解任によらざるを得ない可能性が高くなること、そして、②解任に伴う損害賠償請求が認められたとき、会社の負担する損害賠償額がそれだけ高くなる可能性が高いこと、の2つがあるといえます。

他社から取締役を受け入れる際の注意
（競業取引・利益相反取引）

質問

新たな業務提携により、提携先の取締役を当社において取締役として受け入れることになりました。会社法では、取締役を受け入れた後、当該提携先と取引を行う場合に関する規制があるそうですが、どのようなものでしょうか。

ポイント

　取締役は、競業取引を行う場合、および、利益相反取引を行う場合には、あらかじめ取締役会の承認を得なければなりません。

　簡単に言えば、利益相反取引とは、「ある取締役が、会社と取引をする場合」で、競業取引とは、会社と取引をするわけでないが「ある取締役が、会社と市場が重なる事業（競業）をする場合」です。いずれも、取締役自らが取引を行う場合のみではなく、他の会社（たとえば提携先）の代表者として競業取引を行い、あるいは利益相反取引をする場合なども含まれます。

　したがって、提携先から受け入れる取締役（以下、「受入取締役」といいます。）が、提携先の代表権を有している場合、競業取引や利益相反取引の問題が生じることになります。他方、受入取締役が、提携先の平取締役で、何らの代表権もない場合は、原則としてそのような問題は起こりません＊。

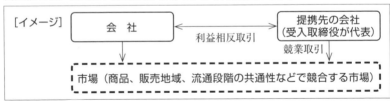

　競業取引規制、利益相反取引規制が適用される場合、取締役会の事前承認と、事後報告が要求されます。ただし、これら承認や報告を実施したとしても、当該取引により、結果として会社の損害が生じた場合には、取締役の責任が生じる可能性があるので注意が必要です。

＊　例外的に、その取締役が競業会社の代表取締役でなくても、その株式を多数保有し、事実上の主催者として経営を支配していたなど場合には、競業避止義務違反が認められる場合がある（東京地裁昭和56年3月26日判決・判例時報1015号27頁）。

●●● 解説

1 競業取引規制（競業避止義務）

(1) 概　要

　取締役（業務執行権限の有無を問わず、全ての取締役）が「自己または第三者のため」に「会社の事業の部類に属する取引」をしようとするときは、取締役会の承認を受けなくてはなりません（会社法356条１項１号、365条１項）。

　取締役の競業は、会社のノウハウや顧客情報等を利用して会社の利益を奪う可能性が高いので、このような規制が置かれています。承認が必要となる「会社の事業の部類に属する取引」（競業）とは、会社が実際に行っている取引と目的物（商品・役務の種類）および市場（地域・流通段階等）が競合する取引をいいます。「自己または第三者のために」とは、その取締役が、自己または第三者（例えば提携先の会社）が実質的にその競業行為による利益を享受していることです。

　したがって、提携先から受け入れる取締役（以下、「受入取締役」）が、提携先の代表取締役である場合、提携先の会社が行う個々の取引につき、競業取引に該当する可能性が生じます。

(2) 承認の手続

　取締役会の承認は、その取引につき「重要な事実」を開示した上で受けることが必要です。また、競業取引をした取締役は、取引後遅滞なく当該取引についての重要な事実を取締役会に報告しなければなりません。

　本来なら、提携先が行う個々の取引につき、当社取締役会の事前承認と事後報告が必要になるのですが、現実的にそれは不可能です。

　そこで、質問のような場合、実務上は、受入取締役を当社の取締役として受け入れる時点で、包括的に事前承認をしてしまうのが通常と思われます。その場合の開示事項は、当該会社の事業の種類・規模・取引の範囲等です。取締役会への事後の報告も、ある程度まとめて行うことになります。

2 利益相反取引規制

(1) 概　要

　取締役自らが契約当事者として、または他人（他社）の代理人・代表者として、会社と取引をしようとするときは、取締役会の承認を受けなければなりません（会社法356条1項2号、365条1項）。

　承認が必要とされるのは、取締役に有利な価格で取引がされるなど、取引により取締役が利する一方で、会社が損をするリスクがあるからです。「取引」には、製品や固定資産の売買や、金銭貸借など、利害の対立し得るあらゆる取引が含まれます。

　したがって、受入取締役が提携先の代表取締役である場合に、提携先と当社が行う取引は、原則として利益相反取引に該当します。

(2) 承認の手続

　競業取引と同様に、取締役会の承認は、その取引につき「重要な事実」を開示した上で行い、また、取引をした取締役は、取引後遅滞なく当該取引についての重要な事実を取締役会に報告しなければなりません。開示すべき「重要な事実」は、単発の取引であれば目的物・数量・価格等ですが、反復継続して同種の取引がなされる場合は、取引の種類・数量・金額・期間等を特定して、包括的に承認することも可能です。

3 承認を得て、または得ないで競業取引や利益相反取引をしたらどうなるのか

(1) 会社に対する損害賠償責任

　重要な点は、取締役会の承認を得ることは、競業や利益相反取引をした受入取締役の「免責」を意味しないということです。

　すなわち、取締役会の承認を得ていたとしても、その競業や利益相反取引により会社に損害が生じれば、会社の株主には損失が生じます。この場合、そもそも、そのような取引を承認した取締役会が悪いと見るべきです。ですから、受入取締役のみでなく、承認した当社の全取締役が、会社

（ひいては全株主）に対する善管注意義務違反としての損害賠償責任を問われる可能性があります。

このように、競業避止義務や利益相反取引規制の本質は、免責の手続なのではなく、「取締役会の承認を経ることで、責任を負う取締役の範囲を広げて、より慎重な判断を行わせる仕組み」なのです。この点を誤解している方は非常に多いようですので、注意が必要です。

もっとも、たとえば当社が100％オーナー会社である、などの場合、当社の取締役会が承認したということは、当社の株主も当該取引を承認したことを意味します。この場合、取締役の会社（＝株主）への損害賠償責任が問われるリスクはほとんどありません。

(2) **取引そのものの有効・無効**

取締役会の承認を得ないで行った競業取引でも、取引そのものが無効となることはありません。取引の相手は第三者ですから、当該取引が無効となってしまうと、その者に不測の損害が生じてしまうからです。

他方、利益相反取引の場合、取引当事者は提携先と当社ですから、事情が異なります。そこで、承認を得ていない場合、当社は、当該利益相反取引が無効であると主張することができます（無効なので、たとえば売買契約の場合、「代金支払義務はない」などと言えるわけです）。

4 利益相反取引の開示

取締役の利益相反取引の内容・取引金額・取引条件等は、計算書類の注記表に記載され（会社計算規則112条1項）、株主へ提供されます（会社法437条）。

3 役員報酬はどのように決めるのか、引き下げるときはどうか

質問

役員報酬について、通常、会社法上どのような手続に従い決定したら良いのでしょうか。また、今期は業績が悪化し、報酬を支払えない状況になったので、途中で報酬の改定をしたいのですがどのような手続で改定したら良いでしょうか。

ポイント

役員報酬等（報酬、賞与、退職金）を支払うためには、定款又は株主総会の決議により、その額（取締役の報酬の場合、その算定方法を定めることも可）を定めることが必要です。実務上は、報酬の総額を株主総会で定めたうえ、個々の取締役の報酬額は、取締役会の決議で決定し（あるいはその一任を受けた代表取締役）、個々の監査役の報酬額は監査役の協議で決定する場合が多いと思われます。

いったん確定した個々の役員報酬を増額する場合は、上記の株主総会で定めた総額の範囲内であれば、取締役会や監査役の協議で実施可能です。減額するためには、原則として減額される個々の役員の同意が必要です。例外的に、減額の根拠となる内規が存在すれば、その内規に従った減額が許容される場合もあり得ます。

●●● 解説

1 取締役の報酬を支払うための手続

取締役に対する報酬等は、定款又は株主総会の決議により、その額又は算定方法を定めなければ、支給することができません（会社法361条1項）。規制対象となる「報酬等」には、報酬、賞与、退職慰労金等、その名を問わず、取締役の職務執行の対価といえるものが広く含まれます。

実務上、定款に報酬額の定めを置くことは稀で、株主総会決議によるのが通例です。決議すべき内容は、報酬の「額」又は「算定方法」ですが、

実際は「額」を定める場合が多いようです。「額」を定める場合、株主総会では全取締役の報酬の総額（限度額）を決議し、個々の取締役の報酬額は、取締役会の決議（取締役会非設置会社では取締役の過半数による決定）に委ねることも許されます[i]。さらに、取締役会が特定の取締役（代表取締役など）に配分決定を一任することも可能と解されます[ii]。

総額は、一度株主総会で決議すれば、内容に変更がない限り翌年以降にも適用されるため、毎年の株主総会で決議をする必要はありません[iii]。

月額報酬、賞与、退職慰労金など、報酬等の種類別に総額を設定する決議をすることも可能ですが、それらをまとめて決議することもできます。総額は、月額で定める場合も、年額で定める場合もあり得ますが、年額で定める方が柔軟な運用が可能です。

株主総会決議の効力は、原則としてその可決時点から生じます。

2 監査役の報酬を支払うための手続

監査役に対する報酬等は、定款又は株主総会の決議により、その額を定めます（会社法387条1項）。取締役の報酬規制に似ているようですが、取締役の報酬規制はお手盛りを防止するためである一方、監査役の報酬規制は、監査役の報酬を（監査の対象である）取締役が決めたのでは、監査役は思い切った監査ができないからであり、両者の趣旨は異なります。

したがって、株主総会が報酬の総額を定めた場合、個々の監査役の報酬を具体的に定めるのも、取締役会ではなく監査役の協議に委ねられます（全員一致で決めます。監査役会設置会社でも同じです）。

---

i 最高裁昭和60年3月26日判決（判例時報1159号150頁）。
ii 名古屋高裁金沢支部昭和29年11月22日（下級裁判所民事裁判例集5巻11号1902頁）。
iii 大阪地裁昭和2年9月26日（法律新聞2762号6頁）。

3 役員報酬の増額方法・減額方法

　株主総会で報酬の総額を定めている場合、当該総額の枠内であるならば、報酬を増額することは取締役会、監査役協議などのそれぞれの決定で実施することができます。株主総会で定めた報酬総額を超えるときは、改めて株主総会の決議を経ることが必要です。

　報酬を減額する場合は、株主総会で定めた報酬総額との関係では問題が生じませんが、原則として、減額される個々の取締役、監査役の同意が必要です。なぜなら、株主総会や、取締役会、監査役協議などで決定した個々の役員の報酬額は、各役員と会社の委任契約の内容を構成することとなり、任期中は、会社と役員を拘束すると考えられるから、その変更には契約当事者である個々の役員の同意が不可欠だからです。

　例外的に、一定の事由が発生した場合に報酬額が減額される旨の内規があり、その内規に従う場合や、個々の報酬が取締役の役職毎に定められており、任期中に役職の変更があったときは変更後の役職に応じた報酬が支払われる旨の内規があるなどの場合も、内規に従った減額が可能と解されます。ただし、内規による減額が有効となるためには、個々の役員がその内規を知った上で就任していること、あるいは内規の制定に同意しているなどの事情も必要です[iv]。

　個々の役員の同意もなく、内規もなく、会社の業績が悪いからなどの理由で一方的な減額を行うことは、いわゆる事情変動の法理により可能な場合があるとの見解もありますが、紛争を招くリスクが高く、実務上は、一方的減額はできないと考えておくべきです。事情を説明し、減額に同意するよう説得するのが正しい方法でしょう。

　なお、役員報酬を変更する場合、定期同額報酬としての損金算入の要件を満たさなくなる可能性があるという法人税法上の問題があるので、別

---

iv　高田剛『実務家のための役員報酬の手引き』66頁（平成25年・商事法務）。

途、検討が必要です。

◆◆◆ 税務からのアプローチ

【税務上の役員報酬等の取扱い ──── 橋元秀行】

　役員は会社の業務執行を行う立場から自らの報酬額を自由に変更できるとすると、期末近くに役員報酬を増減させることで法人税の納税額を意図的に操作して、公平な納税制度を著しく害してしまう恐れがあります。そのため、法人税法では会社の損金として認められる役員報酬の要件を以下のように定めています（法人税法34条）。

① 定期同額給与：事業年度開始の日から3か月以内に役員報酬を確定し、毎月一定の時期に定額で支払われる報酬
② 事前確定届出給与：株主総会から1か月以内に税務署へ届出をし、その届出通りに支給される報酬
③ 利益連動型給与：同族会社以外で一定の要件を満たした場合のみ認められる利益に応じて支払われる報酬

　（注）これらの場合であっても、形式基準（定款の役員報酬総額の支給限度内であることや株主総会の決議を経ていること。）や実質基準（役員報酬額が「不相当に高額」ではないこと。）を満たしていることが必要です。

　上記①の定期同額給与が役員報酬の基本です。しかし、事業年度開始日から3か月経過後に役員報酬の変更をまったく認めないというわけではなく、以下のような場合には、変更が認められております（参照：国税庁「役員給与に関するQ＆A　平成24年4月改定」、国税庁「質疑応答事例　役員の分掌変更に伴う増額改定」）。

〈役員報酬の増額が認められる場合の事例〉
　ⅰ）平取締役から専務取締役に昇格したような、役員の職制上の地位が変更された場合

ⅱ）非常勤役員から常勤役員となったり非常勤監査役から取締役となるような、役員の職務の内容の重大な変更があった場合

〈役員報酬の減額が認められる場合の事例〉

ⅰ）株主との関係上、業績や財務状況の悪化についての役員としての経営上の責任から役員給与の額を減額せざる得ない場合

ⅱ）取引銀行との間で行われる借入金返済のリスケジュールの協議において、役員給与の額を減額せざる得ない場合

ⅲ）業績や財務状況または資金繰りが悪化したため、取引先等の利害関係者からの信用を維持・確保する必要性から、経営状況の改善を図るための計画が策定され、これに役員給与の額の減額が盛り込まれた場合

なお、変更が認められる場合であっても、役員給与の額を変更せざるを得ない客観的な事情を具体的に説明できるようにしておくことが望まれます。そのためには、役員報酬を変更するに至った客観的事実、変更の理由、数値等を交えた合理的根拠資料が添付された稟議書、取締役会議事録、株主総会議事録などを作成・保存しておくことが重要となります。

一方、役員退職金については、原則として株主総会の決議等により金額が具体的に確定した事業年度にその確定額を損金算入することができます（役員退職金も「不相当に高額」ではないことが必要です）。ただし、会社が退職金を支払った事業年度に損金経理を行っていれば、その事業年度の損金となります。ここでよく問題となるのが、役員の分掌変更等があった場合の退職金の取扱いです（参照：「法人税法タックスアンサーNo.5203」）。

会社が役員の分掌変更または改選による再任等に際しての役員に対し退職給与として支給した給与については、その支給が以下のような場合などその分掌変更等によりその役員としての地位または職務の内容が激変し、実質的に退職したと同様の事情にあると認められることによるもの

場合には、これを退職給与として取り扱うことができます。

　ⅰ）常勤役員が非常勤役員（常時勤務していないものであっても代表権を有する者および代表権は有しないが実質的にその法人の経営上主要な地位を占めていると認められる者を除く）になった場合

　ⅱ）取締役が監査役（監査役でありながら実質的にその法人の経営上主要な地位を占めていると認められる者およびその法人の株主等で使用人兼務役員とされない役員に掲げる要件の全てを満たしている者を除く）になった場合

　ⅲ）分掌変更等の後におけるその役員（その分掌変更等の後においてもその法人の経営上主要な地位を占めていると認められる者を除く）の給与が激減（おおむね50％以上の減少）した場合

　（注）この場合の退職給与として支給した給与には、原則として、法人が未払金等に計上した場合の当該未払金等の額は含まれません。

　これらの場合にも、分掌変更の実態があることがポイントです。そして、この実態を客観的かつ具体的に説明しうる手段として、合理的根拠資料を添付した稟議書、取締役会議事録、株主総会議事録などを作成・保存しておくことが重要となります。

取締役の報酬の決議

質問

取締役の毎年の報酬額は、どのように決めるのでしょうか。事前確定届出給与の届出書の中に取締役の報酬を決定した機関などを記入する項目がありますが、従来、社長が決めてきたことなので、困惑しています。

ポイント

取締役会設置会社では、一般に、取締役の報酬は株主総会決議で総額を定め、その枠内で、取締役会決議で個々の取締役の報酬を確定します。さらに、取締役会決議で個々の取締役の報酬の決定を取締役（たとえば代表取締役）に委ねることも可能です。代表取締役が個々の報酬を決めているように見えても、この意味の取締役会決議による委任が介在していると理解できる場合も多いでしょう。

●●● 解説

1 取締役の報酬を支払うための会社法上の手続き

(1) 「額（総額）」又は「算定方法」を決議する

会社法上、取締役に対する報酬等は、定款又は株主総会の決議により、その額又は算定方法を定めなければ、支給することができません（会社法361条1項）。取締役が自由にその報酬を決めると、過度の報酬支給により配当財源が圧迫され、株主の利益を害する可能性があるためです（いわゆる「お手盛り」防止）。したがって、規制対象となる「報酬等」には、報酬、賞与、退職慰労金等、その名を問わず、取締役の職務執行の対価といえるものが広く含まれます。

実務上、定款に報酬額の定めを置くことは稀で、株主総会決議によるのが通例です。決議すべき内容は、報酬の「額」または「算定方法」です[i]。

以下、「額」の定め方について述べます。

(2) **報酬「額（総額）」の決議**

「額」を定める場合、株主総会では全取締役の報酬の総額（限度額）を決議し、個々の取締役の報酬額は、取締役会の決議（取締役会非設置会社では取締役の過半数による決定）に委ねることも許容されます[ii]。さらに、取締役会が特定の取締役（代表取締役など）に個々の報酬額の決定を一任することも可能と解されます[iii]。

総額は、一度株主総会で決議すれば、内容に変更がない限り翌年以降にも適用されるため、毎年の株主総会で決議をする必要はありません[iv]。

株主総会決議の仕方としては月額報酬、賞与、退職慰労金など、報酬等の種類別に総額を設定する決議をすることも可能ですが、それらをまとめて決議することもできます。総額は、月額で定める場合も、年額で定める場合もあり得ますが、年額で定める方が柔軟な運用が可能です。

以上を総合すれば、たとえば、×1年度の株主総会で、取締役報酬の総額（年額の上限）を決議し、翌期以降も、取締役会決議により、当該総額の枠内で、代表取締役に個々の役員の報酬配分を一任する、という扱いは、会社法上適法と解されます。

2 事前確定届出給与（法人税法34条1項2号）

(1) **制度の概要**

法人税法は、一般的な役員の給与を原則として損金不算入とし、一定の要件を満たすもののみ損金算入を認めます。事前確定届出給与は、損金

---

i 金銭以外のものを報酬として支給する場合には、その「内容」を株主総会で決議する必要があります。
ii 最高裁昭和60年3月26日判決（判例時報1159号150頁）。
iii 名古屋高裁金沢支部昭和29年11月22日（下級裁判所民事裁判例集5巻11号1902頁）。
iv 大阪地裁昭和2年9月26日（法律新聞2762号6頁）。

算入が認められるものの例です。

これは、いわば役員の賞与（ボーナス）について、「事前に税務署に届けた金額通り」に支給した場合に限り、損金算入を認めるというものです。実際の支給額が、届出より多くても少なくても、支給額全額の損金性が否定されます。

要は、「今期は黒字（＝所得発生＝法人税アリ）になってしまいそうだから、役員賞与をウンと増額して赤字にしてしまおう。」というような行動を封じる趣旨と解されます。ですから、事業年度の早いタイミングで届け出をさせないと意味がありません。そこで、届出の時期は、原則、支給に係る決議の日（または職務開始日のいずれか早い方）から1か月を経過する日までで、かつ、遅くとも事業年度開始日から4か月を経過する日までとされています。

(2) 「決議」について

条文上、事前確定届出給与の届出に際しては何らかの「決議」があることが想定されているように読めます（法人税法施行令69条2項1号）。「決議」とは、上述の通り役員報酬の総額を株主総会で定め、具体額を取締役会で決議する場合は当該取締役会決議を意味するものと解されます[v]。

取締役会決議で代表取締役に配分を一任した場合、届出の期限は取締役会決議から1か月内なのか代表取締役が配分を決めてから1か月内なのかは判然としませんが、金額が確定する日が重要なのだとすれば、後者の意味に解すべきでしょう。また、たとえば取締役が1名しかいない株式会社の場合は、会社法上、株主総会の定めた枠内で、当該取締役が単独で報酬額を確定させるしかないので、その場合は取締役が「今年は○円！」と決めた日が「決議日」であると解するよりほかありません。

---

v DHCコンメンタール法人税法（第一法規）2161の26頁。

ただ、通常は「職務開始日＝定時株主総会の日」と理解しているようで[vi]、そうだとすると結局、「決議」の日から1か月内ではなく、株主総会の日から1か月内が届出期限です。したがって「決議」の日がいつであるかを論じる実益はさほど大きくないかもしれません。

◆◆◆ 税務からのアプローチ

【税務上の役員給与の規定 ——— 浅野昌孝】

1 役員給与の損金処理の要件

法人が取締役等の役員に支払う給与に関して、法人税法上の取扱いは次のとおりです。

役員に対して支給する給与（退職給与、新株予約権によるもの、使用人兼務役員に対して支給する使用人としての職務に対する給与を除く）が損金に算入されるためには、次の(1)から(3)のいずれかに該当する必要があります（法人税法34条1項）。

(1) **定期同額給与**

定期同額給与とは、支給時期が1か月以下の一定の期間ごとの給与（以下、定期給与という。）で、その事業年度の各支給時期における支給額が同額である給与です（法人税法34条1項1号）。毎週、毎月のように月以下の期間において規則的に同額で支給される給与が該当します。なお、以下のケースでは役員給与の増減があっても、損金算入が認められます。

① 通常の改定

一般的な企業における事業年度開始の日から3か月以内になされる定期

[vi] たとえば前掲注5のコンメンタール同頁の記載。ただし、会社法の観点からは、なぜ株主総会の日が取締役（とくに任期途中の取締役）の職務開始日といえるのかは、理解が困難です。

給与額の改定(法人税法施行令69条1項1号イ)。
② 臨時改定事由や業績悪化改定事由による改定
　役員の職制上の地位の変更、その役員の職務の内容の重大な変更その他これらに類するやむを得ない事情(臨時改定事由)やその事業年度においてその法人の経営状況が著しく悪化したことその他これに類する理由(業績悪化改定事由)により行われた定期給与額の改定(法人税法施行令69条1項1号ロ、ハ)。

(2) **事前確定届出給与**

　事前確定届出給与とは、役員の職務につき所定の時期に確定額を支給する旨の定めに基づいて支給する給与です(法人税法34条1項2号)。通常は、株主総会日から1か月以内に税務署長に事前確定届出給与に関する定めの内容を届け出ることが必要です(法人税法施行令69条2項)。
　事前確定届出給与として届け出た確定額と実際の支給額が異なる場合には、原則として支給額の全額が損金不算入となります(法人税基本通達9-2-14)。また、事前確定届出給与に関しても、臨時改定事由や業績悪化改定事由が生じた場合、事前確定届出給与に関する定めを変更することが認められます。(法人税法施行令69条3項1号、2号)

(3) **利益連動給与**

　利益連動給与とは、同族会社以外の法人で金融商品取引法に規定する有価証券報告書を提出している会社が、業務を執行する役員に対して支給する利益連動給与(利益に関する指標を基礎として算定される給与)で一定の要件を満たす給与です(法人税法34条1項3号)。

2 過大な役員給与

　役員給与が上記(1)(2)(3)のいずれかに該当するものであっても、不相当に高額な部分の金額については、損金の額に算入されません(法人税法34条2項)。また役員の退職給与についても、不相当に高額な部分の金額につ

いては、損金の額に算入されません（法人税法34条2項、法人税法施行令70条2号）。

役員の給与が、不相当に高額であるか否かは、実質基準と形式基準により判断されます（法人税法施行令70条1号イ・ロ）。

実質基準とは、給与のうち、その役員の職務の内容、その法人の収益および使用人に対する給与の支給状況、その法人と同種同規模の事業を営む法人の役員に対する給与などからみて相当と認められる支給額です。形式基準とは、定款の規定又は株主総会の決議により定められた役員給与の支給限度額です。これら実質基準と形式基準のいずれによっても不相当に高額の部分があれば、そのうち多い金額が、損金不算入とされます。

実務上の留意点としては、この支給限度額の改訂を長期間失念している場合、実際の役員給与額が形式基準を超えてしまう場合があります。また、その支給額が限度額に対して余裕がない場合には、役員に経済的利益が発生すると、経済的利益を加えた役員給与が、形式基準の金額を超過してしまうことになります。給与限度額の設定は、やや余裕をもって設定しておくことが必要といえます。なお、使用人兼務役員の使用人部分を給与の限度額の枠に含めないと決議していれば、それを除外して限度額の判定をします。

5 取締役の解任と「正当な理由」

質問

取締役は、任期中途で解任できますか。取締役が不正をした場合に解任することができると思いますが、具体的にどのような場合に解任することができますか。正当な理由がないのに解任した場合、どのようなことになるでしょうか。また、自ら辞任する場合は、いつでもできますか。

ポイント

会社が「正当な理由」なく取締役を解任すると、取締役に対する損害賠償義務を負います。「正当な理由」には、横領等の違法行為や、心身の故障などが該当します。「正当な理由」なく解任した場合に賠償すべき損害は、通常、残存任期中の役員報酬や、退任時に予定された退職金が該当します。

取締役が自ら辞任することはいつでもできますし、会社に損害賠償義務は生じません。ただし、法令定款に定める取締役の員数に満たなくなる場合、当該取締役は引き続き取締役としての権利義務を有します。

●●● 解説

1 取締役の辞任と解任

取締役と会社との関係は、委任の規定に従うものとされており（会社法330条）、委任契約では、各当事者は、いつでも契約を解除することができます（民法651条1項）。

そこで、取締役は、いつでも自己の意思で契約を解除すること、つまり取締役を辞任することができます。ただし、辞任により、法令・定款に定める取締役の員数に不足が生じてしまう場合、当該取締役は、後任者が就任するまでの間、引き続き取締役としての権利・義務を有しますので（会社法346条1項）、実質的には取締役の地位が継続することになります[i]。

他方で、会社の側からの解除、つまり解任については、会社法に特別な規定があります。すなわち、会社はいつでも、株主総会の普通決議（定款で要件を加重することも可能。会社法341条）により、取締役を解任することができますが、「正当な理由」なく解任された場合、取締役は、これにより生じた損害を会社に請求することができるものとされています（会社法339条）。解任の場合、それにより法令・定款に定める取締役の員数に不足が生じたとしても、当該取締役は取締役としての権利・義務を直ちに喪失します[ii]。

ご質問との関係では、この「正当な理由」とはどのようなものか、また、「正当な理由」がない場合に、会社に生じる損害賠償義務とはどのようなものか、の２点が問題となります。

2 損害賠償義務を負わずに取締役を解任できる「正当な理由」とは？

会社法が、「正当な理由」のない取締役の解任につき、会社の損害賠償責任を定めた趣旨は、株主に解任の自由を保障する一方で、取締役の自己の任期に対する期待を保護し、両者の調和を図ることにあると解されています[iii]。

したがって、「正当な理由」とは、抽象的にいえば、任期に対する取締役の期待すら、保護する必要がないといえるほどの事情がある場合、といえます。

具体的には、以下のような場合に、「正当な理由」が認められています[iv]。

---

i　その一方で会社は、遅滞なく後任の取締役を選任する義務を負います（会社法976条22号）。なお、裁判所に対し、一時的に取締役の職務を行うべき者（一時取締役）の選任を申立てることもできます（会社法346条２項・３項）。
ii　この場合も会社は、遅滞なく後任の取締役を選任する義務を負い（会社法976条22号）、一時取締役の選任を申立てることもできます（会社法346条２項・３項）。
iii　江頭憲治郎『株式会社法（第６版）』395頁。
iv　「正当な理由」の分類・整理につき、江頭・前iii、396頁。

① 取締役の職務遂行上の法令・定款違反行為

違法行為をした取締役が解任されることは当然といえます。この場合、むしろ会社が取締役に対して損賠賠償を請求することができる可能性があります（会社法423条）。

② 心身の故障

取締役の心身の故障の場合です。少し気の毒な気もしますが、心身の故障がある場合、客観的にみて職務の遂行ができないわけですから、解任の正当理由となります。

③ 職務への著しい不適任

たとえば、監査役の例ですが、明らかな税務処理上の失敗を犯した監査役の解任につき、正当な理由を認めた裁判例があります[v]。

また、会社がその大株主との間で締結していたフランチャイズ契約を、独断で解約してしまった取締役の解任につき、「正当な理由」を認めた裁判例があります[vi]。

3 会社に生じる損害賠償義務とは？

「正当な理由」なく取締役を解任した場合に、会社が取締役に賠償すべき「損害」の範囲は、取締役を解任されなければ残存任期期間中と任期満了時に得られたであろう利益（所得）の喪失による損害を指すものと解されています[vii]。通常は、残存任期中の報酬や役員としての退職金が該当します。

---

[v]　東京高裁昭和58年4月28日判決（判例時報1081号130頁）。
[vi]　秋田地裁平成21年9月8日判決（金融・商事判例1356号59頁）。
[vii]　大阪高裁昭和56年1月30日判決（下級裁判所民事裁判例集32巻1～4号17頁）。

4 実務では？

以上のとおり、取締役を解任する場合、「正当の理由」の有無次第では、会社に損害賠償義務が発生するリスクがあります。

他方、登記上、取締役の退任原因として、辞任の場合は「辞任」、解任の場合は「解任」と公示されます。この意味で、解任は、当該取締役にとっても好ましいことではないといえます。

そこで、実務上は、解任事由がありそうだと判断しても、まずは取締役本人と交渉し、任意に辞任届を提出してもらうよう促す場合もあります。

6 取締役が死亡により終任した場合など定員を欠いた場合の取扱い

質問

取締役が、死亡により終任した場合はどうなりますか。当社は取締役会設置会社ですが、この結果、取締役が2名となりました。どうすれば良いでしょうか。監査役の場合には、どうなりますか。

ポイント

取締役や監査役が死亡して、会社法や定款の定める員数に足りなくなる場合には、早急に（臨時）株主総会を開催して後任者を選任するのが原則です。

ただ、そもそも取締役の欠員のせいで株主総会の招集手続を実施できない場合や、上場会社のように、臨時株主総会の開催に多大なコストがかかる会社で、そう遠くないタイミングで次の定時株主総会が予定されているなどの場合、裁判所に仮取締役等を選任してもらう方法もあります。

●●● 解説

1 役員の欠員と会社法の定め

取締役会設置会社では、取締役の員数は最低でも3名必要とされています（会社法331条5項）。したがって、取締役3名の会社で、うち1名が死亡した場合、法定の取締役員数に対して欠員が生じることになります。また、監査役が1名の監査役設置会社で、当該監査役が死亡した場合等には、監査役の欠員となります。

取締役・監査役などの役員に欠員が生じた場合、会社法は、一方では、①会社は後任の役員を選任しなければならず、これを怠ったときは関係者に過料の制裁があり得ると定めています（会社法976条22号）。

また他方では、②役員の欠員が生じた場合、裁判所は、「必要があると認めるとき」は、利害関係人の申立てにより、一時取締役の職務を行う者

(「仮取締役」「仮監査役」)を選任することができるとされています(会社法346条2項3項)[i]。

したがって、役員に欠員が生じたときは、後任役員を選任し(①)、あるいは後任を選任するまでの間、仮役員の選任(②)により対応することになります。

2 取締役に欠員が生じたときの対応

(1) 非上場会社の場合

多くの非上場会社の場合、株主数が限られており、早急に臨時株主総会を開催して、後任の取締役を選任することは容易です。したがって、取締役に欠員が生じたときは、基本的に後任取締役の選任によるべきであり、仮取締役の選任が認められる場合は稀でしょう。

このような会社で、仮取締役の選任が必要な場合とは、たとえば、欠員により、取締役会の定足数が満足されなくなってしまい、株主総会招集のための取締役会決議ができなくなった場合などに限られると思われます。

(2) 上場会社などの場合

他方、上場会社のように、株主が分散しており、株主総会の開催に多大なコストを要する会社の場合には、わざわざ臨時株主総会を開催するのではなく、なるべく、次の定時株主総会を利用して後任取締役を選任したいという事情があります。他方で、あまり長期間にわたり取締役が欠けた状態を維持するのも問題です。

そこで、定時株主総会の概ね6か月以上前に欠員が生じたような場合には、臨時株主総会を開催して後任の取締役を選任すべきですが、6か月未満の時点で欠員が生じたような場合、臨時株主総会は開催せず、仮取締

---

[i] なお、仮取締役や仮監査役の権限は通常の取締役・監査役と同じです。また、裁判所実務上、原則として、裁判所が適任と考える弁護士がこれらに選任されており、申立人(会社)からの候補者の推薦は受け付けていません。

役の選任で対応すべきです。さらに、定時株主総会前の3か月以内に欠員が生じた場合であれば、仮取締役の選任すら要せず、定時株主総会まで待てばよいでしょう[ii]。

3 監査役に欠員が生じたときの対応

監査役に欠員が生じたときですが、非上場会社の場合は、やはり早急に臨時株主総会を開催して、後任監査役を選任すべきでしょう。仮監査役の選任が必要となる場合とは、たとえば期末決算の監査をすべき監査役が不在となってしまう場合など、相当限られた場合だと思われます。

上場会社の場合、基本的に取締役について述べたのと同様、定時株主総会までの期間に応じた対応がなされるべきでしょう。

4 欠員を防ぐ

ここであらかじめ欠員を防ぐための仕組みについて付言します。欠員を防ぐ一つの方法は、定款や会社法の定める下限より多めの取締役・監査役を選任しておくことです。ただ、正規の役員として選任してしまうと、取締役の員数が増えて取締役会の開催が面倒になる、役員報酬が発生するなどの問題もあります。そこで、通常の役員ではなく、「補欠役員」を選任する方法もあります（会社法329条3項）。補欠役員は、正規の役員に欠員が生じたときに初めて役員としての地位を取得するので、それまでの間は役員として扱う必要がありません（少なくとも理論上は、報酬の支給も不要です。）。

---

ii 稲葉威雄ほか『条解会社法の研究6』（平成7年・商事法務研究会）119頁。

第5章 役員（取締役・監査役等）

オーナー会社の取締役責任

質問

取締役は、責任が重いという話をよく聞きます。しかし、自分が100％の株式を保有している限りは、経営に対して批判する株主はいないはずです。それでも責任が生じるのでしょうか。

ポイント

ご指摘のとおり、100％のオーナー社長が、会社に対する任務懈怠責任（会社法423条）を問われる可能性は低いといえます。他方で、取締役の第三者責任（会社法429条）は、オーナー社長に対する責任追及手段としても利用される可能性が十分にあります。

●●● 解説

1 取締役の責任

会社法上、取締役が負う主な責任には、任務懈怠による会社に対する損害賠償責任（会社法423条）と、取締役の第三者に対する責任（会社法429条）とがあります。

2 会社に対する責任

会社に対する責任は、取締役がその任務を懈怠して会社に損害を生じさせたとき、会社に対して損害賠償責任を負うものです（会社法423条）。これは、会社（監査役）が訴訟を提起するほか、株主代表訴訟によっても提起されます。

しかし、現実には、日本の中小企業の監査役が取締役を訴える例はほとんどありません。また、株式100％を社長が保有するオーナー会社では、

社長に対する株主代表訴訟もあり得ません。ですから、取締役の会社に対する責任は、オーナー会社で機能することは殆どありません。

　取締役の会社に対する責任制度が利用され得るのは、外部株主を迎えてオーナーが100％株主でなくなったとき、あるいは、不正行為に及んだオーナー以外の取締役の責任を追及する場面などに限られていると考えられます。

3｜第三者責任

　他方で、取締役の第三者に対する責任を巡る訴訟は、古くから、オーナー会社を含む中小企業を舞台にしばしば提起されてきました。

　この責任は、取締役がその職務を行うにつき、悪意または重過失があった場合に、取締役が、これにより第三者に生じた損害を賠償する責任を負うものです（会社法429条）。

　たとえばA社がB社に製品を納入したところ、放漫経営によりB社が倒産し、A社の売掛金の回収ができなくなった、といった場合に、A社（第三者）がB社の取締役を被告として損害賠償を求めることにより、事実上、取締役を会社債務の保証人と同様の地位に置くことができます。

　そこで、本条による責任は、取締役の放漫経営や利益相反取引などにより会社が倒産した場面で、取引先や金融機関を含む会社債権者（第三者）が、当該会社の取締役を被告として、損害賠償責任を追及するという図式の訴訟において多く利用されてきました。

　本条による責任は、監査役でも株主でもなく、取引先などの第三者が原告となって請求するものなので、オーナー会社であっても追及される可能性があります。

第5章 役員（取締役・監査役等）

8 辞任取締役の会社に対する責任

質問

1年前に、友人の会社の取締役を辞任しました。ところが、その会社が株主代表訴訟を受け、私も責任を追及される旨の連絡を受けてビックリしています。実は、私の辞任により役員数に欠員が生じてしまい、退任登記もしていなかったようです。後任の取締役が見つからない場合、私が辞任届を出した後に生じた会社の不祥事などについても、引き続き、取締役としての責任を負うことになるのでしょうか。そのような場合、どうしたら役員としての義務が解消されるのでしょうか。

ポイント

会社法や定款に定める取締役の員数に満たなくなってしまう場合、辞任した取締役は、引き続き取締役としての権利義務を負います。もっとも、会社が新しい取締役を選任する義務を負っていることとの関係上、ご質問の取締役は、辞任後に生じた不祥事等につき、常に会社に対する損害賠償責任を負うわけではありません。なお、取締役が辞任する際の対応等としては、辞任の意思のほか、早急に新取締役を選任し、登記を抹消すべき旨を書面で会社に要求し（証拠保全）、新任取締役の就任に合理的に要する期間経過後は、積極的には会社に関与しない、などの方法が考えられます。

●●● 解説

1 取締役の会社に対する責任

取締役は、その任務（善管注意義務）を懈怠した場合には、それにより会社に生じた損害につき、損害賠償責任を負うことがあります（会社法423条）。

たとえば、社長（あるいはその監督すべき従業員）の不祥事により会社に損害が生じた場合、社長自らが上記の責任を負うほか、いわゆる平取締役も、社長に対する監視義務違反を理由に、上記の責任を負う可能性があります。

なお、取締役の会社に対する責任は、株主が原告となって訴訟を追行する株主代表訴訟によっても行使されます。

2 辞任した取締役の責任

取締役は、会社に対して辞任の意を表明することにより、取締役を辞任することができます。しかし、辞任により、会社法（取締役会設置会社では、最低3名の取締役が必要です。会社法331条4項）または定款に定めた取締役の員数に不足する場合、辞任した取締役は、新たに選任された取締役が就任するまでの間、引き続き、取締役としての権利義務を負うものとされています（会社法346条1項）。これを「権利義務者」と呼ぶことにします。権利義務者も、会社に対する義務を負っている以上、上述の監視義務違反等を理由に、会社に対する損害賠償責任を負う可能性があります。

しかし、取締役の員数が欠けたときは、会社側は、新たに取締役を探し、選任する義務を負っています。会社が、新任取締役の選任を怠り、その結果、権利義務者が会社に対する責任を負わされる、という結果は不合理とも思えます。

そこで、①会社側に、新たな取締役を選任することに特段の支障がなく、②権利義務者に、監視義務を尽くすことを期待することが困難である、という事情がある場合には、権利義務取締役の責任は認めない、とした裁判例があります[i]。

この裁判例は、上述の会社法423条の責任ではなく、取締役の第三者に対する責任（会社法429条）に関するものです。しかし、423条の問題でも、同様の価値判断は妥当することでしょう。むしろ、会社が、新取締役の選任義務を懈怠しておきながら、権利義務者の責任を追及することは権利濫用的であり、権利義務者が免責される可能性はより高いように思われます。

---

i 東京高裁昭和63年5月31日判決（金融法務事情1220号28頁）。

冒頭の質問の例でも、具体的な事情如何ではありますが、取締役の責任が否定される可能性はあるものと思われます。

上記の裁判例に鑑みれば、取締役が辞任する際の自己防衛手段としては、会社に対して、辞任の意思に加え、早期に新取締役を選任して、登記を抹消すべきことを、証拠に残る形で伝えることが考えられます。加えて、遅くとも、新任取締役の選任に合理的に要する期間の経過後は、会社の業務には関与しないことも考えられます。

なお、以上の議論は、辞任した取締役が、「辞任後」に生じた不祥事につき、会社に対する責任を負うのか、という問題について述べたものです。辞任前に生じた不祥事との関係では、任務の懈怠が認められる限り、責任を負うこととなりますので、注意が必要です。

3 虚偽登記に係る責任

上記とは別個の問題として、虚偽登記に係る責任という問題があります。

すなわち、登記実務上、取締役会設置会社で取締役が2名以下となる場合（つまり、権利義務取締役となる場合）、後任者の就任登記と同時でなければ、辞任や任期満了による退任登記は受理されません[ii]。また、会社が勝手に、辞任した取締役につき重任登記を了してしまう場合もあり得ます。

後者の場合、虚偽の登記が発生したことになります。そして、虚偽の登記の出現に加功した者は、取締役でないことを「第三者」に対抗できず、したがって取締役の第三者に対する責任（会社法429条）を負う、とした判例があります[iii]。

また、（これまた会社法429条の判例ですが）近時の判例は、辞任登記未

[ii] 松井信憲『商業登記ハンドブック（第3版）』（平成27年・商事法務）411頁。
[iii] 最高裁昭和47年6月15日判決（民集26巻5号984頁）。

了の取締役の場合、①辞任後も積極的に取締役として行為したか、②登記が残存することに明示的な承諾をしたなどの場合、責任が認められるとしています[iv]。

したがって、冒頭の質問の例も、上記①、②のような事情がある場合、虚偽登記にかかる責任を問われるリスクが生じるかもしれません。

[iv] 最高裁昭和62年4月16日判決（判例時報1284号127頁）。

9 執行役員

質問

従業員の中の古株が2名いて、ずっと部長という役職名で仕事をしてもらっています。しかし、経営者の右腕としての自覚を持ってもらったり、対外的にも高い役職であると認識してもらえるようにしたいのですが、取締役にするしかないのでしょうか。執行役員という言葉を耳にしましたが。

ポイント

「役員」となることはサラリーマンの憧れであり、出世コースの終着駅でもあります。従来は、役員とは取締役、監査役などの会社法上の特定の地位を意味するものでした。「役員」という用語も、もともとは取締「役」、監査「役」に由来するものと思われます。

ところが近年、会社法上の役員ではない、いわば私製の役員である「執行役員」を置く会社が増えてきました。執行役員は、かつて取締役が担っていた業務執行行為を担う重要ポストとされるのが通常です。他方、取締役そのものではないので、取締役に関する会社法上の規制が原則として及びません。

執行役員を導入することで、高位の従業員にふさわしいポストを用意する一方、取締役の員数は必要最小限度に抑える、などの人事が可能となります。

●●●● 解説

1 役員・従業員の区分

株式会社（取締役会設置会社）には、（代表）取締役、監査役などの会社法上の登場人物と、民法上の雇用契約により雇われている従業員（使用人）という登場人物がいます。

従業員は、労働法による手厚い保護の対象であるのに対し、取締役・監査役は、会社と対等な立場でその経営や監査を委任された者であり、労働法の保護は及びません。また、税務上、従業員に支払う給与は原則として

全額が損金とされるのに対し、役員報酬は原則として損金算入できず、一定の要件を満たすものだけが例外的に損金とされます。

このように、従業員と、取締役・監査役とは、法的な扱いが全く異なります（下表参照。なお、実務上は、取締役の地位と従業員の地位の双方を満たす「使用人兼務取締役」が置かれる例もあります）。

	取締役	従業員（使用人）
会社との契約	委任に準じる（会社法330条）	雇用契約
労働法の適用	なし	あり
選解任・雇用解雇	株主総会決議を要する（会社法329条、339条）	支配人等の重要使用人は取締役会決議（会社法362条4項3号）。その他使用人は代表取締役等の専断事項とする例が多い。
会社に対する責任	善管注意義務（会社法330条・民法640条）、忠実義務（会社法355条）	特別な規定はない
株主代表訴訟	対象	対象ではない
報酬・給与	定款の定め又は株主総会決議を要する（会社法361条）	特別な規定はない（代表取締役の専断事項とする例が多い。）。
報酬・給与の損金性	例外要件を満たすもののみ損金	全額損金

ちなみに、上記の法的区分とは別に、社長、専務、常務、部長、課長などの役職名を使用する会社が多いですが、これら役職名と上記の法的な区分とは、概ね右表のように対応しているようです。

実務上の役職名	法的区分
社長	代表取締役である場合がほとんど。
専務・常務	業務を執行する取締役である場合が多い。
部長	従業員の場合も、業務執行取締役の場合もある。
課長・係長	従業員である場合がほとんど。

2　執行役員制度の登場

日本の株式会社では、取締役と監査役を「役員」と総称し、「役員」とは、従業員が出世を重ね、やがてたどり着くべき上がりのポストとして位

置づけられる例が多かったと思われます。その結果、役員のうち、とくに従業員上がりの取締役の数が増えすぎてしまい、取締役会が形骸化するという現象が、上場会社を中心に起きました。

　執行役員制度は、このような問題状況を背景に、民間の知恵から生まれた役員制度です。典型的な例としては、たとえば取締役が20人いた上場会社が執行役員制度を導入し、取締役を10数名に減らし、その代わり数人の執行役員を選任するといった具合です。取締役の員数を減らす一方、業務の執行は一部の取締役と執行役員に委ねることで、取締役会が本来の機能（業務上の重要な意思決定と代表取締役らの監督）を回復することが期待できるのです。

　執行役員制度は、平成11年頃から上場会社を中心に普及し始めましたが、近年では、非上場の会社でも導入する例が散見されます。

3 執行役員の法的性格

　執行役員は、株主総会で選任されるわけではないので、「役員」という呼称とは裏腹に、取締役ではありません（ただし、一部の取締役が執行役員を兼務するという例はある）。会社法上の根拠のない私製の役職ゆえ、その実態は会社により微妙に異なります。

　まず、執行役員の選任・解任は、代表取締役の専断事項とせず、取締役会の決議事項としている会社が多いようです。また、執行役員と会社との契約は、委任契約を締結する場合もありますが、従来からの雇用契約のまま、取締役会決議により、新たに執行役員という役職を付与する例が多いようです。雇用契約が維持される以上、執行役員も労働法の保護を受けることになります。また、執行役員の報酬は、取締役会決議（または代表取締役の判断）で決められています。

　他方、執行役員の職務は、従来、業務執行取締役（常務取締役、取締役○○部長など）が担っていた職務を丸ごと担当するため、職務の範囲は

広く、また裁量の幅も大きいのが通常です。そこで、取締役と同様の、競業避止義務や利益相反取引規制（会社法356条1項・365条1項）を課すべきですが、執行役員に会社法の適用はありません。そこで、「執行役員規程」を制定し、必要な規制を定めるのが通常です。

10 監査役とその区分

質問

監査役という役職について教えてください。大企業を見ていると常勤監査役と非常勤の監査役という区分があるだけでなくほかにも監査役、社外監査役といった区分があるようです。これらの違いについて教えてください。

ポイント

監査役は、株主に代わって、経営者である取締役の職務の執行をチェックするための役員です。ですから、取締役の権限が強化される取締役会設置会社では、原則として監査役の設置が義務付けられています。

監査役には、常勤と非常勤、社外監査役、独立監査役などの区分がありますが、これらの区分は非上場の中小企業ではほとんど意味がありません。

●●● 解説

1 監査役とは

監査役とは、取締役の職務の執行を監査する株式会社の機関をいいます。理念的には、会社に常駐することができない株主に代わって、経営者である取締役らが適法な経営をしているか否かを監視・是正する役割を担うのが監査役です。

そこで、取締役の権限が強化される（逆に株主総会の権限が限定される）取締役会設置会社では、原則として監査役を置くことが義務付けられています（会社法327条2項）。

なお、3名以上の監査役により組織される合議体の機関を監査役会といいます。監査役会は、複数の監査役により組織的な監査を行うことを目指すものです。公開会社（その定款上、発行する株式の一部でも、譲渡制限

が付されていない株式会社）であり、大会社（資本金5億円以上または負債合計200億円以上の会社）である会社は、（監査等委員会設置会社、または選考委員会等設置会社を採用しない限り）監査役会の設置が必要とされます（会社法328条1項）。

2 監査役の職務・権限

監査役の監査の対象は、会計を含む会社の業務全般にわたります。ただし、たとえば取締役による新規事業への進出に関する判断が妥当であったか否か、といった妥当性に関するチェックは監査役の仕事ではなく、「適法か否か」という適法性の監査がその職務事項となります。

なお、非公開会社（その定款上、発行する全株に譲渡制限を付している会社）の場合、定款で、監査役の監査権限の範囲を会計監査に限定することもできます（会社法389条1項。平成26年会社法改正で登記事項となった。会社法911条3項17号イ）。

3 監査役の区分

以下(1)から(3)のとおり、会社法や金融商品取引所の規則の関係で、監査役は様々に分類されます。ただし、とくに平成26年改正会社法以降は、それらの区分は非上場の一般的な中小企業では、特別な意味はほとんどありません。

(1) 常勤監査役と非常勤監査役

常勤・非常勤監査役の区分は、監査役会を設置した会社で意味のある区分です。すなわち、監査役会設置会社では、監査役の中から常勤監査役を選定しなければならないとされており（会社法390条2項2号、3項）、これにより選定される監査役が常勤監査役、そのほかの監査役は非常勤監査役、ということになります。

常勤監査役の意味について、会社法の定めがありませんが、「他に常勤

の仕事がなく、会社の営業時間中原則としてその会社の監査役の職務に専念する者である」などと理解されています[i]。

監査役会設置会社でのみ常勤監査役の選定が要求される趣旨は、監査役会の設置が強制される規模の会社では、監査役の仕事量が常勤者を必要とするとの認識によるものです[ii]。裏を返せば、監査役会の設置がない会社の通常の監査役は、必ずしも会社に常勤することは要求されていない、ということです。

(2) **社外監査役**

監査役会設置会社では、その過半数が「社外監査役」であることが必要です（会社法335条3項）。

社外監査役とは、①その就任前10年間その会社又は子会社の取締役や使用人などであったことがないこと、②現時点において、親会社の取締役や使用人などでないこと、③現時点において、兄弟会社の業務執行取締役や使用人などでないこと、等の特別の条件を満たす監査役を言います（会社法2条16号）。

平成26年改正会社法により、③の要件が加わり、兄弟会社の業務執行者を兼務することができなくなりました。他方、同改正により、①の要件のうち「就任前10年間」という限定が加わりました。かつては過去に一度でも当社の取締役であった者は社外監査役要件を満たさなかったのですが、改正後は、一定期間会社を離れた者は、社外要件を満たすようになりました。

なお、同改正前は、監査役の会社に対する損害賠償責任を限定する方法の一つである責任限定契約について、その対象が社外取締役、社外監査役とされていましたので、社外監査役の定義は、非上場の中小企業でも

---

[i] 江頭憲治郎『株式会社法（第6版）』（弘文堂・平成27年）531頁。
[ii] 稲葉威雄『改正会社法』（金融財政事情研究会）274頁。

一定の意味がありました。しかし、同改正により、監査役の全てが責任限定契約の対象に含まれることとなったため（会社法427条1項）、現在では、中小企業において社外監査役の要件を吟味する意味はなくなったように思われます。

(3) **独立監査役**

金融商品取引所の上場会社の場合、取引所の上場規則により、独立役員を1名以上選任することが要求されており、したがって独立取締役を置かない場合、独立監査役の設置が必要となります（たとえば東証の有価証券上場規程436条の2）。

独立監査役は、社外監査役より資格要件が厳格であり、たとえば主要な取引先等の業務を執行する取締役や使用人等の場合には、独立監査役に就任することはできません。

第5章 役員（取締役・監査役等）

 監査役の監査範囲の限定

質問

顧問税理士が交代し、新しい税理士に監査役に就任してほしいという依頼をしたところ、監査役の業務範囲を会計監査に限っているならばかまいませんという返事をもらいました。監査役の業務を会計監査に限定するというのはどういうことなのでしょうか。

ポイント

一定の株式会社では、監査役の監査の範囲を会計監査に限定することができます。これにより、監査役が責任を負う範囲も、ある程度限定されます。また、監査役による監査の範囲が限定される分、株主による取締役に対する監督是正権限が強化されます。

解説

1 監査役の監査範囲の限定

監査役は、取締役の職務の執行を監査します。その監査は、取締役の業務の執行に関する監査（業務監査）と、会計に関する監査（会計監査）に区分されます。

ところで、非公開会社（その定款上、発行する全株式に譲渡制限の定めのある株式会社）では、定款に定めることにより、監査役の監査の範囲を、会計監査に限定することができます（ただし、監査役会設置会社、会計監査人設置会社の場合、この限定を設けることはできません。会社法389条1項）。

「監査役の業務（監査）の範囲を会計監査に限定する」とは、このように、定款の定めにより、監査役の監査の範囲を会計監査に限定することを

意味します。

なお、本稿では便宜上、監査の範囲が会計監査に限定された監査役を「限定監査役」と呼ぶことにします。

2 監査範囲を限定する際の留意点

監査役の監査範囲を会計監査に限定すると、監査役の監査範囲が変更されること以外にも様々な影響が生じます。以下は主な例です。

① 当該会社は、会社法上の「監査役設置会社」に該当しなくなる。
② 株主による、取締役の違法行為の差止権限が拡大する（会社法360条1項、3項）。
③ 各株主は、裁判所の許可なく取締役会議事録の閲覧を請求できる（会社法371条2項、3項）。
④ 取締役・取締役会の決定による役員等の責任の一部免除ができなくなる（会社法426条1項）。

要するに、監査役による取締役に対する業務監査権限がなくなるため、株主による取締役の監督是正権が強化されるのです。

なお、これまでは、監査役の監査の範囲の限定は登記上、明示されていませんでした（登記上は、通常の監査役なのか、限定監査役なのか判然としなかった。）。平成26年改正会社法では、この点を変更し、監査範囲が限定されている場合、その旨を登記するものとしています（会社法911条3項17号イ）。

3 限定監査役の損害賠償責任

監査役は、その任務を怠ったときは、会社に対し、これにより生じた損害を賠償する責任を負います（会社法423条）。悪意・重過失による任務懈怠の場合には、第三者（取引先や銀行など）に対する損害賠償責任を負います（会社法429条）。これらの責任規定は、限定監査役にも適用されます。

ただ、限定監査役の場合、そもそもの「任務」の範囲が会計監査に限定される結果、損害賠償責任を負う場合も限られることになります。つまり、限定監査役の責任が認められるのは、会計監査に際して、通常実施すべき事項（リスクを洗い出し、リスクポイントに係る現金預金の実在性のチェックや、売上の実在性を確認するなど）を懈怠した場合にほぼ限られることになります。

　もっとも、使い込みや横領、粉飾決算などの典型的な取締役の違法行為は、本来は計算書類に反映されるべき事項ですから、会計監査の守備範囲に入ってきます。限定監査役の監査の守備範囲は、意外に広いのです。そして、通常実施すべき会計監査を実施せず、これらの問題を看過した場合、限定監査役の責任が生じる可能性があります。

　税理士（特に、会計監査のバックグラウンドのない税理士）が限定監査役に就任する場合、それなりの損害賠償リスクがあることは理解しておいた方がよいでしょう。

◆◆◆ 税務からのアプローチ

【監査役監査報告書 ──── 佐久間裕幸】

1　監査役の監査報告

　監査役は、取締役の職務の執行を監査することとされています。その監査の結果として、監査役は、事業報告及びその附属明細書を受領した後に法務省令で定めるところにより、監査報告をしなければなりません（会社法381①）。その業務監査の報告の内容は、次の通りとされています会社法施行規則129条1項）。

(1)　監査役の監査の方法及びその内容
(2)　事業報告及びその附属明細書が法令又は定款に従い当該株式会社の

状況を正しく示しているかどうかについての意見
(3) 当該株式会社の取締役の職務の遂行に関し、不正の行為又は法令若しくは定款に違反する重大な事実があったときは、その事実
(4) 監査のため必要な調査ができなかったときは、その旨及びその理由
(5) 監査報告を作成した日
(6) その他法令で定める事項

　なお、会社によっては、監査役の業務の範囲が会計に関するものに限定されている場合がありますが、この場合、監査役は、上記事項に代えて、事業報告を監査する権限がないことを明らかにした監査報告を作成しなければなりません（会社法施行規則129条2項）。

　会計監査に関しては、計算関係書類を受領した際に次に掲げる事項を内容とする監査報告を作成することとされています（会社計算規則122条1項）。

(1) 監査役の監査の方法及びその内容、(2) 計算関係書類が当該株式会社の財産及び損益の状況を全ての重要な点において適正に表示しているかどうかについての意見、(3) 監査のため必要な調査ができなかったときは、その旨及びその理由、(4) 追記情報、(5) 監査報告を作成した日

　したがって、監査役は、上記の2つの規則に掲げる事項を1つの監査報告書に集約して、報告することになります。

2 監査報告書のひな型

　監査報告の実際のひな型は、日本監査役協会で作成されているものを利用することが多く、取締役会と監査役が設置されている会社で監査役の監査の範囲に限定がない場合におけるひな型は、次に掲げるようなものとなっています（日本監査役協会「監査報告のひな型について」P.17～18、注釈は省略しているので、正しくは、引用元を参照してください。中小企業では監査役は1名であることが多いため、「私たち監査役」を「私は」に直しております）。

監査報告書

平成○年○月○日から平成○年○月○日までの第○○期事業年度の取締役の職務の執行を監査いたしました。その方法及び結果につき以下のとおり報告いたします。

1. 監査の方法及び内容

　私は、取締役及び使用人等と意思疎通を図り、情報の収集及び監査の環境の整備に努めるとともに、取締役会その他重要な会議に出席し、取締役及び使用人等からその職務の執行状況について報告を受け、必要に応じて説明を求め、重要な決裁書類等を閲覧し、本社及び主要な事業所において業務及び財産の状況を調査いたしました。子会社については、子会社の取締役及び監査役等と意思疎通及び情報の交換を図り、必要に応じて子会社から事業の報告を受けました。以上の方法に基づき、当該事業年度に係る事業報告及びその附属明細書について検討いたしました。

　さらに、会計帳簿及びこれに関する資料の調査を行い、当該事業年度に係る計算書類（貸借対照表、損益計算書、株主資本等変動計算書及び個別注記表）及びその附属明細書について検討いたしました。

2. 監査の結果
(1) 事業報告等の監査結果
　① 事業報告及びその附属明細書は、法令及び定款に従い、会社の状況を正しく示しているものと認めます。
　② 取締役の職務の執行に関する不正の行為又は法令若しくは定款に違反する重大な事実は認められません。
(2) 計算書類及びその附属明細書の監査結果
　　計算書類及びその附属明細書は、会社の財産及び損益の状況をすべての重要な点において適正に表示しているものと認めます。

3. 追記情報（記載すべき事項がある場合）
　　　　　平成○年○月○日

　　　　　　　　　　　　　　　　　　○○○○株式会社
　　　　　　　　　　　　　　　　　　常勤監査役　　○○○○　印
　　　　　　　　　　　　　　　　　　　　　　　　　（自署）

12 役員退職金・執行役員退職金の不支給

質問

　会社には役員退職金規程があります。取締役1名と執行役員1名が社長と意見が合わなくなり、辞任することになりましたが、代表取締役である社長は彼らに退職金を払うつもりはありません。問題はありませんか？

ポイント

　取締役に対しては、原則として、（定款には役員退職金を支給する旨の定めがない前提で）株主総会の決議がない限り、退職金を支給する義務がありません。役員退職慰労金規程があるだけでは退職金請求権は発生しません。
　他方、執行役員の場合は、会社と当該執行役員との契約関係により判断されます。たとえば、執行役員退職慰労金規程が定められており、時の経過により請求権が発生する仕組みとされているなどの事情があれば、要件を満たす執行役員は退職金請求権を取得し、会社にはその支給義務があります。

●●● 解説

1 取締役の退職金

（1） 取締役の報酬規制

　取締役の報酬、賞与その他の職務執行の対価として株式会社から受ける財産上の利益（以下「報酬等」という。）は、その額または算定方法等を、定款に定めるか、あるいは株主総会決議を経なければ支給することができません（会社法361条1項）。高額の報酬が支給されて株主の利益が害されることを防ぐためです。
　実務上は、定款に役員報酬を定めることは稀で、株主総会で取締役全員の報酬合計額の上限を定め、個々の報酬は取締役会の決定で定める例が非常に多いです。

(2) **取締役の退職金**

　取締役に支給する退職金も、在職中の職務執行の対価として支給される限り「報酬等」に含まれるので、上記の報酬規制に服することとなります。

　ただ、取締役の退職金の支給に関する株主総会決議は、上記のような上限を定める決議ではなく、具体的な金額、支給日、支給方法を、会社の定めている支給基準（「役員退職慰労金規程」などの名称で定められていることが多い）により、取締役会に一任する旨の決議をとるのが通常です。

　これは、通常、退職者は1名程度ゆえ、上限方式では具体的な支給額が株主に知れてしまうからだと言われています。

(3) **取締役の請求権はいつ成立するのか**

ア．原則論

　取締役の報酬は、（定款に定めがない限り）株主総会決議がなされ、各取締役の報酬等の額が具体的に決められて初めて、その額が取締役と会社との契約内容となり、取締役は会社に対して当該確定額を支給するよう請求することができます。

　逆にいえば、役員退職慰労金規程があったとしても、それだけでは取締役の退職金請求権は発生しないのです。

イ．中小企業の取締役の退職金

　以上のような考え方は、基本的に中小企業の取締役の退職金にも当てはまります。したがって、「役員退職慰労金規程」が定められていても、株主総会の決議がない限り、退職する取締役は会社に対して退職金の支給を請求できません。これが原則です。

　もっとも、この原則を貫くと、冒頭の質問事例のように、オーナー経営者と仲たがいして辞めさせられた取締役は、当てにしていた退職金をもらえないことになってしまい、非常に気の毒な例も出てきます。

　そこで、裁判例では、たとえば、①オーナー経営者が、取締役を就任させる際、内規のとおり退職慰労金を支給する旨を説明したにもかかわらず、

当該取締役の退職に際し、支配株主の立場を利用して不支給決議を主導した例で、オーナー経営者の退職取締役に対する不法行為責任を認めた例（佐賀地裁平成23年1月20日判決）、②退職取締役の職務内容を勘案し、その実態はいわゆる従業員兼任取締役だと認定した上で、従業員の部分については退職金の請求が可能だとして救済した例（千葉地裁平成元年6月30日判決）、などがあります。いずれの裁判例も、事例の特性を利用して退職取締役を何とか救済しようとしたものと評価することができます。

ただし、これらの裁判例はあくまで例外であり、原則論としては、上述のとおり、株主総会決議がない限り、取締役の退職金請求権は保護されない、と考えるほかありません。

2 執行役員の退職金

執行役員の場合、取締役ではないので「（定款または）株主総会決議がなければ退職金請求権はない」という上記の原則は、当てはまらず、会社と当該執行役員との契約関係の実態がどのようなものであったかにより判断されます。

たとえば、執行役員退職金規程のようなものが定められ、執行役員に提示されており、その内容も、一定期間の勤務を経れば自動的に退職金が発生する仕組みとなっているなどの事情があれば、要件を満たす執行役員には、退職金請求権が発生します。会社はこれを支給しなければなりません。

他方、執行役員退職金規程があったものの、一度も執行役員に提示されたことがなく、その内容も、支給する場合の算定方法が記載されているものであり必ず支給する義務を定めるものではない、などの事情のもと、執行役員から会社に対する退職金請求が否定された事例もあります（最高裁平成19年11月16日判決）。

第6章

資金調達・減資・自己株式の取得・剰余金の分配

　非上場会社では、節税の観点から、オーナーへの還元は、配当ではなく役員報酬を手厚くすることで実施する例が多いようです。しかし、外部株主を受け入れている会社が株主への還元のために配当を行い、あるいは自社株買いを行う場合もあります。また、親子会社間での資金移動は、配当によると税務メリットがあることから、配当が利用される場合があります。
　第6章では、剰余金の配当や自社株買いの手続、減資の仕方などについて説明しています。

新株予約権とストックオプション

質問

将来、上場しようと考え、事業を始めました。将来、自己の議決権が減らないようにするにも、また役員、従業員のモチベーションを上げるためにも、新株予約権は有効と聞きました。新株予約権の仕組みと発行手続を教えてください。

ポイント

新株予約権とは、新株予約権者が発行会社に対し、あらかじめ定めた一定の金額（権利行使価額）を払い込むことにより、発行会社から株式の交付を受けることができる権利をいいます。

新株予約権者は、株価上昇による利益を享受することができることから、従業員や役員に対するインセンティブ報酬として付与されるストックオプションとして利用される例が多いです。ほかにも、一部の株主の議決権比率を維持する手法として、上場会社の買収防衛手段として、また最近では、上場会社が既存株主に新株予約権を付与して資金調達を行う方法としての利用などがなされています。

新株予約権を発行するためには、法定の募集事項等を決定して行うことが必要です。ストックオプションとしての新株予約権を役員に付与する場合は、新株予約権の付与手続に加えて、役員報酬の支給に関する手続にも留意する必要があります。

●●● 解説

1 新株予約権

(1) 新株予約権の意義

新株予約権とは、その権利を有する者（新株予約権者）が発行会社に対して権利を行使したときに、発行会社から株式の交付を受ける権利をいいます（会社法2条21号）。

通常、新株予約権の行使は、あらかじめ定められた一定の期間（権利行

使期間）内にあらかじめ定めた一定の金額（権利行使価額）の払込をすることによって行います。

したがって、たとえば株価が80円の時代に、権利行使価額を100円とする新株予約権が付与され、その後、企業の努力が実って株価が150円まで上昇したとします。新株予約権者は、権利を行使して100円を払い込み、取得した株式を直ちに市場で売却すれば、50円の利ザヤを得ることができます。

(2) **新株予約権の利用**

このように、株価上昇による利益を享受することができることが、新株予約権の重要な特徴の一つです。従業員や役員に対するインセンティブ報酬として付与されるストックオプションとして新株予約権を付与する例が多く見受けられますが、ストックオプションは、このような新株予約権の特徴を利用するものといえます。

また、第三者に対する新株発行が予定されている会社で、一部の既存株主（オーナーなど）の議決権比率を維持する手法として、あらかじめ新株予約権を既存株主に付与しておくことなども考えられます。

ほかに、上場会社の買収防衛手段（いわゆるライツ・プラン）としての利用や、また最近では、上場会社が既存株主に新株予約権を付与して資金調達を行う方法（いわゆるライツ・イシュー）としての利用、などが知られています。

2 新株予約権の発行手続（第三者割当）

新株予約権の発行は、後述のストックオプションの場合を含め、第三者割当（新株予約権を、全株主に公平に割り当てるのではなく、一定の縁故者等だけに勧誘・割当てを行う場合）として行われる場合がほとんどです。

新株予約権を発行するためには、発行会社は、その都度、募集事項（後述）の決定をしなければなりません。第三者割当の場合、当該決定は、非

公開会社（その定款上、発行する全株に譲渡制限が付されている会社）では株主総会の特別決議を要します。公開会社の場合、原則として取締役会の決議で足りますが、有利発行（後述）の場合は株主総会の特別決議が必要です（会社法238条1項～3項、240条1項、309条2項6号）。

募集事項には、①新株予約権の内容（目的株式数等や権利行使価額等、権利行使期間など。会社法236条1項）及び数、②無償割当（新株予約権1個と引き換えに払い込む金銭の額（払込金額）をゼロとすること）とするときはその旨、そうでないときは新株予約権の払込金額またはその算定方法、③新株予約権を割り当てる日（割当日）、④新株予約権と引換えにする金銭の払込の期日を定めるときはその期日等が含まれます。

新株予約権の発行が有利発行に該当するか否かは、新株予約権そのものの経済的価値を算定して、それを基準として特に有利であるか否かを判定します。

なお、新株予約権の発行に際して、発行会社が、当該新株予約権の「行使条件」を定めることもできます。たとえば、ストックオプションの例で、権利行使時における役員や従業員であることや、懲戒事由がないことなどを行使条件とすることが考えられます。

3 ストックオプションとしての新株予約権の発行手続き

インセンティブ報酬としてのストックオプションが、会社の役員や従業員に付与される場合、新株予約権の付与と引換えに役員らが会社に払い込む金額はゼロとされるのが通常であり、この意味で、無償割当となります。

そこで、かつては、ストックオプションの付与は、有利発行に該当するものと理解がされていました。

しかし、現物支給としての役員報酬や給与がストックオプションにより支給されていると考えれば、会社において役員報酬等として扱われる金額と、当該ストックオプションに係る新株予約権の経済的価値とが均衡して

いる限り、有利発行には該当しないと考えることもでき、現在ではこのような考え方が主流となっています。

この考え方により、役員に対してストックオプションを付与する手続は、上述の新株予約権の発行手続に加えて、その経済価値相当につき役員報酬の支給手続（会社法361条）が必要となります。

◆◆◆ 税務からのアプローチ

【税制適格ストックオプションとは ──── 佐久間裕幸】

ストックオプションを行使した場合、権利を行使した時点で行使時の時価が権利行使価額を上回っている部分について給与所得として課税されるのが原則です。その後、その株式を売却した時点で、その株式の売却価額が権利行使時の時価を上回った部分に対して、譲渡所得が課税されます。

これに対して、ストックオプション税制により、税制適格ストックオプションが発行されている場合には、その権利行使時の課税は繰り延べられ、株式売却時に売却価額と権利行使価額との差額に対して譲渡所得として課税されます。すなわち、権利行使時の課税が繰り延べられ、かつ、給与所得課税から譲渡所得課税に変わることで、多くの場合に適用税率が総合課税による場合より下がることになり、納付する税額が減少する効果が得られることになります。また、原則での取扱いの場合、権利行使時に給与所得となるため、源泉所得税の課税が行われますが、これを避けられる点もメリットと言えます。

ストックオプション税制の優遇措置を受けるには、付与されるストックオプションが下記の要件等を満たしている必要があります（租税特別措置法29条の2）。

付与対象者	次のいずれかに該当する者（一定の大口株主およびその特別関係者を除く）であること。 • 自社の取締役、執行役または使用人（およびその相続人） • 発行株式総数の50％超を直接または間接に保有する法人の取締役、執行役または使用人（およびその相続人）
権利行使期間	付与決議の日後2年を経過した日から付与決議の日後10年を経過するまでの期間であること。
権利行使価額	ストックオプションに係る契約締結時の1株当たり価額以上であること。
権利行使価額の制限	権利行使価額が年間1,200万円を超えないこと。
ストックオプションの譲渡	当該ストックオプションについては、譲渡をしてはならないこととされていること。
権利行使により取得した株式の保管委託	権利行使により取得した株式について発行会社と証券会社又は信託銀行との間で一定の管理信託契約を締結し、当該契約に従い一定の保管の委託又は管理等信託がされること。

　ここで、権利行使価額以上であるべき「ストックオプション契約締結時の1株当たり価額」とは、未公開会社の株式については、「売買実例」のあるものは最近において売買の行われたもののうち適正と認められる価額とすることとされています（所得税基本通達23〜35共－9⑷イ）。しかし、普通株式のほかに種類株式を発行している未公開会社が新たに普通株式を対象とするストックオプションを付与する場合、種類株式の発行は、この「売買実例」には該当しないとされています。

　税制適格ストックオプションは、会社の成長に寄与すべく尽力した取締役や使用人を支援する制度であるため、当該付与決議のあった日において大口株主（当該株式会社が未上場の場合3分の1以上の株式を有していた個人等）及び大口株主に該当する者の配偶者その他の当該大口株主に該当する者と特別の関係があった個人に対しては、適用されません（租税特別措置法施行令19条の3第2項、3項）。また、同様な理由から会社の業務の執行自体には関わらない監査役にも適用されません。

　税制適格ストックオプションの発行においては、上記のように各種の要件があり、そのほかにも新株予約権全般に求められることではあります

が、登記を要し、発行時に支払調書を提出する必要があります。したがって、税制適格ストックオプションの発行に当たっては、専門家に相談して慎重に準備を進めることが重要です。

2 資本金の額の減少と関係者への影響

質問

現在、当社の資本金の額は1億4,000万円です。資本金が大きいと感じており、4,000万円ほど減資をしたいと考えております。減資をすると、お金を払い戻さなければならないのでしょうか。また、減資によって、株主が迷惑を被ることはないのでしょうか。

ポイント

資本金の額の減少に際しては、資金を株主に戻す必要はありませんし、株式数への影響もありません。したがって、株主に迷惑をかけることもありません。

他方、会社にとっては、資本金の額が減少することにより、税制上の優遇措置が受けられるようになるといった様々な影響があり得ます。他方、会社の債権者にとっては、資本金の額が減少することで、配当により会社の資金が株主へ流出するリスクが高くなるといった影響があります。

なお、資本金の額の減少に伴い、資金を株主に戻したい場合、剰余金の配当を同時に実施します。また、株式数を減らしたいのであれば、自己株式の取得を併せて行う方法が考えられます。

●●● 解説

1 資本金の額の減少

資本金の額の減少とは、貸借対照表に記載されている資本金の額を減少させることを言います。株主総会の特別決議（原則）および債権者保護の手続（公告および各別の催告）といった手続を経て、実施することができます。

なお、かつて、減資には、株主への資金の支払を伴う有償減資と、支払のない無償減資の二種類があり、しかも、額面株式が存在する場合には株式数の減少が要求されるなど、若干複雑な仕組みとなっていました。しか

し、額面株式は廃止されており、また、平成17年制定の会社法では、資本金の減少は無償の方法のみとされました。

したがって、現行制度上の資本金の額の減少は、貸借対照表上の資本金の額が減少するのみであり、株主への支払や、株式数の変動は伴わないものとなっています。

2 各利害関係者への影響

(1) 会社への影響

会社法上、資本金の額が5億円以上(または負債の合計額が200億円以上)の会社を、「大会社」といい、大会社には、会計監査人(監査法人など)の設置義務、連結計算書類の作成義務(有価証券報告書提出会社に限る。)などの負担が課されています。したがって、資本金を基準として大会社となっている会社が、資本金の額を5億円未満に変更する場合、大会社から外れ、会社法上の負担が軽減されるという影響が生じる場合があります。

また、税法上、たとえば、資本金が1,000万円未満の場合、設立以後2事業年度は消費税が原則免税となります。また、資本金が1億円以下の場合、中小法人等として、①法人税の軽減税率、②交際費の損金算入、③少額減価償却資産の全額損金算入等、種々の優遇を受けることができます。このような税制上の優遇措置を受けるために、資本金の額を小さくする場合があります。

このように、資本金の額を減少することで、会社に生じうる影響(特に法制度上の影響)は少なくありません。

(2) 株主への影響

資本金の額の減少は、会社の貸借対照表上の数字を変更するだけであり、株主に資金を配るわけでも、株式数が減少するわけでもありません。

したがって、資本金の額の減少により、株主に影響が生じるということは考え難いといえます。

強いていえば、資本の欠損が生じており、剰余金の配当ができない状態に会社がある場合、資本金の額の減少により、資本の欠損を解消し、配当の可能性を生じさせるなどの場合、株主に影響（メリット）があると言えるかもしれません。

(3) **債権者への影響**

　資本金の額の減少により、株主への剰余金の配当がし易くなるということは、見方を変えれば、会社の資金が株主に流出し、債権者への弁済減資が不足する可能性が高くなることを意味します。

　したがって、理念上、資本金の額の減少は、債権者にとってはデメリットがあると考えられます。それゆえに、その手続上、必ず債権者保護の手続が必要とされています。

3 資金の払戻や株式数の減少を行いたい場合

　資本金の額の減少に伴い、資金を株主に戻したい場合、剰余金の配当を同時に実施する必要があります。また、株式を減らしたいのであれば、自己株式の取得を併せて行う方法が考えられます。

◆◆◆税務からのアプローチ

【資本金の額の減少と税務 ──── 柳澤宏之】

1 資本金の額の減少と法人税等

　法人税法上は「資本金」を基準として税率等の取扱いが異なる場面があることから、会社の規模に比し税額が過大であると感じている場合、会社の資本金の額を減少させることも選択肢の一つとして考慮する必要があります。具体的には、「資本金」の額によって法人税の優遇措置が異なる場合があります。主なものとして、本文解説にもあるように、資本金が

1億円以下の場合、①法人税の軽減税率（法人税法66条2項）、②交際費の損金算入特例（租税特別措置法61条の4）、③少額減価償却資産の全額損金算入（租税特別措置法42条の4）等の優遇措置が適用されます。

逆に資本金が1億円を超えると、上記の優遇措置が適用されないだけでなく、④外形標準課税の適用（地方税法72条の2）、⑤留保金課税の適用（法人税法67条）、⑥欠損金の繰越控除の制限（法人税法57条11項）等が適用されます。

「外形標準課税」とは、法人における地方税（事業税）の一種であり、所得割、付加価値割、資本割の3つから成り立っています。所得割は、法人の各事業年度の所得金額を基礎に計算されるため、赤字の場合は課税がされません。しかし、付加価値割は各事業年度の付加価値額（給与等）を基礎に算出され、資本割は各事業年度の資本金等の金額を基礎に算出されるため、赤字の場合でも課税されてしまいます。すなわち、「外形標準課税」は赤字でも課税されますが、資本金が1億円以下であれば課税されません。

特定の株主によって支配されている会社が、所得税の負担を避けるために配当の支払いを延期し内部留保に努める傾向があります。こうした税の不公平を解消すべく、ある一定金額以上の内部留保（課税留保金額）をした会社に対し、本来の法人税とは別に追加で法人税を課税する制度が、「留保金課税」です。前期以前の繰越欠損金と当期の課税所得を相殺する場合でも、この留保金課税が適用される場合があります。留保金課税も、資本金が1億円以下であれば課税されません。

通常、税務上の欠損金が多額にある中小企業では利益を計上しても、その利益は欠損金と相殺され税金が生じることはありません。しかし、資本金が1億円を超える法人については、利益の全額が欠損金と相殺できず現状所得の50％までしか相殺させない制度が「欠損金の繰越控除の制限」

です（平成29年3月31日までに開始する事業年度は65％）。欠損金があっても20％分については必ず税金が発生することになります。欠損金の繰越控除の制限も、資本金が1億円以下であれば適用されません。

2 資本金の額の減少と均等割

「資本金」の額を減少させると、均等割（すべての法人が所得に関係なく課税される税金）は減少するでしょうか？

　答えは否です。均等割は、「資本金」を基準に課税されるのではなく、「資本金等」を基準として課税されます。「資本金等」とは、税法上、資本金と資本積立金から成り、簡便に言えば過去に会社が資本として出資された金額を言います。仮に、無償減資で「資本金」を減少させても、その減少部分はその他資本剰余金に振り変わるだけで、「資本金等」は変化しません。すなわち、均等割が過大と感じて、「資本金」を減少させても、均等割は減少しないということです。

　ただし、平成27年の税制改正で、均等割の税率区分の基準となる「資本金等」の額が改正されました。すなわち、改正後の「資本金等」は、従来の資本金等の額に、平成13年以降の無償増資による増資額を加算し、無償減資等による欠損填補を減算した金額となります。もし会社に多額の欠損金が生じているのであれば、資本金を取崩し欠損填補を行えば（取り崩してから1年以内に欠損填補する必要がある。）、均等割の負担が軽くなる可能性があります。均等割負担が重く感じている会社であれば、一度は検討してみるべきです。この改正は、平成27年4月1日以後に開始する事業年度から適用されています。

資金調達・減資・自己株式の取得・剰余金の分配 | 第6章

自己株式取得の手続

質問

自己株式の取得・処分・消却について教えてください。昨今の株主対策として、自己株式を取得し、株主配当を増やすといったことを耳にしますが、具体的な手続や手続上の条件等について教えてください。

ポイント

自己株式の取得手続は剰余金の配当と似ており、株主総会の決議が必要です。また、決議さえあればできるのではなく、「分配可能額」という数値の範囲内でのみ、実施することができます。

手続には、特定の株主だけから取得する方法と、すべての株主に自己株取得への応募の機会を与える方法とがあります。前者では株主総会特別決議と事前の通知手続が定められており、手続が厳格です。非上場会社の実務では、後者の方法によりつつ、特定の株主だけに応募してもらうことにより、結果として特定の株主のみが自己株式を取得することも可能です。

取得後の株式は会社で保有し続けて構いません。消却する場合の手続は、取締役会の決議で足りますが、登記が必要となります。

●●● 解説

1　自己株式の取得

会社がその株主から株式を取得することを自己株式の取得といいます。

日本の会社法（旧商法）は、長く自己株式の取得を制限していましたが、平成13年の改正により原則として自己株式の取得と保有が自由になりました。

ただし、自己株式の取得は、株主に金銭等を交付するので剰余金の配当に似た側面があるため、配当と同じ財源規制が適用され、また取得の手続も厳格です。

2 自己株式取得の手続

(1) 特定の株主からの取得の手続

特定の株主から自己株式を取得したい場合、株主への事前通知と株主総会の特別決議を要します。非上場の取締役会設置会社を前提とすれば、具体的には以下の手続を要します。

ア．株主総会前の通知

株主総会の招集通知とは別に、各株主に対して、自己株式の取得の対象となる特定の株主（株主総会の議案の一つ）として、自己も加えるように求めることができる旨を通知しなければなりません（会社法160条2項）。株主の公平を図る趣旨です。

しかもこの通知は、株主全員の同意により株主総会の招集通知の手続を省略する場合（会社法300条）でも省略することができず、株主総会の日の1週間から2週間前（会社の状況によって異なる）までに実施する必要があります（会社法施行規則28条）。

当該通知の手続は、非公開会社（その定款上、発行する全株式に譲渡制限が付されている株式会社）の場合で、相続その他の一般承継により株式を取得した株主（ただし、議決権を行使する前に限る）からの取得の場合は不要です（会社法162条）。また、当該通知手続を要しないことを定款に定めている場合も不要です（会社法164条）。

イ．株主総会の特別決議

株主総会では、①取得する株式の種類・数、②交付する金銭等の内容・総額、③取得できる期間（1年を超えることはできない）、および④取得の対象となる特定の株主の氏名（名称）を決議します（会社法156条1項、160条1項、309条2項2号）。

なお、「特定の株主」に該当する株主は、特別の利害関係を有することから、議決に加わることができないので注意が必要です（会社法160条4項）。

ウ．取締役会決議

株主総会決議を受けて、具体的な自己株式の取得は、取締役会の決議で決定します。取締役会では、取得の都度、①取得する株式の種類・数、②交付する金銭等の内容・数額、③交付する金銭等の総額、④申込期日を定め（会社法157条1項）、当該特定の株主に通知します（同158条、160条5項）。

エ．譲渡の申込み

株式譲渡の申込みをしたい当該特定の株主は、会社に対して、申込みに係る株式の種類と数を通知します。会社は、申込期日に当該申込みを承諾したものとみなされます。

(2) **株主全員に譲渡勧誘をする手続**

特定の株主からの取得を前提とせずに、全ての株主に自己株式取得に応じる機会を与える方法です（これが原則で、上記(1)が例外という扱い）。手続が公平なので、(1)と異なり株主総会の普通決議で実施することができます。

ア．株主総会の普通決議

株主総会の決議事項は、上記(1)イ.の④を除いた部分です。株主総会前の通知は要しません（招集手続は別途必要）。

イ．取締役会の決議

取締役会の決議事項も上記(1)と同様ですが、通知対象は全株主です（会社法158条）。

ウ．譲渡の申込

株式譲渡の申込みをしたい株主は、会社に対して、申込みに係る株式の種類と数を通知します。会社は、申込期日に当該申込みを承諾したものとみなされます。ただし、応募総数が取締役会の定めた取得する株式数を超えるときは、案分比例で譲り受けることになります。

(3) **実務**

非上場会社の自己株式取得の実務では、自己株式の取得を受ける株主

があらかじめ特定されている場合がほとんどです。したがって、手続としては(1)を利用するのが素直ですが、(2)の手続を利用しつつ、特定の株主だけから申込みを受ければ結果は同じことになります。(1)では、最低でも1週間前の通知を実施しなければならないので、(2)の方が迅速に処理することができる面があります。

3 財源規制

(1) 分配可能額

自己株式の取得は、それにより株主に交付される金銭等の総額が、自己株取得の効力が発生する日における「分配可能額」を超えてはならないという厳格なルールがあります。

「分配可能額」とは、最終事業年度の末日の剰余金 (その他資本剰余金＋その他利益剰余金) の額につき、効力発生日までの変動要因を加味して計算した金額です。その算定を誤ると、取締役の責任が生じるリスクがありますので、公認会計士、税理士などの会計専門家に算定を委ねるのが安全です。

(2) 違法な自己株取得の効果

分配可能額を超えて実施された場合、自己株式の譲渡人、会社の業務執行者、株主総会の議案提案者が、会社に対し連帯して、自己株式の譲渡人が交付を受けた金銭等の簿価に該当する支払義務を負います (会社法462条1項)。

また、自己株式の取得をした日の属する事業年度末の事業年度末に分配可能額がマイナスとなった場合、当該取得を行った業務執行者は、会社に対し連帯して、当該マイナス額と株主に交付した金銭等の簿価の総額のいずれか少ない方を支払う義務を負います (会社法465条1項)。

4 取得後の自己株式の消却

取得した自己株式は、そのまま会社で保有し続けることができます。自

己株式を外部に交付する場合（新株発行の代わりに交付したり、M＆Aの対価とするなど）、その手続は新株を用いる場合と同様なので、自己株式を持っておくと便利、ということはほとんどありません。

　自己株式を消却することもできます。その場合、株主総会は要せず、取締役会決議で、消却する自己株式の数を決議します（会社法178条1項）。

　消却した場合、発行済株式総数の変更登記が必要となります。他方、自己株式を消却しても（定款を変更しない限り）発行可能株式総数に変化はありません。

◆◆◆税務からのアプローチ

【自己株式の買取り価額 ─── 佐久間裕幸】

　自己株式の取得に当たって、これを税務上の時価よりも高く（または低く）取得した場合に、いかなる影響が生じるのでしょうか。会計では、自己株式の取得の会計処理は、取得の対価の額をもって計上するため、時価より高額でも低額でも会計処理が変わることはありません。

　税務において自己株式の取得は、資本金等の額と利益積立金の払戻しの取引と認識されるため、時価より高額な取得をするということは、みなし配当額が増えるという取扱いになります。しかし、本来、損益取引ではないため、寄付金や役員賞与（株主が自社役員の場合）といった問題は生じません。高額で売却した株主側でのみなし配当額が増えて、課税所得が増えるに過ぎません。

　時価より低額で取得した場合には、みなし配当額が減少するだけであり、法人側として、受贈益を認識するといったことは生じないと考えられます。本来、自己株式の取得は、資本取引であるからです。増資の反対の取引に過ぎないと考えるのです。そこで、通常の株式売買と比較すると次のようになります。

	法人が高額で取得	法人が低額で取得
通常の株式売買	売却株主への寄附金や役員賞与（自社役員の場合）	法人が受贈益を認識
自己株式の取得	みなし配当額が増える	処理なし

　しかしながら、株主構成がオーナー社長70％、オーナーの息子30％という会社において、社長の株式を法人が自己株式として時価より低額で取得するようなことがあれば、息子の議決権割合など持分が増える効果がもたらされます。そのため、不当に低額な価格で自己株式を取得するようなことがあれば、次のような取引として税務上認定されるという説もあります。

〈例〉本来、1株500,000円の時価の株式100株を1株10,000円で取得する。
(1)　会計上の仕訳
　　　自己株式　　1,000,000／銀行預金　　1,000,000
(2)　税務上の仕訳
　　　自己株式　50,000,000／受贈益　　49,000,000
　　　　　　　　　　　　　／銀行預金　　1,000,000

　これは、5,000万円の自己株式を100万円で取得した取引について、差額である4,900万円分の受贈益をもたらされたと認識したうえで（損益取引）、その4,900万円分の財産を自己株式として振り替えた（資本取引）というふうに取引を2つのプロセスに分解して考えるということかと思われます。しかし、この認定については、自己株式取得が損益取引でないにもかかわらず受贈益が認定されるという点、経済的実質として株式を譲渡した株主から譲渡しなかった株主への財産移転であるにもかかわらず、株主に課税するのではなく法人に課税されるという点で不合理があります。しかし、不当な取引の実行を抑止するという観点での注意喚起であると考えれば、相応に説得力があります。
　なお、自己株式を低廉な価額ではなく、無償取得した場合、会計処理上は、自己株式の数のみの増加として、仕訳は生じないものとされてい ま

す。税務上も株主への払戻し額がないため、法人税法施行令8条20号が「（自己株式の取得等）により金銭その他の資産を交付した場合の取得資本金額」と定める以上、金銭その他の資産を交付していない無償取得ではこの規定に該当しないと考えます。しかし、上述した低額譲渡の場合と同様に、オーナー社長の相続財産を減らすため、あるいは株主構成を変動させることを意図して、無償での自己株式取得を行った場合には、受贈益の認識といった問題が生じないという保証はありません。

4 株式が分散している場合の事業承継（自己株式の取得等）

質問

当社は、事業継承をすることを考えていますが、株式が分散しており、できるだけ株式を後継者にまとめたいと思っています。後継者には、あまりお金がありません。また、なかには株式の売却に難色を示す株主もいます。どのような対策が可能でしょうか。

ポイント

後継者が株式を買い取る場合、当然ながら買取資金の手当てが必要です。資金がない場合、会社から貸し付けて役員報酬で返済させることもあります。

他方で、会社が株式を買い取る場合、後継者の資金力は問題となりませんが、会社に剰余金がない場合、そもそも自己株式の取得は違法となってしまうので注意が必要です。

なお、いずれの方法も、株主が売却に同意してくれることが前提です。売却を拒む株主に対しては、特別支配株主の株式等売渡請求制度を利用するなどして、強制的に売却させる方法もあります。

●●● 解説

1 事業承継と株式の分散

株式が、後継者以外の第三者に分散していると、後継者の代で、会社の経営に支障が生じる場合があります。第三者株主は、先代の兄弟や友人などの場合が多く、先代の世代では何ら問題は生じないのですが、経営者が交代し、各株主でも相続が進むと、それぞれが赤の他人となるためです。分散した株式を再集中させておくことは、事業承継対策の基礎であると思われます。

2 分散してしまった株式を集約する方法

　すでに分散している株式を集約するための基本的な対策は、各株主から、任意の売却を受けることです。買手については、後継者自身とする場合と、会社による自己株式取得を行う場合があります。

(1) 後継者自らが取得する方法

① 売買価格と資金対策

　まず、後継者自身が取得する場合です。株式の売買価格は、各株主との自由な交渉によって決めます。したがって、たとえば交渉の結果、株主Aからは1株1,000円で購入し、株主Bからは1株800円で購入する、といった対応も可能です。

　株式数や価格交渉によっては、多額の買取資金が必要となる場合があります。後継者にお金がない場合、そもそもこの方法は断念するか、会社から後継者への貸付金で対応し、後継者の役員報酬から少しずつ弁済させるなどの方法を利用します。

　なお、売買によって、譲渡人に利益が出る場合（売買価格−取得費等がプラスの場合）、譲渡人には譲渡所得課税が発生します。

② 取得手続

　通常の非上場会社では、株式の譲渡は制限されており、譲渡をするには取締役会の承認が必要とされています。そこで、譲渡に際して、取締役会の承認決議を経ることが必要です。

　また、「株券発行会社」の場合、株式の譲渡は、株券を引き渡さなければその効力が生じません（会社法128条1項）。株券の引渡しをせず、契約締結と代金の支払いだけをしても、株主の地位は移転しないので注意が必要です。現実には株券を発行していなくても、定款に株券を発行する旨の記載があれば「株券発行会社」に該当します（会社法117条7項）。

(2) 会社が自己株式取得をする方法

① 財源制限

次は、会社が取得する場合、つまり自己株式の取得による場合です。売買価格は、会社と株主で交渉して決めます。

自己株式取得で最も気を付けなければならないのは、「財源規制」の問題です。すなわち、会社法上、自己株式取得が許容されるのは、配当可能限度額（概ね、剰余金の額と一致）の範囲に限られています（会社法461条1項）。したがって、そもそも剰余金がない会社の場合は、自己株式の取得はできません。

② 取得手続

自己株式の取得は、①株主総会の普通決議の後、取締役会決議で、すべての株主に売却申込の権利を付与して行う方法と、②株主総会の特別決議で、特定の株主からの自己株式取得を決議する方法があります。

なお、自己株式取得の場合、会社と株主の取引となるため、「株主の平等な扱い」が重視されます。したがって、上記②の場合でも、他の株主にも「私の株も買い取れ！」と求める権利が付与される（定款で排除可能）などの結果、株主ごとに異なる価格で取得することは、かなり難しくなります（詳細は本章3参照）。

3 非協力的な株主からの株式の強制取得

交渉の結果、どうしても株式を売ってくれない株主もいます。その場合、平成26年改正会社法で新設された、「特別支配株主の株式等売渡請求」制度を利用する方法が考えられます。

これは、議決権の9割以上を保有している株主（「特別支配株主」）が、取締役会の承認決議を得ることを条件として、他の少数株主の株式全てを、強制的に買い取ることができる、というものです。

上記2の方法で、議決権の9割まで確保した上で、売却に抵抗する株主からは、この手法により株式を強制的に買い取る、といった利用が考えられます（第4章6参照）。

資金調達・減資・自己株式の取得・剰余金の分配 | 第6章

◆◆◆ 税務からのアプローチ

【自己株式の取得と法人税・所得税 ──── 柳澤宏之】

　自己株式の取得は、税務的には、資本の払戻部分と利益の払戻部分に分かれ、それに伴い取得する会社側の問題、売却する株主側の問題（個人・法人）と、注意すべき点が多々あります。

1 発行会社の課税関係

　自己株式を取得しても、発行会社に課税関係は生じません。

　ただし、会計上は自己株式取得対価の全額を自己株式の増加として処理するのに対して、税務上は、自己株式の取得対価を「資本の払戻額（取得資本金額）」と「利益の払戻額（みなし配当）」に区分して、発行会社の資本金等の額および利益積立金を減少させるため、発行会社の法人税の申告において申告調整が必要となります。

　取得資本金額とみなし配当（利益積立金の減少額）の具体的な計算方法は、以下のとおりです。

---

① 取得資本金額の計算

　直前の資本金等の額÷直前の発行済株式総数（直前の自己株を除く。）
　×取得自己株式数
　（注）　資本金等がマイナスの場合ゼロ、端数処理の規定はなし。自己株式の取得対価が取得資本金額よりも大きいときは全額が取得資本金額となる。

② みなし配当額（利益積立金の減少額）

　自己株式の取得対価の合計額−取得資本金額

　上記の計算によって、自己株式の取得対価が100、取得資本金額が40と計算された場合の発行会社の申告調整は、以下のとおりです。

---

① 会計上の仕訳

　自己株式　　　100　／　現預金　88
　　　　　　　　　　／　預り金　12（源泉税：(100−40)×20.42%）

② 税務上の仕訳

　　資 本 金 等　　40　／　現預金　88
　　利益積立金　　60　／　預り金　12

③ 申告調整仕訳

　　資 本 金 等　　40　／　資本金等　100（自己株式）
　　利益積立金　　60　／

　株主に支払われるみなし配当には源泉税が課され、発行会社は20.42％の源泉徴収を実施し、その徴収の翌月の10日までに納付する必要があります。

　なお、みなし配当課税が行われた場合には配当の支払調書、みなし配当が行われない場合には交付金銭等の支払調書を、それぞれ作成し、株主への交付及び税務署への提出が必要です。

2 法人株主の課税関係

① 譲渡時の会計処理・税務処理

　会計上は、通常の有価証券の売却と同様の処理になります。

　税務上は、自己株式の譲渡対価を株式の譲渡収入とみなし配当金額に区分して処理する必要があります。なお、みなし配当金額は、発行会社から通知（支払調書）が送られてくるため、その金額を根拠に処理します。

（注）グループ法人税制の適用要件を満たす場合には、有価証券譲渡損益相当額を資本金等の増減として処理する必要があります。

② 法人税申告書での扱い

　みなし配当に係る源泉徴収税額は、所得税額控除の対象になり、別表6(1)に記載することになりますが、通常の剰余金の配当と異なりその全額が法人税から控除されます。なお、記載欄も通常の配当と異なり

「その他」欄に記載します。また、受取配当金の益金不算入（別表8）の計算も行います。

3 個人株主の課税関係

① 譲渡時の処理

個人株主も法人株主と同様、自己株式の譲渡対価を株式の譲渡収入とみなし配当に区分して処理する必要があります。なお通知（支払調書）に基づいて処理することも同様です。

みなし配当額は、個人の所得計算上、配当所得として申告する必要があり、総合課税の対象になります。配当控除も適用されます。自己株式の譲渡対価からみなし配当金額を控除した金額をもって譲渡所得に係る収入となり、個人の所得計算上、譲渡所得として申告する必要があります。

4 相続等により株式を取得した者から発行会社が自己株式を取得した場合の課税の特例

相続により非上場株式を取得し相続税が発生する場合、株式の資金化が難しく納税資金が不足するケースが見受けられます。このような場合には、通常この非上場株式を発行会社に買い取ってもらい納税資金を確保します。

この場合、売却した個人は、3で記載した通り、みなし配当部分が総合課税となり多額の納税が発生しますが、一定の要件をもとにみなし配当課税を行わないとの特例措置が設けられています（租税特別措置法9条の7）。

特例適用の要件
① 相続又は遺贈により取得した財産
② 相続税があること
③ 一定期間内の譲渡であること（相続開始翌日から、相続税申告書の提出期限の翌日以後3年を経過する日までの譲渡）

④　非上場株式であること
⑤　発行会社への譲渡であること
⑥　手続規定（特例に関する届出書を、発行会社・税務署に提出）

(注) この特例を受けた場合でも、発行会社側は、資本金等の額と利益積立金が減少します。発行会社で利益積立金が減少するが、譲渡した個人の側ではみなし配当課税が行われない（よって源泉もない）という特例となります。

5 配当の手続

質問

当社には設立時に出資してもらった外部株主がいます。このたび会社設立10周年を迎えるにあたり、この株主の方へのお礼も兼ねて初めて配当を出そうと思うのですが、配当を出すにあたりどのような手続を踏めばよろしいでしょうか。他に法的に特に気を付ける点があれば教えてください。

ポイント

剰余金の配当を行うためには、株主総会の決議が必要です。また、決議さえあればできるのではなく、「分配可能額」という数値の範囲内でのみ、実施することができます。

分配可能額の規制に反する剰余金の分配を行うなどの場合、その職務を行った取締役が責任を負うことがあるので注意が必要です。

会社法上、剰余金の配当は、分配可能額の範囲内であれば、いつでも実施することができます。ただ、定時株主総会に際して行う場合に限り、取締役の責任の一部が免除されていることなどから、定時株主総会にて、剰余金の配当を決議する会社は比較的多いと思われます。

●●● 解説

1 配当手続

(1) 株主総会決議

剰余金の配当を行うためには、その都度、株主総会の普通決議によって、以下の内容を定めなければなりません（会社法45条1項）＊。

＊ 会計監査人設置会社であり、取締役の任期が1年を超えないなどの条件を満たす会社では、定款の定めにより配当決議を取締役会へ授権することができます。一般に、上場会社に利用されている制度であるため、本文では割愛しています。

①配当財産の種類（金銭か現物か、現物の場合は何か）、帳簿価額の総額、②配当財産の割当に関する事項、③剰余金の配当が効力を生じる日（以下「効力発生日」という）。

なお、剰余金の配当を行うと、計算上、剰余金の額を減額するのですが、具体的にどの種類の剰余金を減少させるかは取締役会決議で決めることができます。

[株主総会議事録（金銭配当）の例]
第○号　剰余金配当の件
 1．配当財産の種類　金銭
 2．配当財産の割当に関する事項およびその総額
　① 当社普通株式1株につき金5円
　② 配当総額　金○円
 3．剰余金の配当が効力を生じる日
　 平成27年○月○日

株主総会を行う時期については、規制はなく、後述の財源規制に反しない限り、年間を通じて、何度でも株主総会決議による剰余金の配当を行うことができます。

(2) **取締役会決議で実施することができる場合（中間配当）**

以上のとおり、剰余金の配当は、その都度、株主総会決議によって行うのが原則であり、株主総会決議による剰余金の配当には時期的制限も回数制限もありません。

他方、取締役会設置会社の場合、各事業年度の途中において、一回に限り、「取締役会」の決議によって剰余金の配当を行うことができる旨を、定款に定めることができます（会社法454条5項）。

2 財源規制

(1) **分配可能額**

剰余金の配当は、それにより株主に交付される財産の帳簿価額の総額

（金銭配当の場合はその総額）が、効力発生日における「分配可能額」を超えてはならないという厳格なルールがあります。中間配当の場合も同じです。

「分配可能額」とは、最終事業年度の末日の剰余金（その他資本剰余金＋その他利益剰余金）の額につき、効力発生日までの変動要因を加味して計算した金額です。その算定を誤ると、上記の無効な配当に係る取締役の責任が生じるリスクがありますので、公認会計士、税理士などの会計専門家に算定を委ねるのが安全です。

(2) **違法配当の効果**

分配可能額を超えて配当が実施された場合、その配当は無効なので、配当を受領した株主は、当該金銭を会社に戻さなければなりません。株主が多数いるなどの場合、全株主から金銭を戻してもらうことが現実的でない場合があるため、そのような違法配当の職務を行った取締役は、上記の株主と同じ責任を負わされます（会社法462条1項）。

(3) **欠損の発生に関する責任**

会社が剰余金の配当を行い、その行為をした日の属する事業年度末に係る計算書類において欠損（分配可能額がマイナスとなること）が生じた場合、その職務を行った取締役は、会社に対し、当該マイナス額と当該行為により株主に交付した金銭等帳簿価額の総額のいずれか少ない額を支払う義務を負い、その行為をしても欠損が生じないと予測したことに過失がないことを立証した場合に限り、その責任を免れます（会社法465条1項）。

上記(1)(2)は、効力発生日における分配可能額の多寡を問題とするものですが、(3)は、効力発生日ではなく、その後に訪れる事業年度末の計算書類上、欠損が生じてしまったら、取締役に責任を負わせるというものです。

ただし、この責任は、定時株主総会にて決定した剰余金の配当には適用がありません。

3 剰余金の配当はいつ行うのが良いか

上述のとおり、会社法上、剰余金の配当を実施する時期の制限はありません。

したがって、剰余金の配当は、基本的にいつ行ってもよいのですが、慣習上、また、上記2(3)の欠損に関する取締役の責任が、定時株主総会で実施した剰余金の配当に限り免除されていることとの関係で、定時株主総会で剰余金の配当を行う会社は依然として多い状況にあります。

4 剰余金の配当の支払方法

配当財産は、株主名簿に記載した株主の住所または株主が会社に通知した場所（銀行預金口座など）において交付しなければなりません（持参債務。会社法457条1項）。

実務上は、あらかじめ株主から振込先の預金口座を教えてもらい、効力発生日後速やかに、そちらに振込を行う方法によるのが良いでしょう。振込を行った上で、配当金振込通知書（振り込んだ内容を知らせる文書）を株主に送付します。

なお、剰余金の配当を行う際には、源泉徴収義務が発生しますので、税務専門家との相談も不可欠です。

◆◆◆ 税務からのアプローチ

【配当に伴う実務上の留意事項 ── 吉田健太郎】

1 効力発生日における分配可能額の計算

会社が株主に配当することができる分配可能額については会社法461条、446条等で細かく定められていますが、基本的には解説にあるように最終事業年度末日の剰余金に効力発生日までの変動要因を加味して計算した金

額になります。この「効力発生日までの変動要因」としては、資本金・準備金の減少や剰余金の配当等があります。たとえば、決算の後で配当支払いを決定する株主総会前に資本金・準備金の剰余金への取崩しを行った場合は決算時の剰余金の金額にその取崩金額を加算した金額が分配可能額となりますし、決算後に二回目の配当を中間配当として支払う場合の中間配当の分配可能額は、決算時の剰余金の金額から一回目の配当金額を減算した金額になります。この他に剰余金の資本組入れを行った場合や自己株式の処分を行った場合などが剰余金の変動要因となりますので、このような場合は分配可能額の計算に注意が必要です。

逆に言えば、このようなことを行わなかった場合は最終事業年度の決算書のその他資本剰余金とその他利益剰余金の合計額（自己株式がある場合、これを控除）がそのまま分配可能額となりますので、その範囲で配当を行えば問題ありません。なお、決算と配当金支払の間に発生した損益については通常分配可能額には含まれませんが、会社法441条の定めにある臨時計算書を作成し株主総会等で承認を受ければ分配可能額に加算することが可能です（会社法461条2項2号）。

2 源泉所得税の納付

配当金の支払いを行う会社はその配当金から所得税等の源泉徴収を行い、その源泉徴収税額を配当金支払月の翌月10日までに「配当等の所得税徴収高計算書」を用いて税務署に納付する必要があります（所得税法181条1項、220条）。現時点で非上場株式の配当金に係る税率は復興特別税を含めて20.42％となっておりますので、たとえば3月決算の会社が10万円の配当を5月に支払う場合、源泉徴収税額を差し引いた79,580円を株主に支払い、6月10日までに差し引いた20,420円を税務署に納付することになります。これは一般的な利益剰余金から配当を行うケースで、資本剰余金を原資として配当を行う場合は支払金額をみなし配当部分とそれ以外とに

分けて、みなし配当部分についてのみ源泉徴収を行うことになります。

なお、源泉徴収税額の納付は実際の支払月の翌月に行うこととなっていますが、何らかの理由で配当支払の確定後1年経っても支払いが行われなかった場合は、1年後に支払われたものとみなして1年後の翌月10日までに納付する必要があります（所得税法181条2項、212条4項）。

3 支払調書の提出

会社が配当金の支払いを行った場合、税務署に「配当、剰余金の分配及び基金利息の支払調書」とその合計表を提出する必要があります。これは税務署に対して配当金の支払先や金額について通知するもので、支払確定日（記名）又は支払った日（無記名）から1か月以内に税務署に提出します（所得税法225条1項2号、8号）。これは株主ごとに個別に作成しますが、非上場株式で年1回の配当金額が10万円以下の株主等については提出の必要はありません（租税特別措置法8条の5第5項）。

なお、この支払調書はあくまで税務署に提出するものであり配当を支払った株主に交付する必要はありません。しかし、この支払調書には株主の住所氏名、持株数、額面配当金額、源泉徴収税額、支払会社名等の情報が記載されていますので、別途株主交付用の配当金明細書を作成する代わりに支払調書のコピーを株主に交付することも実務上はよく行われています（この場合は金額に関係なく配当を支払ったすべての株主について支払調書を作成して交付することになります）。

ちなみに、この支払調書について平成28年以降の支払に係るものはマイナンバーも記載事項となっておりますので、配当金を支払う会社は株主からマイナンバーを取得しておく必要があります。ただし、平成27年までに株主となっていた者については3年間の経過措置があります。

資金調達・減資・自己株式の取得・剰余金の分配　第6章

第三者割当増資

質問

当社は会社の規模が大きくなったこともあり、この度外部の方からの増資を受けようと考えています。保有株式割合や資本金の額を考えて増資したいのですが、手続の概略はどのようなものでしょうか。また、発行価額の決定について気を付けるべきことはありますか。

ポイント

公開会社において第三者割当増資（株主に対し持株に比例して株式引受権を与える場合以外の増資）を行う場合、原則として募集事項の決定は取締役会で行われ、例外的に、払込金額が「特に有利な価額」となる場合（有利発行）は、株主総会の特別決議が必要とされます。

非公開会社（全株式に譲渡制限が付されている会社）の場合は、払込金額の多寡にかかわらず、募集事項の決定には株主総会の特別決議を要するのが原則です。有利発行に該当するときはその理由を株主総会で説明することが求められます（この点は公開会社も同じ）。

●●● 解説

1 募集事項の決定機関

新株発行（発行済株式総数を会社法199条以下に従って増加させること）は、会社法上、既存の株主に持株数に比例して株式を引き受ける権利を与える「株主割当て」の場合と、「株主割当以外」の場合とで手続が区別されています。なお、実務上の用語として、株主以外の第三者に株式を割り当てる新株発行を「第三者割当増資」と呼んでいますが、この第三者割当増資は、「株主以外の割当」の代表例です。そこで、便宜上、ここでは、この二つの言葉は同義のものとして扱うことにします。

新株発行を行うためには、「何株発行するか（募集株式数）」「1株の値

段はどうするか（払込金額又はその算定方法）」などの基本的な事項である「募集事項」*を決めることがスタートになります。この募集事項を誰が決定するかについては、第三者割当の場合と株主割当の場合、そして、公開会社の場合と非公開会社の場合とで区別されています。

取締役会設置会社を前提に募集事項の決定機関を整理すると、表1のようになります。

表1 「募集事項の決定機関」（会社法）

	第三者割当 （株主割当以外）	株主割当
非公開会社	株主総会決議（199条2項）	株主総会決議（202条3項4号） または 取締役会決議（定款に定めた場合）
公開会社	取締役会決議（201条1項） または 株主総会決議（有利発行の場合）	取締役会決議（202条3項4号）

表からわかるとおり、非公開会社では、第三者割当の場合と株主割当の場合のいずれも、原則として、募集事項の決定は株主総会によるものとされています（いずれも特別決議が必要です）。

他方、公開会社の場合、原則として取締役会決議によって募集事項を決定し、払込金額が「特に有利な金額」（時価に比べて特に低額な払込金額のこと）である第三者割当増資の場合に限り、株主総会の特別決議が要求されます。

ちなみに、平成17年会社法以前の商法の時代には、非公開会社を含めおよそ株式会社の新株発行手続は、原則として取締役会が決定し、有利発行の場合のみ株主総会決議が要求されていました。

---

* 募集事項の中身は、①募集株式数、②払込金額又はその算定方法（市場価格のある株式の場合、「払込金額の決定方法」（ブック・ビルディング等）でも可。）、③払込期日または期間、④増加資本金・資本準備金（会社法199条1項）。

2 「特に有利な価額」

　第三者割当増資の場合、公開会社にあっては、有利発行に当たるか否かにより募集事項の決定機関が異なります。また、非公開会社の場合でも、有利発行の場合、取締役は、有利発行を必要とする理由を株主総会に説明しなければならないとされています（会社法199条3項。なお公開会社の株主総会でも同様の説明は必要）。必要な説明を怠ると、事後に取締役の責任が問われる可能性があります。したがって、とくに第三者割当の場合、有利発行に該当するか否かの判定は重要です。

　一般に、公正な払込金額（通常はその株式の時価）を基準として1割程度低い金額までは、「特に有利な金額」に該当しないものと解されています（東京高裁昭和46年1月28日判決）。

　もっとも、この1割基準が適用されるのは、対象株式が上場されており、客観的な時価が存在する場合です。非公開会社の場合や、公開会社でも株式を上場していない会社の場合には、別途の判断基準が必要です。

　この点につき、最近、「非上場会社が株主以外の者に新株を発行するに際し、客観的資料に基づく一応合理的な算定方法によって発行価額が決定されていたといえる場合には、その発行価額は、特別の事情のない限り、『特ニ有利ナル発行価額』には当たらないと解するのが相当である。」と述べる最高裁判決が出されました（最高裁平成27年2月19日判決）。この判決によれば、非上場株式の場合、公認会計士などの信頼できる専門家に株価算定を依頼し、それに依拠した払込金額とする限り、有利発行に該当することはほとんどない、という結論になりそうです。

3 第三者割当増資のその後の手続

(1) 非公開会社の場合

　募集事項を決定した後は、①引受けの申込みをしようとする者に対する通知を行い、引受者は、会社に対して引受の申込みをします（会社法203条）。

次いで会社は、②申込者のなかから誰に株式を割り当てるのかを取締役会決議で決定し、結果を申込者に通知します（会社法204条）。

割当てを受けた者は、募集事項に決められた払込期日（または払込期間中）に払込みを実施します。これを怠ると、自動的に株主となる権利を失います（会社法208条1項、5項）。

(2) **総数引受契約**

実際に第三者割当増資を行う場合には、引受人があらかじめ決まっているのが通常です。その場合、上記(1)の①、②のステップを踏むのは迂遠であるため、「総数引受契約」を利用すると便利です。

総数引受契約とは、引受人が、募集株式の全てを引き受ける場合をいいます。この場合、対象となる株式が譲渡制限株式の場合（非公開会社では通常これに該当）、契約に際して取締役会の承認決議が必要となりますが、その反面、上記(1)の①、②のステップは不要となります（会社法205条）。

(3) **公開会社の場合**

公開会社の第三者割当増資の場合、(1)の割当を決定する機関や、(2)の総数引受契約の承認機関が、原則として代表取締役等となります。また、違法な新株発行を差し止める機会を株主に与えるため、募集事項の決定に際し、払込期日又は期間初日の前日の2週間前までに、株主への通知又は公告が必要となります（会社法201条3項、4項）。

また、平成26年の会社法改正により、支配株主の異動を伴うような場合（引受者が過半数株主となる場合）には、一定数以上の株主（議決権10％以上）の反対通知があったときは、株主総会の特別決議が必要となるという規定が新設されました（会社法206条の2）。

第7章

計算書類・開示

　会社法上、会社は、会計帳簿を作成し、貸借対照表・損益計算書などの計算書類を作成し、株主の承認を得て（または報告）、公告を行うなどの義務を負っています。規模の大きな会社になると、公認会計士や監査法人による監査を受けることも必要になります。

　第7章では、法定の会計帳簿や計算書類などの内容、作成・開示のスケジュールなどについて説明しています。

1 決算スケジュール

質問

ある企業と資本提携をして子会社となりました。親会社への数字の報告に関して、決算取締役会の開催、定時株主総会の招集など決算スケジュールを作成し、遵守することを求められました。決算スケジュールとはどのようなものでしょうか。

ポイント

計算書類等を確定するための手続を会社の決算といいます。決算の流れは、会社の機関構成によって異なりますが、取締役会および監査役設置会社で、会計監査人は設置していない会社を前提とすれば、概ね、①計算書類等の作成、②計算書類等の監査、③取締役会の承認、④計算書類等の事前開示、⑤株主総会での計算書類等の報告・承認、⑥決算公告、という流れとなります。

●●● 解説

1 計算書類等の作成

取締役会と監査役設置会社で、会計監査人は設置していない会社を前提に解説します。

まず、会社（代表取締役）は、各事業年度において、会社計算規則で定めるところにより、計算書類（貸借対照表・損益計算書・株主資本等変動計算書・個別注記表）、事業報告ならびにこれらの附属明細書を作成しなければなりません（会社法435条2項）。

2 監査

監査役設置会社では計算書類・事業報告・附属明細書について監査役の監査を受けます（会社法436条1項）。監査役は、監査結果を記載した監

査報告を作成します（会社法施行規則129条、会社計算規則122条）。

監査役は、①計算書類の全部を受領した日から4週間を経過した日、②計算書類の附属明細書を受領した日から1週間を経過した日、③取締役と合意により定めた日、のいずれか遅い日までに、計算書類とその附属明細書に係る監査報告の内容を取締役に通知しなければなりません（会社計算規則124条1項）。事業報告についても同様です（会社法施行規則132条1項）。

3 取締役会

次いで、取締役会を開催し、監査を受けた計算書類・事業報告・附属明細書について取締役会の承認を得なければなりません（会社436条3項）。

なお、株主総会の招集も必要となりますので、この取締役会で株主総会の招集についても決議しておくと便利です。

取締役会の承認を受けた計算書類および事業報告（監査報告も含む）を、株主総会の招集通知に際して株主に提供します（会社法437条）。

また、間接開示として、株主総会の日の原則として2週間前から、各事業年度に係る計算書類・事業報告・附属明細書（監査報告を含む）を、本店に5年間、その写しを支店に3年間備え置き、株主・会社債権者・親会社社員の閲覧・謄写に供しなければなりません（会社法442条）。

4 株主総会

取締役は、監査を受けた計算書類・事業報告を定時株主総会に提出し事業報告についてはその内容を報告し計算書類については計算が正当であることについて株主総会の承認を受けます（会社法438条）。この承認により、計算書類が確定します。

株主総会終結後遅滞なく、貸借対照表（大会社では貸借対照表および損益計算書）を公告しなければなりません（会社法440条1項）。

◆◆◆ 税務からのアプローチ

【決算スケジュールについて ──── 浅野昌孝】

　会社法における計算書類等の作成・承認に関して、会社の決算スケジュールを具体的に見てみましょう。図表1は、3月末日を決算日とする会社で、取締役会と監査役を設置しており会計監査人は設置していない非公開会社（＝株式譲渡制限会社）の場合です。ここでは、申告期限の延長をしており、株主総会を3か月以内に開催する事例となっています。

図表1　会計監査人設置会社以外の非公開会社の決算日程の例

項目	法定期限	日程（月日）
決算日（基準日）		3月31日
①計算書類及び事業報告の作成、監査役へ提出	会社法では、期限は設けられていない。	たとえば4月27日
②計算書類・事業報告の附属明細書の作成、監査役へ提出	会社法では、期限は設けられていない。	たとえば5月12日
監査役の監査報告書を提出	以下のいずれか遅い日までに提出。 ・①から4週間を経過した日 ・②から1週間を経過した日 ・取締役と合意により定めた日 （会社計算規則124条1項、会社法施行規則132条1項）	5月26日（注1）
取締役会の承認	監査報告書の提出後、株主総会招集通知の発送までに行う。	たとえば5月27日
（税務）消費税の確定申告および法人税額等の納付	決算日後、2か月以内	5月31日
計算書類等の備置き	株主総会の日より2週間前。（会社法442条）	6月11日
株主総会の招集通知発送	株主総会の日より1週間前。（注2）（会社計算規則299条）	6月18日
株主総会の日	基準日から3か月以内。（注3）	6月26日
（税務）法人税等の確定申告および差額の納付	申告期限の延長の特例を利用した場合には、決算日後3か月以内	6月30日
決算公告	株主総会後遅滞なく。（会社法440条1項）	たとえば7月10日

(注1) ①から4週間を経過した日（5月26日）と②から1週間を経過した日（5月20日）のいずれか遅い日まで。
(注2) 公開会社の場合には、株主総会の日より2週間前。
(注3) 会社は、株主総会における議決権等、一定の権利を行使することができる株主を特定するために、基準日を定めることができます（会社法124条1項、2項）。基準日については、定款で事業年度末日と定めるのが一般的です。

　税務との関係では、法人税および消費税の確定申告書の提出期限は、原則として決算日の翌日から2か月以内です（法人税法74条1項）。上記の決算日程の例の場合には、5月31日が提出期限です。確定申告にかかる納付の期限は、申告期限と同様に決算日の翌日から2か月以内となります。
　また、住民税および事業税の申告期限と納付期限についても同様です。したがって、これらの納付については、確定税額の納付ではなく、予納の扱いであり、申告期限を延長した3か月以内に確定申告書を提出した段階で、確定税額と予納額で差額が生じた場合には、差額分の追加納付をします。この部分に係る利子税については、損金算入ができます（法人税法38条）。

2 計算関係書類の作成

質問

このたび公共事業の入札に参加するに際し、会社の決算書を提出しました。そこで、法律に則った決算書を提出するよう指摘を受けました。決算書を作成する上で、どのような規制があるのでしょうか。

ポイント

会社法は、会計処理方法については、「一般に公正妥当と認められる企業会計の慣行」に従うとしているため、損益の認識基準、測定基準や期末処理などを含む会計処理の実体面は、いわゆる企業会計原則に従って実施することになります。

他方で、計算書類の体系、表記のルールや注記の内容など、フォーマットに関するルールは、会社法（および会社計算規則）にある程度詳細な定めが置かれていますので、株式会社は、これらの規定に準拠した表示を行わなければなりません。

●●● 解説

1 会社法上の関連規定

会社法上、株式会社は、各事業年度に係る計算書類及び事業報告、並びにこれらの附属明細書を作成することが義務付けられています。「計算書類」とは、貸借対照表、損益計算書、株主資本等変動計算書および個別注記表をいいます。そして、株式会社は、計算書類を作成した時から10年間、当該計算書類及びその附属明細書を保存しなければなりません（会社法435条、会社計算規則59条1項）。

作成すべき貸借対照表は、株式会社の成立の日における「会計帳簿に基づき」作成しなければなりません（会社計算規則58条）。「会計帳簿に基づき」とは、棚卸法（期末の実地棚卸で資産負債項目を確定する手法。必

ずしも継続的帳簿記録を要しない。）に対立する概念としての損益法（または誘導法）、すなわち、期中の継続的な増減記録に基づいて資産負債項目を確定する手法を義務付けるものと解されています。

　もっとも、会社法は、具体的な会計処理方法については、若干の規程を置くのみで、あとは「一般に公正妥当と認められる企業会計の慣行」に従うとしています（会社法431条参照）。そこで、損益の認識基準、測定基準や期末処理などを含む実体面のルールは、公正妥当な会計慣行の代表格である、広義の企業会計原則（中小企業の会計に関する指針や、中小企業の会計に関する基本要領なども含む）によって規律されています。

　他方で、計算書類の体系、表記のルールや注記の内容など、フォーマットに関するルールは、会社法（および計算規則）にある程度詳細な定めが置かれています。全国共通のフォーマットを定めることにより、各会社の計算書類の比較可能性が担保されるためです。

　以下に、各計算書類の概要を説明します（連結計算書類については割愛します）。

2　貸借対照表（会社計算規則72条〜86条）

　貸借対照表は、企業の財政状態を明らかにするため、貸借対照表日（会計期間末日）におけるすべての資産、負債及び資本を記載する計算書類です。

　貸借対照表は、「資産」、「負債」、「純資産」の三つに大きく区分されます。資産の部はさらに、「流動資産」、「固定資産」、「繰延資産」に、固定資産に係る項目はさらに、「有形固定資産」、「無形固定資産」、「投資その他の資産」に区分されます。負債の部はさらに、「流動負債」と「固定負債」に区分され、純資産の部は、「株主資本」、「評価・換算差額等」、「新株予約権」に区分されます。

3 損益計算書（会社計算規則87条〜94条）

　損益計算書は、企業の経営成績を明らかにするために、一会計期間（事業年度）に属するすべての収益とこれに対応するすべての費用とを記載して各種利益を表示する計算書類です。

　損益計算書には、「売上高」、「売上原価」、「販売費および一般管理費」を記載して「営業利益（または営業損失）」を算定・表示し、「営業外収益」、「営業外費用」を記載して「経常利益（または経常損失）」を算定・表示し、さらに「特別利益」、「特別損失」を記載して「税引前当期純利益（または税引前当期純損失）」を算定・表示します。さらに、当該事業年度に係る「法人税等」などを記載して、最終的に「当期純利益（または当期純損失）」を算定・表示します。

4 株主資本等変動計算書（会社計算規則96条）

　株主資本等変動計算書とは、主として、貸借対照表の純資産の部の変動額を表す計算書類です。

　かつての商法では、「利益処分案」が計算書類の一つと位置付けられており、そこでは、当期未処分利益に任意積立金を取り崩した金額を、配当金や役員賞与、任意積立金の積立てなどの割り振る利益処分の提案内容が記載されていました。

　しかし、平成17年に成立した会社法では、剰余金の配当が決算時のみでなくいつでも実施することができることとなったことや、役員賞与も（利益処分ではなく）費用項目たる役員報酬の一つとして処理されることとされたことから、利益処分案は廃止され、新たに株主資本等変動計算書が導入されました。

5 個別注記表（会社計算規則97条〜116条）

　個別注記表は、他の計算書類の内容の理解を助けるための補足情報が記載される計算書類です。必ずしも、「注記表」という1つの書類として作成しなければならないのではなく、たとえば貸借対照表の注記事項として記載するなどの方法も認められます。

　注記が必要な事項は、会社の種類によって異なります。会計監査人設置会社以外の株式会社（公開会社を除く）の注記事項は少なく、重要な会計方針に係る事項、会計方針の変更、表示方法の変更、誤謬の訂正、株主資本等変動計算書に関する注記などに限られます（会社計算規則98条）。

　公開会社の場合には、上記のほか、貸借対照表・損益計算書に関する注記、関連当事者との取引、1株当たり情報、重要な後発事象などの注記が必要です。公開会社の場合に比して、非公開会社の注記事項がかなり限定されていることが分かります。

◆◆◆ 税務からのアプローチ

【注記表の必要性 ─── 橋元秀行】

　世の中には様々な業種・業態の企業が存在することから、画一的な会計処理方法を強制することは、必ずしも企業の実態を適正に表現することにはなりません。そのため、一つの会計事実に対して複数の会計処理方法の選択適用が認められる場合があり、経営者は企業の実態に即した適切な会計処理方法を選択して決算書を作成します。ここで、選択した会計処理方法を毎期継続して適用しないと、同一の会計事実について異なる利益額が算出されることとなり、決算書の期間比較や企業間比較を困難ならしめます（継続性の原則）。さらに、どのような会計処理方法を選択したのかを明らかにすることにより、決算書読者の意思決定に資することとなります。このように会計方針その他計算書類の読者に必要な情報を提供する機能を

担っているのが注記表なのです。

以下では、中小企業（会計監査人を設置していない非公開会社）を対象とした注記表（連結注記表については割愛）の主要項目について具体的記載内容を解説していきます。

1 中小企業での法定記載事項

(1) 重要な会計方針に係る事項に関する注記

① 資産の評価基準および評価方法

[記載例]
ⅰ) 有価証券の評価基準および評価方法
　　子会社株式および関連会社株式………移動平均法による原価法
　　その他有価証券
　　　市場価格のあるもの………期末日の市場価格等に基づく時価法（評価差額は全部純資産直入法により処理し、売却原価は移動平均法により算定）
　　　市場価格のないもの………移動平均法による原価法
ⅱ) 棚卸資産の評価基準
　　製品、原材料、仕掛品……移動平均法による原価法（貸借対照表価額は収益性の低下による簿価切下げの方法により算定）
　　貯蔵品………………………最終仕入原価法

② 固定資産の減価償却の方法

[記載例]
ⅰ) 有形固定資産（リース資産を除く）
　　定率法（ただし、平成10年4月1日以降に取得した建物、平成28年4月1日以降に取得した建物附属設備及び構築物については定額法）を採用しております。
ⅱ) 無形固定資産（リース資産を除く）
　　定額法を採用しております。
ⅲ) リース資産
　　所有権移転ファイナンス・リース取引に係るリース資産

自己所有の固定資産に適用する減価償却方法と同一の方法を採用しております。
所有権移転外ファイナンス・リース取引に係るリース資産
　リース期間を耐用年数とし、残存価額を零とする定額法を採用しております。

③　引当金の計上基準

[記載例]
ⅰ）貸倒引当金
　売上債権、貸付金等の債権の貸倒れによる損失に備えるため、一般債権については貸倒実績率により、貸倒懸念債権等特定の債権については個別に回収可能性を検討し、回収不能見込額を計上しております。
ⅱ）退職給付引当金
　従業員の退職給付に備えるため、当期末における退職給付に係る自己都合要支給額を計上しております。
ⅲ）役員退職慰労引当金
　役員の退職慰労金の支給に備えるため、役員退職慰労金規程に基づく期末要支給額を計上しております。

④　収益および費用の計上基準

[記載例]
完成工事高および完成工事原価の計上基準
　当期末までの進捗部分について成果の確実性が認められる工事契約については工事進行基準を採用し、その他の工事契約については、工事完成基準を適用しております。なお、工事進行基準を適用する工事の当期末における進捗度見積りは、原価比例法によっております。

⑤　その他計算書類の作成のための基本となる重要な事項

[記載例]
その他計算書類の作成のための基本事項となる重要な事項
ⅰ）繰延資産の処理方法

社債発行費……社債償還期間（○年間）にわたり均等償却しております。
　ⅱ）消費税等の会計処理
　　　消費税および地方消費税の経理処理は、税抜方式によっております。

(2) **会計方針の変更に関する注記**

［記載例］
○○○の評価基準および評価方法の変更
　○○○の評価基準および評価方法は、従来、○○法によっておりましたが、当事業年度より、○○法に変更いたします。この変更は○○○（具体的変更理由を記載）のために行ってものであります。

(3) **表示方法の変更に関する注記**

［記載例］
○○の表示方法の変更
　○○の表示方法は、従来、貸借対照表上、○○（前事業年度××百万円）に含めて表示しておりましたが、重要性が増したため、当事業年度より、○○（当事業年度××百万円）として表示しております。

(4) **誤謬の訂正に関する注記**（略）

(5) **株主資本等変動計算書に関する注記**

［記載例］
当事業年度末における自己株式の種類及び株式数
　　普通株式　　　　　　　　　　　　　　　　○○株

(6) **その他の注記**（略）

2 法定以外の重要と考えられる記載事項

　中小企業においては、前記の6項目が法定の記載事項とされています（会社計算規則98条2項1号）。しかし、これらは最低限の要請にすぎず、企業の決算書が株主をはじめとする様々なステークホルダーの理解と判断に資するために、幅広い情報開示が求められているのが現状です（会社計算規則97～116条）。会計監査人設置会社以外の公開会社ではこれらの一部の記載が要請されています。なお、紙面の関係上、記載内容や具体的記載例の紹介は割愛します。

(1)　**会計上の見積りの変更に関する注記**
(2)　**貸借対照表に関する注記**
　　① 担保に供している資産および担保に係る債務
　　② 資産から直接控除した引当金
　　③ 資産に係る減価償却累計額
　　④ 資産に係る減損損失累計額
　　⑤ 保証債務
　　⑥ 関係会社に対する金銭債権および金銭債務
　　⑦ 取締役、監査役（執行役）に対する金銭債権および金銭債務
(3)　**損益計算書に関する注記**
(4)　**税効果会計に関する注記**
(5)　**リースにより使用する固定資産に関する注記**
(6)　**金融商品に関する注記**
(7)　**賃貸等不動産に関する注記**
(8)　**持分法損益等に関する注記**
(9)　**関連当事者との取引に関する注記**
(10)　**1株当たり情報に関する注記**
(11)　**重要な後発事象に関する注記**
(12)　**連結配当規制適用会社に関する注記**

特に、貸借対照表や損益計算書だけからは得られない情報として、担保情報（(2)①）や保証債務情報（(2)⑤）などがあります。また、役員個人の信用が重視される中小企業では、役員等関連情報（(2)⑥⑦）や関連当事者情報(9)が、重要な情報となります。さらに、将来情報としての後発事象(11)もステークホルダーの信頼性を向上するため、今日欠かせない情報とされています。

3 注記の記載に関する会計基準

上記では、会社計算規則が定める注記の記載事項について説明しましたが、実務的には、「中小企業の会計に関する指針」、「中小企業の会計に関する基本要領」を参考にすることが多いといえます。特に「中小企業の会計に関する基本要領」は、中小企業の実態に合わせた基準となっており、これに基づき計算書類が作成されている場合には、融資利率の引き下げなどが制度化されている場合もあり、幅広く利用されつつあります。

中小企業の会計に関する基本要領に基づいて計算書類を作成した場合には、その旨を注記することが求められています。

計算書類・開示 | 第7章

株主総会の招集に際して株主に交付する書類

質問

外部株主も加わったため、今後は、株主総会を開催していこうと考えております。それにあたって、招集通知を作成して、発送する必要があり、その中には参考書類として同封しなければいけない書類があります。どのようにしたら良いでしょうか。

ポイント

取締役会設置会社である非公開の株式会社（その定款上、発行する全株式に譲渡制限が付されている株式会社）の場合を前提に回答します。

株主総会を招集するに際しては、株主総会の日時場所、議題などの、極めて基本的な事項だけが記載された「（狭義の）招集通知」を株主に発する必要があります。また、いわゆる書面投票制度を利用する場合、さらに、「議決権行使書面」と「株主総会参考書類」を交付しなければなりません。なお、議決権行使書面と似て非なるものとして「委任状」があります。委任状を使用する場合は、株主総会参考書類の作成義務は発生しません。株主総会参考書類の作成は負担が大きいので、非上場会社の実務では、定足数を確保したいなどの場合、議決権行使書面ではなくて委任状を利用するのが通常です。

定時株主総会の場合は、以上のほかに、計算書類・事業報告・監査報告などの書類を、招集に際して株主に提供しなければなりません（提供書類）。

ちなみに、実務では、狭義の招集通知、参考書類、提供書類を合わせて「招集通知」と呼ぶ場合もあるようです（広義の招集通知）。

●●● 解説

1 株主総会に際して株主に交付する書類

(1) 「（狭義の）招集通知」は常に必要

取締役会が置かれている、一般的な非上場会社（非公開の株式会社）の場合、株主総会に際して、会日の1週間前（発信日と会日を算入せず、そ

の間に7日以上あるという意味。なお、書面投票制度を利用する場合は2週間前まで)までに、各株主に対し、「招集通知」を書面で発送しなければなりません (会社法299条1項・2項)。ここでいう招集通知とは、株主総会の日時場所、議題などの、極めて基本的な事項だけが記載された招待状のようなものです (以下、便宜上、「狭義の招集通知」といいます。)。

(2) **書面投票の場合は「議決権行使書面」と「株主総会参考書類」も必要**

ところで会社 (取締役会) は、株主総会に出席しない株主が、書面により議決権を行使することができる旨を定めることができます (株主数が千人以上の場合は、原則として定めることが義務づけられる。会社法298条2項)。この書面を「議決権行使書面」といいます。いわゆる「書面投票」を行う場合のことです。

そして、議決権行使書面を利用する場合、会社は、「株主総会参考書類」を作成し、狭義の招集通知、および議決権行使書面とともに、株主に交付しなければなりません (会社法301条1項)。株主総会参考書類は、株主総会に参加せず、議決権行使書面によって議決権を行使しようとする株主が、会社の提案する各議案の中身を理解できるようにするための書類、つまり議案の説明書です。

なお、議決権行使書面と似て非なるものとして、「委任状」があります。すなわち、株主は代理人によりその議決権を行使することができますが、その場合は、株主総会毎に、「代理権を証明する書面」を会社に提出しなければなりません (会社法310条)。委任状とは、この規定に基づき、代理人に持たせる書面のことをいいます。実務では、定足数を満たすなどのため、招集通知と併せて、委任状 (受任者としてオーナー経営者の名前などが既に印刷されている) を同封する例もあるようです。そのため、議決権行使書面と委任状が混同されがちですが、両者は異なる制度であり、委任状を使用する場合は、株主総会参考書類は必要とされていません。代理人

が、株主総会に出席し、その場で情報を得て議決権を行使するタテマエなので、事前に議案の説明書を送付させる必要性が低いからです。

(3) **定時株主総会では「計算書類・事業報告・監査報告」の提供も必要**

定時株主総会の場合は、取締役会の承認を受けた計算書類、事業報告、監査報告を、株主に提供（招集通知に添付して提供します）しなければなりません（会社法437条）。附属明細書は添付する必要がありません。

実務上、「招集通知」と言った場合、以上の(1)から(3)を含めてそう呼称している場合が多いようです。

2 （狭義の）招集通知

招集通知の記載事項は、①株主総会の日時・場所、②株主総会の目的事項（議題）、③議決権行使書面により議決権を行使することができる場合はその旨などです（会社法299条4項、298条、会社法施行規則63条）。

【書式例1「（狭義の）招集通知」】

```
                                    平成×年×月×日
    株主各位

                                    東京都○○
                            ○×株式会社　取締役社長○○


                第○回定時株主総会招集ご通知

    当社第○回定時株主総会を下記のとおり開催しますので、ご出席くださいますようご通知申し上げます。
```

```
                    記
    日時    平成×年×月×日
    場所    東京都〜　当社会議室
    会議の目的事項
                              以上

                       平成×年×月×日
    株主氏名              甲野　一郎　㊞
```

3 株主総会参考書類

　株主総会参考書類には、議案、提案の理由などのほか、議案ごとに詳細に法定されている事項を記載しなければなりません（会社法施行規則73条以下）。

　たとえば、取締役の選任議案の場合、候補者の氏名や生年月日と略歴、責任限定契約を締結する予定があるときはその契約の概要、などです（同規則74条）。

　議案が多くなると、正確な株主総会参考書類を作成するにはかなり手数がかかってしまいますので、非上場会社の実務では、なるべくこれを作成しなくて済む方向、つまり、議決権行使書面を利用しない方向で処理するのが通常であり、それが無難であると思われます。

4 議決権行使書面と委任状の違い

　上記のとおり、議決権行使書面による書面投票の場合は、株主総会参考書類が必須となる（また招集期間も2週間必要となる）のに対し、委任状による場合はそのような規制が及びません。

　したがって、一般的な非上場会社の場合、株主総会参考書類の作成を避けるため、書面投票制度は利用しないのが通常であると思われます。

ところが、書面投票制度（議決権行使書面）と委任状の違いを理解せず、書面投票用紙を使用しながら、株主総会参考書類は添付していない、という実務の例をみかけることがあります。

そこで以下、議決権行使書面と委任状の違いを概説します。

まず、議決権行使書面は、文字どおり当該書面により、株主自らが議決権を行使する書面です。したがって、書面上は、各議案についての賛否が明記されなければなりません。なお、議決権行使書面の記載事項は詳細に法定されており、①各議案の賛否を記載する欄のほか、②議決権行使の期限、③株主の氏名（名称）及び行使することができる議決権の数などが記載されます（会社法施行規則66条）。

【書式例2「議決権行使書面」】

議決権行使書面

○×株式会社　御中

　私は、平成×年×月×日開催の貴社定時株主総会の各議案につき、下記の通り議決権を行使いたします。

　　　　　　　　　　　　　　　　平成×年×月×日

株主氏名　　　　　　　　　　甲野　一郎
議決権の数　　　　　　　　　×××個

記

議　案	原案に対する賛否	
第1号議案	賛	否
第2号議案	賛	非

［お願い］
　当日株主総会にご出席願えない場合は、本書面に賛否をご表示のうえ、平成○年○月○日までに到着するよう折り返しご送付ください。

他方で、委任状とは、代理人に対して代理権を付与した旨を証明する書面です。その記載事項について、会社法上、詳細な定めはありません。たとえば、書式例3のように、代理人の氏名と、その者に特定の株主総会における代理権行使を委任する旨の記載等があれば足りるでしょう。なお、議決権の代理行使の取扱いについては、定款上、代理人は株主に限る旨が定められているのが通常です。また、株式取扱規程などの内部規程により、委任状に添付すべき書面が定められている場合があります。委任の場合、これら内部規程に準拠して委任状を作成しなければなりません。

【書式例3「委任状」】

>
> 委任状
>
> 私は、○○○を代理人と定め、平成×年×月×日開催の○×株式会社定時株主総会に出席し、議決権を行使する一切の権限を委任します。
>
> 　　　　　　　　　　　　　　　平成×年×月×日
>
> 　　株主氏名　　　　　　　　甲野　一郎　㊞

◆◆◆ 税務からのアプローチ

【中小企業の事業報告 ──── 柳澤宏之】

1 事業報告の記載事項

　定時株主総会を開催する場合には、取締役会の承認を受けた計算書類、事業報告、監査報告を株主に提供しなければなりません（会社法437条）。事業報告の記載事項は、会社法施行規則118条以降に定められています。

　まず通則としてすべての会社に共通して記載すべき事項を規定したうえ

で、公開会社（株式に譲渡制限を定めていない会社）における記載事項（同119条以降）、会計参与設置会社における記載事項（同125条）、会計監査人設置会社における記載事項（同126条）を規定しています。

【すべての会社に共通して事業報告に記載すべき事項（会社法施行規則118条）】
(1) 株式会社の状況に関する重要な事項（計算書類及びその附属明細書の内容となる事項を除く）
(2) 業務の適正を確保するための体制の整備についての決定があるときは、その決定の内容の概要及び運用状況の概要
(3) 株式会社の財務及び事業の方針の決定を支配する者の在り方に関する基本方針を定めているときはその概要
(4) 株式会社に特定完全子会社がある場合にはその名称等
(5) 株式会社とその親会社等との間の取引であり、当該株式会社の事業年度に係る個別注記表において関連当事者注記を要する取引がある場合には、当該取引に関する事項

一般的な中小企業の場合、取締役会設置会社である非公開会社（全株式に譲渡制限が付されている株式会社）が多いと思われます。このような会社については、記載しなければならない事項は、多くは(1)の株式会社の状況に関する重要な事項のみと考えられ、(1)については具体的な記載内容は規定されていないため、会社が重要と判断する事項を記載するもの（つまり自由）と思われます。

(2)はいわゆる内部統制の決定、(3)はいわゆる買収防衛策の方針、(4)は多重代表訴訟等がある場合の子会社、(5)は親会社がある場合の取引の話であり、一般的な中小企業であれば記載が必要となることはあまり無いでしょう。

2 公開会社における事業報告の記載事項

既述したとおり中小企業の事業報告の記述は自社が重要と思われる事項でよいのですが、公開会社がどのような記載が必要か見ておくことは、自

社の記述をする際に参考になるものと思われます。

【公開会社における事業報告に記載すべき事項（施規119）】
(1) 株式会社の現況に関する事項（施規120）
　① 主要な事業内容
　② 主要な営業所、工場並びに使用人の状況
　③ 主要な借入先、借入額
　④ 当該事業年度の事業の経過及び成果
　⑤ 重要な資金調達、設備投資の状況、及び合併、会社分割、事業譲渡等の状況
　⑥ 直前3事業年度の財産及び損益の状況
　⑦ 重要な親会社及び子会社の状況
　⑧ 対処すべき課題
　⑨ その他会社の現況に関する重要な事項
(2) 会社役員に関する事項（施規121）
　① 役員の氏名、地位及び担当、重要な兼職の状況
　② 役員と責任限定契約を締結しているときは、当該契約の内容の概要
　③ 役員の報酬に関する事項
　④ 役員の辞任又は解任に関する事項
　⑤ 監査役等の財務及び会計に関する知見の記載
　⑥ 常勤の監査等委員、監査委員の選定の有無及びその理由
　⑦ その他役員に関する重要な事項
(3) 株式に関する事項（施規122）
　① 保有株式数上位10名の株主
　② その他株式に関する重要な事項
(4) 新株予約権等に関する事項（施規123）
　① 役員が有する職務執行の対価として交付された新株予約権等の概要
　② 事業年度中に使用人等に対して職務執行の対価として交付された新株予約権等の概要
　③ その他新株予約権等に関する重要な事項

※　上記「施規」は会社法施行規則

　なお、より具体的な記載方法を知りたい方は、『経団連のひな型（一般社団法人日本経済団体連合会、会社法施行規則および会社計算規則による株式会社の各種書類のひな型）』や、全国株懇連合会の事業報告モデル

(簡易版がウェブで公開）が参考になります。

当該ひな型は大会社向けですが、法令の改正に合わせタイムリーに改訂されていることから、実務を担う方々には非常に有用なツールとして利用されています。

3 事業報告の附属明細書

会社法施行規則では、事業報告以外にも、「事業報告の附属明細書」を作成しなければならない旨規定されています。ただし、この附属明細書には、事業報告の内容を補足する重要な事項を記載するものとされており、一般的な中小企業では記載事項があることは少ないものと思われます。

4 会社法上作成保存すべき会計に関する書類

質問

当社は、会社設立を終え、事業を始めたばかりですが、会計に関する書類などの作成、保存について、会社法上どのようなものをいつくらいに作成し、どれくらい保存したら良いかわかりません。

ポイント

会社法上、株式会社の会計に関して作成が要求されているのは、適時に作成すべき「会計帳簿」と、各事業年度ごとに作成すべき「計算書類等」があります。その内訳と保存期間は下表のとおりです。

書類名	作成時期	内訳	保存等期間
会計帳簿	適時に作成 （会社法432条1項）	①日記帳、②仕訳帳、③総勘定元帳、④補助簿（現金出納帳、仕入帳、売上帳、手形帳など）	その閉鎖のときから10年間の保存
計算書類等	事業年度ごとに作成 （会社法435条2項）	①貸借対照表、②損益計算書、③株主資本等変動計算書、④個別注記表、⑤事業報告、⑥附属明細書	定時株主総会1週間前（取締役会設置会社は2週間前）から5年間の備置

税法上の帳簿書類の保存義務は、税務調査の際などに申告書類の正しさを検証することができるようにするために定められているものと思われます。他方、会社法上の帳簿書類の作成・保存は、会社の所有者である株主に、貸借対照表や損益計算書などを提供し、また、彼らが事後的にその内容の正確性をチェックするなどのために定められています。

●●● 解説

1 会計帳簿の作成・保存

(1) 会計帳簿の作成

株式会社は、法務省令に従い、「適時に、正確な会計帳簿を作成しなけ

ればならない」とされています（会社法432条1項）。

　ここでいう「会計帳簿」の意味について、定義規定は存在せず、一般的には、①日記帳（日々の取引のてん末を発生順に要領を記載する帳簿）、②仕訳帳、③総勘定元帳、④補助簿（現金出納帳、仕入帳、売上帳、手形帳など）などが含まれると考えられています[i]。

　会社法会計は、複式簿記による記帳を前提としています。そこで、会計帳簿とは、突き詰めれば、複式簿記に基づいて、貸借対照表と損益計算書の基礎となる情報を記録したものという意味と解されます。したがって、仕訳帳と総勘定元帳は、通常、「会計帳簿」として必須と思われますが、その他は、会社の事情・便宜に照らして適宜作成することになります。

(2) **会計帳簿の保存**

　会計帳簿は、その「閉鎖の時」から、その事業に関する重要な資料とともに10年間保存しなければなりません（会社法432条2項）。

　会計帳簿の「閉鎖の時」の意味について、かつては、たとえば紙のノート製の「仕訳帳」の一つが満杯になった時点（次の仕訳帳に繰り越した時点）が「閉鎖の時」だ、という理解もあったようですが、現在では、事業年度末日を基準として、当該事業年度の会計帳簿における各勘定科目等の合計額を算出すること（決算の締切）をもって「閉鎖の時」に当たると解されています[ii]。電子的記録による会計帳簿の作成が許容され、かつ、そもそも会計帳簿の作成目的は後掲の計算書類の作成の基礎を提供することなどが、この解釈の根拠です。

　会計帳簿の「保存」の仕方について詳細な定めはありません。書面で保存しても電子的記録で保存しても結構です。保存する場所についても明確な定めはありません。ただ、保存された会計帳簿は、株主や会社債権者に

---

[i] 郡谷大輔ほか編『会社法の計算詳解（第2版）』（平成20年・中央経済社）10頁。
[ii] 弥永真生・江頭憲治郎編『10会社法コンメンタール計算等[1]』（平成23年・商事法務）128頁（尾崎安央）。

よる閲覧・謄写請求の対象や（会社法433条）、裁判所からの文書提出命令の対象となること（会社法434条）に鑑みると、必要な時にさほど時間をかけずに必要な会計帳簿を取り出せるような状況にしておくことは必要でしょう。

2 計算書類等の作成・備置

(1) 計算書類の作成

株式会社は、法務省令に従い、各事業年度に係る「計算書類」および「事業報告」ならびにこれらの「附属明細書」を作成しなければなりません（会社法435条2項）。「計算書類」には、貸借対照表、損益計算書、株主資本等変動計算書、および個別注記表が含まれます（会社法435条2項、会社計算規則59条1項）。

なお、計算書類に、事業報告及び付属明細書を含めたものを「計算書類等」と呼ぶことがあります。

(2) 計算書類の保存・備置

株式会社は、計算書類を作成した時から10年間、当該計算書類およびその附属明細書を保存しなければなりません（会社法435条4項）。

また、計算書類等は、定時株主総会の日の1週間（取締役会設置会社の場合は2週間）前の日から5年間、その原本を本店に備え置き、支店にはその写しを3年間備え置くことが必要です（会社法442条1項2項）。支店の備置きに限っては、計算書類等が電子的記録で作成されており、支店のパソコン上でいつでもデータを打ち出せる状況になっているのであれば、備置きの義務は発生しません。

「備え置く」といえるためには、単に物理的に保存するだけではなく、株主等の請求があればすぐに閲覧させ、あるいは謄本・抄本の交付ができるような状態にしておく必要があります。

◆◆◆ 税務からのアプローチ

【税務上の帳簿書類の整理保存について ―――― 橋元秀行】

1 税務上の帳簿書類

　帳簿書類の作成やその保存期間については、いろいろと悩むことが多いと思われます。

　解説のとおり、会社法では会計帳簿の具体的な形式については明確な規定を設けておらず、帳簿書類の10年間保存のみを要請しています（会社法432条2項）。

　他方、税法では青色申告法人が備えるべき帳簿書類として仕訳帳、総勘定元帳、棚卸表、貸借対照表、損益計算書等を例示列挙し具体的記載内容を規定しており、その他取引に関して作成または受け取った書類（注文書、契約書、送り状、領収書、見積書等）なども含め原則7年間保存することを要求しています（法人税法施行規則59条）。なお、平成29年4月1日以降に開始する欠損金の生じた事業年度においては、帳簿書類の保存期間が10年間に延長されます（法人税法施行規則26条の3第1項）。

　法人税法では、紙による保存を原則としています。したがって、コンピュータで作成した帳簿書類についても、原則としてコンピュータからアウトプットした紙により保存する必要があります。ただし、電磁的方式を開始する日の3か月前の日までに所轄税務署長に対して申請書を提出し承認を受けると、一定の要件を満たす帳簿書類はサーバ・DVD・CD等に記録した電磁的記録（電子データ）やスキャナ読取りの電磁的記録のままで保存することができます（電子帳簿保存法4条）。

　なぜ、このように帳簿書類を整理保存しなければならないのでしょうか。その理由としては、社内的な経営管理目的と社外的な説明責任目的が挙げられます。販売戦略など経営計画の策定や経営分析による経費削減に際して帳簿書類は必要不可欠な基礎資料であるだけでなく、不正、横領を

回避する内部統制の有効な手段ともなり得ます。また、取引相手との取引事実を立証する証拠資料となるとともに、税務申告時の基礎資料であったり税務調査の際の説明資料ともなります。

特に税務調査における説明資料に関しては、次のような諸規定等が定められており注意を要します。国税通則法74条の2では、国税庁等は、所得税、法人税、地方法人税または消費税に関する調査について必要があるときは、納税者に対して質問し、その者の事業に関する帳簿書類その他の物件を検査し、または当該物件の提示もしくは提出を求めることができる旨が規定されています。

「税務調査手続等に関するFAQ（職員用）」では、調査の対象となる帳簿書類その他の物件における「その他の物件」とはどのようなものを指すのかという問に対して、たとえば、金銭、有価証券、棚卸商品、不動産（建物・土地）等の各種資産や、帳簿書類の（作成の）基礎となる原始記録などの当該調査または徴収の目的を達成するために必要な物件が該当する旨の回答がなされています。

2 電子帳簿保存による場合

帳簿書類の電磁的記録については「電子帳簿保存法Q＆A　問12」において、帳簿を作成の最初の段階から一貫して電子的に作成している場合の保存等に当たっての充足要件を以下のように定めています。

① 真実性の確保のための要件
　ⅰ）電磁的記録の訂正または削除の履歴、追加の入力の事実および内容を確認することができる電子計算機処理システムの使用（電子帳簿保存法施行規則3条1項1号）
　ⅱ）帳簿間での（帳簿との）記録事項の関連性の確保（同法3条1項2号、3条5項5号）
　ⅲ）電子計算機処理システム関連書類等の備付け（同法3条1項3号）

② 可視性の確保のための要件
　ⅰ）電子計算機、ディスプレイ等の備付け等（同法3条1項4号、3条5項6号）
　ⅱ）検索機能の確保（同法3条1項5号）
　最後に電磁的方式の留意点について簡単に触れてみたいと思います。電子取引の取引情報については、取引内容を電子メール本文に記載したり、添付ファイルとしているものも見受けられます。が、こうした添付ファイル等で受領または交付した注文書、契約書、送り状、領収書、見積書等も保存対象となることに留意してください。さらにネット通販取引を行っている場合などの受注、発送、請求等のログ情報の保存・管理にも注意が必要です。日々の訂正・削除履歴が確認できない会計システムでは電子保存の要件を満たさないばかりか、誰が作成したか、データの改ざんが無いかどうかは、一見不明な状態になる恐れがあります。また、安易に旧システムを廃棄してシステム移行を行ったばかりに、過去のデータが全て消滅してしまうこともありえます。さらに、昨今話題となっている個人情報の情報漏えいについても細心の注意を払うことが求められております。

第 8 章

設立

　第8章では、株式会社の設立手続のほか、近年、設立（あるいは株式会社からの移行）の例が増えている合同会社について触れています。
　また、株式会社の資本金の額をいくらにするべきかは、税制上の優遇措置や、会社法上の負担の多寡に影響する問題ゆえ、多くの会社が関心を寄せる事項です。そこで、資本金の額に関する論点についても本章で解説しています。

1 会社設立と資本金の額の意義

質問

会社を設立しようと思います。今は、資本金1円からでも設立できると聞いていますが、実際には、資本金の額は、どういう風にして決めるのでしょうか。

ポイント

会社法では、最低資本金制度は廃止されましたが、創業期の事業資金を賄うため、あるいは債務超過に陥らないために、一定額以上の資本金ないし自己資本を確保することが重要です。業種によっては、資本金の額が、許認可を得るための基準となる場合もあります。

他方で、資本金の額が大きすぎると、税制上のメリットが受けられないなどの問題もあります。

資本金の額は、これら、業種、業態に応じた諸条件を勘案して決める必要がありますが、その事業が、黒字転換し、収支が安定するまでに要する事業資金の総額が一つの目安となります。

●●● 解説

1 資本金・自己資本の意義

(1) 資本金

株主となる者が会社に拠出した金額は、原則としてその全額が「資本金」として扱われます。当該拠出額のうち、2分の1までの額は「資本準備金」とすることもでき、その場合は残額が資本金となります（会社法445条1項、2項）。このようにして算定された数字を、「資本金」と呼びます。

資本金の額を定める会社法上の意義は、剰余金の配当等の限度額を画することにあります。すなわち、剰余金の配当は、会社の純資産の額が、資本金や資本準備金等の額を超過する部分に限り可能とされています。自

己株式の取得の際等にも、同様の規制があります（会社法461条）。

なお、資本金の額は、登記や決算公告により外部に開示されます。

(2) **自己資本（純資産）**

資本金や準備金に、剰余金（会社が留保した利益がその中心です。）を加えた額を、「純資産」や「自己資本」などと呼びます。

自己資本の額には、外部への返済義務を負わない、それだけの資金が、会社に存在することを推定させるという意義があります。

なお、資本金、自己資本のいずれも、会社の財産のうち、株主に帰属するもの、という共通の意味があります。以下、特に区別する必要のない限り、両者をまとめて「資本」と呼ぶことにします。

2 一定規模以上の資本を確保すべき理由

旧商法時代には、資本（資本金）の最低限度（株式会社で1,000万円）が定められていましたが、会社法はこれを廃止し、資本金1円の株式会社の設立も可能となりました。

しかし、会社法施行後も、1円資本金の会社はさほど多く設立されていません。これは、以下のように、一定規模の資本金を確保すべき実際上の理由があるからです。

(1) **事業資金の確保**

創業間もない会社は、事業が軌道に乗るまでの間、赤字が続きますので、その間の支出を賄うための事業資金が必要です。

事業資金の調達手段の代表例として、株主から資本の出資を受ける方法のほかに、金融機関からの融資を受ける方法もあります。しかし、融資の場合、返済義務と利息の支払義務が生じます。創業間もない会社には信用力がないため、融資そのものが容易ではなく、金利も不利な場合が通常です。さらに、代表者の連帯保証を求められる場合が多く、万一、弁済ができなくなった場合、会社と同時に代表者も破産するリスクが生じます。

したがって、先行き不透明な創業期には、できるだけ融資に頼らず、自己の蓄え等を資本として出資することが賢明です。

その意味で、望ましい資本（自己資本）額は、黒字転換により収支が安定するまでに要する事業資金の総額が目安となります。売上が上がるようになるまでの期間、初期設備投資の額等の諸要素を考慮して計算されますから、必要な金額は、個々の事情、業種・業態により異なります。

(2) **債務超過を回避する**

創業期に限らず、「債務超過を回避するバッファー（緩衝剤）」としての資本（自己資本）の機能も重要です。

債務超過とは、貸借対照表上の資産の部の合計が、負債の部の合計を下回ることをいいます。債務超過の場合、金融機関からの追加融資がほぼ不可能となり、取引先からの信用評価も低下し、新規取引の開始に支障を来すなどの大きなダメージがあります。

ところで、資産の部、負債の部と、資本の部（＝自己資本）とは、下図の関係にありますので、資本（自己資本）は、債務超過を回避するためのバッファー（緩衝剤）として機能します。

したがって、資本（自己資本）の額を高めに確保しておくことは、容易に債務超過に陥らないための方策として、重要な意義があります。

資産の部	負債の部
	資本の部

(3) **許認可との関係**

なお、一定の業種を開始するためには、政府の許認可を必要とし、当該許認可の要件として、資本（自己資本）の額が一定以上であることが定められている場合があります。

たとえば、一般建設業の許可を得るには、自己資本の額が500万円以上であることが必要で（建設業法7条4号、15条3号）、有料職業紹介事業でも自己資本の額が500万円以上必要です（職業安定法31条1項1号）。

3 資本の額を制限すべき理由

　資本金の額は大きければ大きいほど良い、というわけではありません。各種法制上、資本（資本金）の額を指標とした優遇制度があり、資本金の額を大きくするとこのようなメリットを逃す恐れがあるからです。以下はその代表例です。

(1) **租税法　〜資本金1,000万円、1億円の壁〜**

　資本金の額と税制上の影響には種々のものがあります。たとえば、資本金が1,000万円未満の場合、設立以後2事業年度は消費税が原則免税となります。また、資本金が1億円以下の場合、中小法人等として、①法人税の軽減税率（22％）、②交際費の損金算入、③少額減価償却資産の全額損金算入等、種々の場面でメリットがあります。

(2) **会社法　〜資本金5億円の壁〜**

　会社法上、資本金の額が5億円以上（または負債の合計額が200億円以上）の会社を、「大会社」といいます。

　大会社に該当すると、①会計監査人（公認会計士または監査法人）の設置義務（会社法328条）、②内部統制組織の整備（決議）義務（会社法348条3項4号、4項、362条4項6号、5項）、③連結計算書類の作成義務（有価証券報告書提出会社に限る。会社法444条3項）などの負担が生じます。

◆◆◆税務からのアプローチ

【資本金の額と資本金等の額　———　青山恒夫】

1 資本金の額・資本金等の額とは

　資本金の額とは、設立または株式の発行に際して株主となる者が当該株式会社に対して払込みまたは給付をした財産の額となります（会社法445条）。ただし、利益からの資本積立て、資本金額の減少等があった場合に

は、その手続後の登記簿に資本金の額として記載された額となります。法人税法でも資本金については、会社法の概念を援用しています。

資本金等の額とは税法固有の考え方で、基本的には株主が会社に出資した額の総額を言い、次の2つに区分できます。

① 株主が会社に出資した額のうち資本金に計上した金額（つまり、資本金の額）
② 株主が会社に出資した額のうち資本金に計上しなかった額

通常の場合、②の額は貸借対照表の純資産の部の資本剰余金の額に対応します。ただし、税務上は資本取引と損益取引を厳密に区分しているため、貸借対照表上の資本金の額と資本剰余金を合計した額が、「資本金等の額」に一致しないことがあります。

例えば、欠損金のてん補を資本金や資本剰余金で行うことは会社法では認めてられていますが、法人税法では認めていないなどがあります。

なお、詳細には「資本金等の額」は法人税法施行令8条に規定されています。たとえば、自己株式・新株予権に係る取引、減資、資本の払戻し並びに組織再編等による資本取引が行われた場合、資本金等の額が増減することがあります。

2 資本金等の額と法人住民税均等割

平成27年度税制改正により、法人住民税均等割の税率区分の基準である資本金等の額の考え方が変わりました。

(1) 平成22年4月1日以後、無償増資により利益剰余金または利益準備金を資本金の額に組み入れた場合は、法人税法上の資本金等の額は変動しませんが、その額を加算することになりました。この結果、均等割の負担が増加する可能性があります。

(2) 平成13年4月1日以後に旧商法の規定ならびに平成18年5月1日以後に会社法の規定に基づいて無償減資による欠損てん補をした場合

は、法人税法上の資本金等の額は変動しませんが、その額を減算することになりました。

この結果、均等割の負担が減少する可能性を生じさせます。

また、上記の他に同じ平成27年度税制改正により、法人住民税均等割の税率区分の基準である資本金等の額が、資本金と資本準備金の合計額を下回る場合、法人住民税均等割の税率区分の基準を資本金と資本準備金の合計額とする改正が行われました。

3 資本金の額による税法の恩典

税法では会社の資本金額によって適用される恩典があります。中小企業への優遇税制においては、その適用の判定基準の1つとして資本金が用いられています。下記に主なものを例示しますが、資本金以外の条件については省略していますので、個々の優遇税制の活用においては、それぞれ要件を慎重に確認してください。

(1) 資本金1,000万円未満

設立時の資本金が1,000万円未満の法人では、消費税は、会社設立年度は免税になります。第2期目においても、第1期目の売上高、給与支給額によっては、免税となる場合があります。ただし、親会社の課税売上高が5億円超の子会社は設立初年度から消費税が課税されます。

(2) 資本金3,000万円以下

中小企業等投資促進税制（中小企業者等が機械等を取得した場合の特別償却又は税額控除）で税額控除を選択できます（租税特別措置法42条の6第7項）。

(3) 資本金1億円以下

① 留保金課税の不適用（法人税法67条1項）

② 軽減税率の適用（法人税法81条の12第2項）

③ 中小企業技術基盤強化税制の適用（租税特別措置法42条の4）

④　少額減価償却資産の即時償却の適用（租税特別措置法67条の5）

⑤　欠損金の繰戻し還付制度の適用（租税特別措置法66条の13第1項）

⑥　欠損金の繰越控除の制限なし（法人税法57条11項）

⑦　中小企業等投資促進税制（中小企業者等が機械等を取得した場合の特別償却または税額控除）の特例（租税特別措置法42条の6）

⑧　交際費の損金不算入額の特例（租税特別措置法61条の4第2項）

⑨　貸倒引当金の損金算入が可能（法人税法52条1項）

⑩　雇用促進税制（雇用者の数が増加した場合の税額控除）の適用要件緩和（租税特別措置法42条の12の2第1項）

⑪　所得拡大促進税制の税額控除限度額が拡大（租税特別措置法42条の12の4第1項）

⑫　外形標準課税の不適用（地方税法72条の2第1項）

⑬　法人都民税の所得割で標準税率を適用（東京都のケース）（都税条例附則24条2項）

設立 | 第8章

2 株式会社の設立手続
～発起設立と募集設立～

質問

株式会社を設立しようと思います。出資者は私を含め4名です。会社の設立として、発起設立と募集設立があると聞きます。少人数の株主ですので、手続の簡単な方法をとりたいと思っています。違いを教えてください。

ポイント

発起設立と募集設立の手続上の違いは解説の通りですが、時間や費用の点を比べれば、概要、以下のような違いがあります。

① 設立手続に要する期間

発起設立の場合、発起人の定款認証の段取りを上手く進められれば、数日から1週間程度で完了させることも可能ですが、募集設立の場合、払込取扱金融機関による保管証明業務に要する期間や、創立総会の開催に要する期間などが加わるため、より長い時間がかかります。

② 設立手続に要する費用

発起設立の場合、定款の印紙代（4万円）、公証人の手数料（5万円）、登記の際の登録免許税（資本金の額×0.7%。ただし最低でも15万円。）、司法書士を利用する場合はその報酬など。募集設立では、それに加えて、払込取扱金融機関による保管証明業務の手数料として数万円が加わりますし、創立総会が大がかりになる場合は、その費用も発生します。

現在では、あえて時間もコストも余計にかかる募集設立を利用する例は稀で、ご質問のケースでも、出資者4名が発起人となる発起設立を選択されるべきと考えます。

●●● 解説

1 発起設立と募集設立

株式会社は、自然人（つまり人間）以外の権利義務の主体である「法人」の一つです。したがって、株式会社を設立するに際しては、法人格を与え

るに相応しい実体を形成させる必要があるため、設立に要する手続は、厳格に法定されています。その反面、決められた手続をきちんと履行すれば、政府のお墨付き (許可など) を要することなく、株式会社は成立します (準則主義)。

　株式会社の設立手続は二種類あります。設立手続の主催者である「発起人」が、設立に際して発行する株式の全部を自らが引き受ける場合を「発起設立」、株式の一部につき発起人以外の引受人を募集する場合を「募集設立」といいます。ただ、現在の実務で募集設立が利用されることは非常に稀で、通常は発起設立が利用されます。

　発起設立、募集設立のいずれも、手続の大まかな流れは以下のとおりです。

2　発起設立の場合

　まず、発起設立の場合について、各手続の内容を概説します。

(1) 定款の作成・認証

　発起人はまず、会社の根本ルールである定款を作成します。定款に記載すべき事項は法定されています。

　定款を完成させるには、発起人の署名 (または記名押印) に加えて、公

証人による「認証」を取得しなければなりません（会社法26条1項、30条1項）。公証人とは、事実の証明を職務とする公務員で（元裁判官の方が多い）、全国の公証役場で執務をしています。認証とは、きちんと成立した定款であることを証明することです。

(2) **株式の発行・引受**

設立に際して発行される株式の全部を、発起人が引き受けます。「引き受ける」とは、株式の取得を会社に申し込み、出資を履行すれば、会社設立時に株主となる地位を取得することです。

(3) **設立時取締役・監査役選任**

発起人は1株1議決権を有し、その過半数で設立時取締役・監査役を選任します（会社法38条）。設立時取締役は、その中から設立時代表取締役を選定します（会社法47条1項）。設立時取締役・監査役とは、「会社が成立したら、取締役・監査役となる者」のことであり、設立手続中は、一定の検査機能だけを果たし、会社の成立と同時に通常の取締役・監査役の身分を取得します。

(4) **出資の履行・株主の確定**

発起人は、株式の引き受け後遅滞なく、出資を履行しなければなりません。出資の払込は、発起人が払込を取り扱うものと定めた銀行等（払込取扱金融機関）においてしなければなりません（会社法34条）。具体的には、発起人名義で開設した預金口座に該当金額を振り込むことになります。発起人は、出資履行後、会社成立時に株主となります。

(5) **設立の登記**

以上の(1)から(4)を経ることで、会社としての実体が完成しますが、法人格を取得するためには、設立登記を了することが必要です（会社法49条）。設立登記は、発起人ではなく代表取締役が行います（商業登記法47条1項）。

3 募集設立

募集設立の場合も、大きな流れは発起設立と同じですが、以下のような違いがあります。

(1) 株式の発行・引受

募集設立の場合、設立に際して発行する株式の一部だけを発起人が引受け、残りは株主を募集します（会社法57条、58条）。

なお、募集に際して50名以上の者に株式取得の勧誘（つまり、「株主になりませんか」と声を掛けること）を行うと、金融商品取引法が定める「有価証券届出書」あるいは「有価証券通知書」という、非常に詳細な開示資料を内閣総理大臣に提出する等の義務が生じます。くれぐれも注意が必要です。

(2) 設立時取締役・監査役選任

募集設立では、設立時取締役・監査役の選任は、発起人ではなく、創立総会で選任します。創立総会とは、株主の募集に応じて、株式を引き受けた設立時株主により構成される議決機関であり、株主総会のようなものです。

(3) 出資の履行・株主の確定

募集設立の場合、払込取扱金融機関は、発起人及び設立時の募集株主から払い込まれた金額に相当する金銭の保管に関する証明書（株式払込保管証明書）を発起人に交付しなければなりません。払込取扱金融機関は、証明した払込金額について、実際には払込がなかった、あるいは返還に関する制限がある（預合い）などの理由により、成立後の会社に対して払込金の返還を拒むことができません（「保管証明責任」という。会社法64条2項）。

◆◆◆ 税務からのアプローチ

【法人設立時の税務上の届出書類 ─── 神田和俊】

法人設立登記が完了した後、税務上の各種届出が必要となります。ま

た、税務上の各種届出のほか、社会保険（健康保険・厚生年金保険）および労働保険（労災保険、雇用保険）への加入の手続も行われます。業種によっては、事業を行うために許認可が必要なものもあります。たとえば飲食店等飲食の加工をする事業には、保健所の食品営業許可が必要になります。以下では、税務上届出について解説します。届出を怠った場合に不利な扱いがされることがありますので、十分にご留意ください。

1 法人設立届出書

　法人設立届出書は、法人の設立日以後2か月以内に所轄税務署に提出が義務付けされています（法人税法148条、法人税法施行規則63条）。届出書には、法人名のほか、納税地、事業の目的、設立の日、本店または主たる事業所の所在地、代表者氏名、代表者住所、事業年度、資本金または出資金の額、支店・出張所・工場等の所在地、事業の開始日などを記載します。また、その届出書には、以下の添付書類等が必要とされています。

　①設立時の貸借対照表、②定款等の写し、③登記事項証明書、④株主等の名簿の写し⑤設立趣意書、⑥合併契約書の写し、など

2 青色申告の承認申請書

　青色申告の申告書を出し忘れると、第1期目が赤字の場合の欠損金を繰越しできないことになりますので注意が必要です。また、青色申告を条件に有利な特例が適用され場合があり、それも適用できないことになります。提出期限は、設立の日以後3か月を経過した日と第1期の事業終了の日の前日いずれか早い日になります。たとえば1月15日に設立し、決算日は3月31日の場合は3月30日までとなり、また、12月15日に設立した場合で決算日が3月31日の場合は3月15日までとなります。

　帳簿は、仕訳帳、総勘定元帳、その他必要と認められる帳簿で、複式簿記で記帳することになります（法人税法施行規則54条）。書類は、棚卸

表その他決算に係る書類、取引に関する相手から受け取る注文書、契約書、領収書、自己の作成したそれらの書類の写しなどです。

3 評価の届出

評価方法の届出書には以下のものがあります。必要ならば届出をすると言うことになります。

(1) 棚卸資産の評価方法の届出書（法人税法施行令29条2項）
(2) 減価償却資産の償却方法の届出書（法人税法施行令51条2項）
(3) 有価証券の一単位当たりの帳簿価額の算定方法の届出書（法人税法施行令119の5第2項）
(4) その他
　　外貨建資産等の期末換算方法等の届出書（法人税法施行令122条の5）、為替予約差額の一括計上の方法の届出書（法人税法施行令122条の10第2項1号）、事前確定届出給与に関する届出書（法人税法施行令69条2項）などがあります。

4 確定申告書の提出期限の延長の特例の申請書

通常、確定申告の提出期限は、決算日から2か月以内とされています。ただし、2か月以内に決算を確定させることが難しい場合には、確定申告書の提出期限の延長の特例の申請書を提出することにより、確定申告書の提出期限を3か月以内に延長することができます。

5 消費税の届出書

① 消費税課税事業者選択届出書

一般的には、期首の資本金の額または出資の金額が1,000万円未満である場合は、設立初年度は、消費税の納税義務が免除されます。しかし、消費税額の還付が期待できるような場合には、設立事業年度末までに課税事

業者の選択届出を提出することで、消費税の納税義務者になることができます（消費税法9条4項、6項、7項）。

② 消費税簡易課税制度選択届出

簡易課税制度は、みなし仕入率を使い仕入控除額を計算する制度ですが、この制度を適用するためには、選択届出書を事業開始年度末までに提出する必要があります。なお、簡易課税を選択した場合、2年間は継続適用しなければなりません。（消費税法37条1項、2項、5項）

6 給与支払事業所等の開設・移転・廃止届出書

設立後、役員報酬、給与等を支払うようになった場合には、給与等の支払事務を取り扱う事務所等を開設する届出をすることになります。（所得税法230条、所得税施行規則99条）。

7 源泉所得税の納期の特例の承認に関する申請書

給与や報酬を支払った場合、源泉所得税の徴収をしますが、通常は給与等の支払いをした月の翌月10日までに支払う必要があります。給与の支払人員が常時10人未満の場合は、納期の特例の申請をすることにより、1月から6月分を7月10日まで、7月から12月分を翌年の1月20日までに納付できます。毎月の事務のわずらわしさを解消できるので利便性があります（所得税法216条、217条）。

8 地方税への法人設立届

法人設立届出書を設立から1か月以内（東京23区は15日以内）に事業所を設置した都道府県税事務所、市区町村それぞれに提出します。

3 合同会社

質問

日本の会社には、株式会社以外にも、合同会社、合名会社、合資会社があります。合同会社については、小さな会社以外にも大きな会社、出資者が法人の会社（子会社等）なども見かけます。合同会社に向く会社はどのような会社でしょうか。また、合同会社のメリット、デメリットはどのようなものでしょうか。

ポイント

合同会社には、出資比率に関係なく配当ができる、資本金が1億円を超えても会計監査人を設置しなくてよい、設立時などの事務手続につき若干の節約ができるなどのメリットがあります。他方、知名度が低く信用力が劣る可能性がある、ガバナンスの仕組みがぜい弱、上場を目指すことはできない、などのデメリットがあります。合同会社に向くのは、このようなデメリットが問題とならない事業者の場合と言えます。

●●● 解説

1 合同会社の意義

合同会社とは、社員全員が有限責任であるが、会社の内部関係については民法上の組合に似た規律が適用される会社をいいます。アメリカのLLC（リミテッドライアビリティカンパニー）という仕組みをモデルに、平成17年の会社法制定の際に導入されました。

2 株式会社との異同

(1) 共通点

株式会社と合同会社の共通点は、いずれも株主（社員）の責任が有限責任であること、つまり、自己の出資額以上に、会社の借金を弁済する義務

（会社法）	株式会社	合同会社
利益の分配	株主平等（109条）	定款で自由に設定（622条）
業務執行機関	取締役（取締役会）(348条、362条)	各社員、社員の過半数（590条、591条）
取締役（社員）の員数	1人以上。取締役会を置くときは3人以上。	1人以上
取締役（社員）の任期	2年〜10年（公開会社では2年）	任意
監査役の設置	原則任意。取締役会を置くとき等は必要。	任意
計算書類の承認	株主総会決議を要する（438条）。	不要
決算公告	必要（440条）	不要

はないことです。

(2) **相違点**

　株式会社は、所有（株主）と経営（取締役）が分離することが予定されています。そこで、経営にタッチできない株主の利益が、取締役の怠慢などにより害されることのないよう、取締役を監視する仕組み（取締役会、監査役の設置など、厳格なガバナンスの仕組み）や株主を守るルール（株主平等原則など）が定められています。

　他方、合同会社は、所有（社員）と経営（社員）が一致するのが原則です。比較的少人数が集まって、皆で経営をしてゆくイメージです。社員は自ら経営にタッチするのですから、株式会社の場合のようにお節介なルールは必要なく、会社法上の定めは簡素です。

　具体的な株式会社と合同会社の相違点の例には、上記の表のようなものがあります。

3 メリット・デメリット

　アメリカのLLCは、パススルー課税（企業体による稼得所得につき、企業体段階では課税せず、その構成員に課税する仕組み。簡単に言えば、

法人税は課されないということ）を選択できる税制が導入されたことで、一気に普及したと言われています[i]。

ところが、合同会社はLLCをモデルにしたのですが、日本の課税当局はパススルー課税を認めませんでした。LLCを真似したものの、その最大のメリットは付いてこなかった格好です。

したがって、日本の合同会社を使用するメリットは、アメリカのLLCの場合ほど明確ではありません。それでもメリットといえそうなのは、①出資比率に関係なく配当ができること、②資本金１億円以上の大会社となっても、会計監査人を設置しなくてよいこと、③設立時の事務手続などにつき若干の節約ができること（登録免許税が、株式会社は最低15万円、合同会社は最低６万円。株式会社は定款認証（公証人の報酬は５万円）を要する）などです。

他方、合同会社のデメリットは、①知名度が低く、取引先や金融機関からの信用力が劣る可能性がある。②ガバナンスの仕組みがぜい弱である。③大きく成長して上場を目指すということはあり得ないこと、などでしょう[ii]。

4 利用できるケース

利用例として、たとえば、海外の超巨大企業の日本法人（子会社）が合同会社である場合があります。それは、親会社の資金力・信用力が絶大ゆえ、子会社のそれらは問題にならないこと、資本金が１億円を超えても会

---

[i] 吉井溥「合同会社制度の利用状況」http://blog.kanto-gakuen.ac.jp/news/2009/10/post-3ae5.html。なお、例えば当該企業体により不動産（建物）賃貸事業を行う場合、パススルー課税だと、投資家個人のレベルで不動産所得が発生し、多額の減価償却費につき損益通算が可能となるなど節税メリットが生まれます。パススルー課税でない場合、投資家が法人から受領するものは配当所得となってしまい、節税メリットはありません。パススルー課税の意味は大きいのです。

[ii] なお、平成23年度の税務統計によれば、株式会社（旧有限会社法によるもの含む。）の数は247万4130個であり、合同会社の数は１万6824個（株式会社数に比して、約0.68％）です。国税庁企画課編「税務統計から見た法人企業の実態（平成23年分）」。

計監査が不要であること、などに着目した結果と思われます。他の例としては、倒産隔離の目的で、事業投資ファンドの仕組みに合同会社が組み込まれている場合があります。

ほかにも、取引相手が限定されており、新規の資金調達も、事業拡大もさほど考えていない、というような小規模の事業主が法人格を取得したい場合にも利用され得るでしょう。

このように、合同会社は、株式会社に一般的に代替しうるような会社形態ではなく、そのデメリットが問題とならない場合に使用されているものと考えられます。

第 9 章

組織再編

　合併や会社分割などの組織再編の手法は、会社の買収方法として用いられることもありますが、とくに非上場会社の実務では、事業再生や、グループ内での再編の手段として利用される場合が多いようです。
　第9章では、非上場会社で利用されることの多い組織再編の手法について、様々な事例を交えて解説しています。

1 合併

質　問

　後継者への事業承継を行う上で、多角化した事業の再編を考えております。最近の法律では、柔軟な事業再編が可能と聞きました。合併のケースでの手続のポイントを教えてください。

ポイント

　合併の手続は一見複雑ですが、省略できる手続も存在します。中小企業の場合、省略不可能であり、最も時間がかかる手続である、債権者保護手続を中心に、スケジュールを考えることになります。

●●● 解説

1 合併とは

　合併とは、二つ以上の会社が、合併契約により一つとなることを言います。

　合併に参加する会社のいずれかは存続し（「存続会社」といいます）、それ以外の会社は消滅する（「消滅会社」といいます）場合を吸収合併といいます。合併に参加する全ての会社が消滅し、同時に新会社が設立される新設合併もありますが、日本では、吸収合併の例が多いです。

　合併は、上場会社のみならず（あるいはそれ以上に）、非上場の中堅会社でも多用されています。会社の規模が大きいほど、相続税法上の非上場株式の評価が有利になることから、事業承継対策の一環として、あるいは、一定の要件を満たせば繰越欠損金を引き継ぐことができることなど、税負担の観点から実施されることが多いのが、非上場会社の合併の特徴です。

2 吸収合併の手続

 吸収合併の場合に必要とされる会社法上の主な手続は、以下の通りです[i]。すべての手続を終えたら、最後に合併登記を行います。

(1) 合併契約の締結

 合併契約の締結は、手続上不可欠です。通常、それぞれの会社の取締役会決議を経て、代表取締役がこれを締結します。

(2) 株主総会

① 原則

 原則として、合併契約に定めた「合併が効力を生じる日」(効力発生日)までに、各当事会社において、合併契約につき株主総会の特別決議による承認を得ることが必要です(会社法783条、795条等)。

② 簡易合併

 もっとも、消滅会社が、存続会社に比べて非常に小規模であるという場合、存続会社にとって合併の影響は軽微ですから、あえて株主の判断を仰ぐ必要性も乏しいといえます。そこで、合併対価の額が存続会社の純資産額の20％以下である場合、存続会社における株主総会は原則として不要とされています(会社法796条2項)。これを簡易合併といいます。簡易合併は、存続会社のみに適用されます。

③ 略式合併

 また、たとえばA社がB社の議決権の9割を有しており、両社が合併するという場合、B社の株主総会を開催することは無意味です。支配株主のAが賛成し、可決することが確実だからです。そこで、議決権株式の9割以上を合併当時会社の一方が保有する場合、他方の当時会社での株主総会特別決議は省略することができます(会社法784条1項、796条1項)。こ

---

[i] 合併当事会社の規模が一定以上の場合には独占禁止法上の事前手続が、また上場会社が関係する場合には金融商品取引法上の開示や金融商品取引所とのやりとりや保振機構とのやりとり等が、それぞれ発生します。本文では、会社法上の手続のみに記載しています。

れを略式合併といいます。略式合併は、存続会社、消滅会社のいずれにも適用されます。

A社がB社の議決権の9割以上を有しており、かつ合併に際して交付される対価の簿価がA社純資産の20％以下である、という場

> 原　　則 ＝ 株主総会特別決議
> 簡易合併 ＝ 合併の相手方が小さな会社なので、あえて株主総会で決めるまでもない
> 略式合併 ＝ 合併の相手方が圧倒的な支配株主なので、総会の開催が無意味

合、簡易合併と略式合併の併せ技で、A、B社いずれの株主総会も不要となります。

(3) **株主保護手続**

合併に反対する株主は、会社に対し、自己の株式を公正な価格で買い取るように求めることができます。その前提として会社は、効力発生日の20日前までに、合併をする旨や相手会社の商号などの情報を、株主に通知または公告しなければなりません（会社法785条、797条）。

(4) **債権者保護手続**

合併は、会社債権者にとっても重要です。合併相手会社の財務内容如何によっては、合併の前後を通じて債務者の弁済能力に変化が生じるからです。そこで法は、債権者保護の手続を定めています。

すなわち、各合併当事会社は、合併する旨や、一定の期間内に異議を述べることができる旨等を、①官報に公告し、②かつ、知れている債権者に対しては各別に催告する必要があります（会社法789条、799条）[ii]。「一定の期間」は1か月を下ることができないとされていますので、債権者保護手続は、最低でも1か月を要することになります。

合併に異議を述べる債権者が生じたときは、会社は、合併しても債権者

[ii] 定款上、電子公告や新聞公告を定めている会社では、②の個別催告を、電子公告等に代えることもできます（いわゆるダブル公告）。

を害することがないといえる場合を除き、弁済や担保の提供などをします。

これらは、債権者を保護するための手続ですから、簡易合併や略式合併の場合でも、省略はできません。

(5) **情報開示**

合併の当事会社は、事前に、合併契約書の内容等を記載した書面を、本店に備置くこととされ、会社の株主や債権者は、その閲覧や謄写を求めることができます(会社法782条、794条)。これを「事前備置」と言います。また、合併存続会社は、効力発生日後遅滞なく、手続の経過などを記載した書面を本店に備置くことが必要です(会社法801条)。これを「事後備置」といいます。

3 手続の実際は？

中小企業であっても、基本的には上記2のとおりの手続を履践します。簡易合併や略式合併は、株主総会決議を省略できるだけであり、中小企業ではもともと株主総会の開催コストが小さいことを考慮すれば、さほど大きな意味はないかもしれません。

なお、全株主が合併に同意しているのであれば、(3)の株主保護手続は省略して問題ありません。登記手続上も、株主保護手続関連書類は必要な添付書類に含まれていません。ちなみに、事前備置、事後備置書類も登記上は添付不要です。

中小企業の吸収合併手続で特に重要なのは、(1)の合併契約の締結、(2)の株主総会決議(簡易合併、略式合併の場合は取締役会決議)、そして(4)の債権者保護手続です。合併契約書、株主総会議事録(あるいは取締役会議事録)、債権者保護手続に関する資料(官報公告の紙面と、個別催告の通知先一覧を示した名簿、および個別催告書面のサンプルなど)は、合併登記の添付資料でもあります。これらのうち、最も時間がかかるのが債権者保護手続ですので、これを中心にスケジュールを組んで行くことになります。

◆◆◆ 税務からのアプローチ

【合併の税務 ──── 神田和俊】

　合併は、組織再編の中でも典型的なもので、よく使われます。税務上の合併の取扱いには二種類あり、税制の適格要件を満たしたものが適格合併とされ、そうでないものは非適格合併とされます。

　適格合併の場合は、被合併会社の財産を簿価で引き継ぐので課税上の問題が出ませんが、非適格合併の場合、被合併会社の財産を時価で評価替えするため、含み益があった場合には、譲渡損益が認識され課税の問題が発生します。したがって、合併するにあたり、課税問題を避け、簿価で引き継ぐためには、適格要件を考慮する必要があります。

　適格合併の要件にあてはまるのは、(1)グループ企業内の完全支配関係のある会社（100％支配の会社）を合併する場合、(2)グループ企業内の支配関係のある会社（50％超100％未満の支配の会社）の合併、(3)グループ企業外で共同事業を営むための合併の3つのケースです。

(1)　完全支配関係（100％の支配）にあるグループ内企業同士の合併は、以下の要件がすべて満たされる場合に適格合併になります（法人税法2条十二の八号イ、法人税法施行令4条の3第2項）。

- 合併により、株式以外の金銭等の交付がないこと。

　ただし、合併に反対の株主等の請求による株式等の買取りがあった場合、被合併法人の剰余金の配当等として株主等に交付される金銭等があった場合、合併比率に端数があったため生じた端株の代わりに金銭を交付する場合には、金銭等の交付があってもよいとされています。

- 完全支配が継続することが見込まれること。

　合併前に同一の者により完全支配関係があり、完全支配関係が合併後も継続することが見込まれる場合です。

　完全支配関係とは、一の者が法人の発行済株式等の全部を直接もし

くは間接に保有する関係、一の者との間に当事者間の完全支配の関係がある法人相互の関係を言い、一の者が個人である場合は、本人およびその親族等が含まれます。

(2) 完全支配関係（100％支配）ではないが支配関係（50％超100％未満の支配）があるグループ内企業同士での合併は、以下の要件がすべて満たされる場合に適格合併となります（法人税法2条十二の八号ロ、法人税法施行令4条の3第3項）。
- 合併により、株式以外の金銭等の交付がないこと。
- 支配関係の継続が見込まれること。
- 合併直前の被合併法人等の従業者のうち、その総数のおおむね80％以上に相当する者が合併後に合併法人の業務に従事することが見込まれていること。
- 合併直前の被合併法人の主要な事業が合併法人において合併後に引き続き営まれることが見込まれていること。

(3) グループ企業以外で共同事業を営むための合併では、以下の要件が満たされる場合に適格合併となります（法人税法2条十二の八号ハ、法人税法施行令4条の3第3項）。
① 被合併法人の株主等が50名以上の場合
- 金銭等以外の資産が交付されないこと。
- 被合併法人と合併法人が相互に関連のある事業であること。
- 被合併法人の移転事業と合併法人のその移転事業と関連する継承事業の売上高、従業者数及び資本金額の規模、もしくはこれらに準ずるものの規模がおおむね5倍を超えないことまたは合併法人の特定役員（役員または役員以外の者で社長、副社長、代表取締役、代表執行役、専務取締役または常務取締役と同等に法人の経営の中枢に参画している者）（法人税基本通達1-4-7）のいずれかと合併法人の特定役員のいずれかが合併法人の特定役員になること

が見込まれること。
- 合併等直前の被合併法人等の従業者のうち、その総数のおおむね80％以上に相当する者が合併後に合併法人の業務に従事することが見込まれていること。
- 合併事業に関連する被合併事業が合併法人において合併後も引き続き営まれること。

② 被合併法人の株主等が50名未満の場合

　上記①の要件のほか、合併直前の被合併法人の株主等でその合併により交付を受ける合併法人の全部を継続して保有することが見込まれる者及び合併法人が有する被合併法人の株式等の合計数が被合併法人の発行済株式総数80％以上である必要があります。つまり、被合併法人の発行済株式総数の80％以上を保有する株主等が、合併後も存続会社の株式を保有し続けるという要件を課したものです。

(4) 完全支配関係において無対価合併が行われた場合

　無対価合併である場合の適格要件については、上記の要件のほかに下記のイからニのいずれかの関係がない場合は、適格合併とは認められません（法人税法2条十二の八号、法人税法施行令4条の3第2項1号、2号）。

　　イ　合併法人が被合併の発行済株式等の全部を保有する関係。
　　ロ　一の者が被合併法人および合併法人の発行済株式等の全部を保有する関係。
　　ハ　合併法人およびその合併法人の発行済株式等の全部を保有する者が被合併法人の発行済株式等の全部を保有する関係。
　　ニ　被合併法人およびその被合併法人の発行済株式等の全部を保有する者が合併法人の発行済株式等の全部を保有する関係。

　ロの「一の者」は、親族等が含まれないので留意が必要です。

2 再生手法としての会社分割

質問

わが社の現状は債務超過状態です。いろいろ調べたところ、「会社分割」という手法を使えば、会社債権者の同意なく債務を別法人に移すことができるようですが、法律上の留意点をご教授ください。

ポイント

会社分割を用いることで、優良な資産と一部の債務だけを切り出して、事実上の事業再生を図る取引がなされることがありました。

しかし、このような方法は元の会社に残される債権者を害することとなるため、平成26年改正会社法により一定の対応がなされています。すべての債権者を害することのないようスキームを設計することがより重要となっていますので、留意してください。

●●● 解説

1 再生手法としての会社分割

会社分割とは、一つの会社を複数の会社に分割する会社法上の手続をいいます。分割を行う会社（分割会社）の権利義務の一部を、既存の会社（吸収分割の場合）、あるいは新設の会社（新設分割の場合。既存の会社とあわせて「承継会社」といいます）に包括的に承継させ、その対価として、承継会社の株式を分割会社が受け取ります。

再生手法としての会社分割とは、たとえば、資産500に対して負債1,000を抱えるA社が、資産500と負債のうち500を新設の承継会社 a 社に分割したとします*。すると、もともとのA社よりは財政状態の良い会社である a

---

* そもそも債務超過の会社が会社分割できるのか、という点も論点となっています。本文では、分かり易さを優先してこの点は無視しています。

社を創設できる一方、分割後のA社は、何らの資産もない負債だけの不良会社となります。そのうえで分割後のA社を破産させてしまえば、財政状態の改善されたa社だけが残ることになるのです。

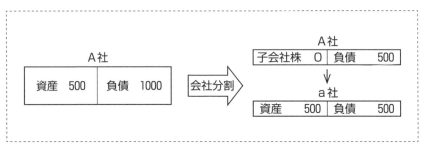

2 問題点

しかし、上記の手法を実施すると、A社に残存する負債にかかる債権者は、大きな損害を被ります。

なぜなら、仮にA社が会社分割をせずに破産したとすれば、すべての債権者は50％の破産配当を受領できたはずです。しかし、会社分割がなされ、分割後のA社に残されてしまった債権者は、分割後のA社の破産により何らの破産配当も受領できなくなるからです。このような会社分割が、「濫用的会社分割」と呼ばれるゆえんです。

なお、もともと会社法は、会社分割につき、債権者保護の手続（異議のある債権者への弁済や担保提供など）を定めていました。しかし、保護の対象は、会社分割により移転する債務にかかる債権者のみとされ、分割会社に残存する債務にかかる債権者は、保護の対象外とされています（逆に、だからこそ濫用的会社分割が実行されてしまった、ともいえます）。

3 改正法の対応

このような濫用的会社分割から債権者を守るべく、平成26年改正会社法により、会社分割で残存する債権者の保護措置が定められました。

すなわち、改正法では、分割会社が、残存する債権者を「害することを知って」した会社分割の場合、残存債権者は、原則として承継会社に対しても債務の履行を求めることができるとされています（会社法759条4項、764条4項）。

　「害する」の意味については、今後の判例による解釈が待たれますが、いずれにせよ、改正法の施行後は、すべての債権者が害されることのないよう、分割後の各債権者への弁済可能性が確保されているか、公平か、といった点に留意して、会社分割を設計する必要がより高くなります。換言すれば再生手法としての会社分割のメリットは、より限定されることとなるでしょう。

3 第二会社方式

質問

前問では、会社分割による事業再生を教えていただきましたが、「第二会社方式」というのもあるようです。第二会社方式とはどのようなものか、会社分割とはどのように違うのかについて、教えていただければと思います。

ポイント

　事業再生手法としての第二会社方式とは、再生を要する会社のうち、優良な事業を切り出して他の会社（第二会社）に承継させ、元の会社は、その優良事業の対価をもって債務を弁済するなどの手法を言います。第二会社へ事業を切り出す方法として、事業譲渡のほか、会社分割が使われることもあります。
　第二会社方式としての会社分割は、全ての債権者が納得できる合理的な再生手法として行われるのが通常であり、この点で、一部の債権者を不当に害して行われる濫用的会社分割とは異なる、といえるでしょう。

●●● 解説

1 第二会社方式とは

　事業再生手法としての第二会社方式とは、再生を要する会社のうち、優良な事業を切り出して他の会社（第二会社。新設会社の場合も既存会社の場合もあり得ます）に承継させ、元の会社は、その優良事業の対価をもって債務を弁済してから破産するなどの手法を言います。第二会社へ事業を切り出す方法としては、事業譲渡のほか、会社分割が使われることもあり得ます。
　たとえば、次頁の図では、経営不振のＡ社は、優良事業であるａ事業のみを切りだしてａ社に承継させます。当該ａ社の株式はスポンサー企業に譲渡して、譲渡代金はＡ社の債権者に弁済し、Ａ社自らは特別清算や破産

により消滅します。

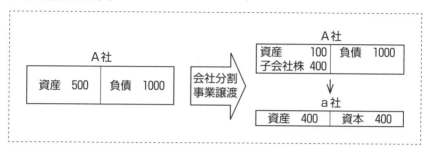

2 第二会社方式のメリット

　一般に、棚卸資産や固定資産などの事業資産は、個別に売却してしまうと（土地を除き）ほとんど値段が付きません。他方で、まとまりのある事業全体として売却すると、事業体の収益力を基礎とした価値（いわゆるDCF法などによる評価）が把握される結果、相応の金額が付きます。資産のばら売りと、事業体としての譲渡とでは、全く異なる値段が付くのです。

　第二会社方式では、切り出された優良事業の入れ物である第二会社は、まさに事業としての価格でスポンサーに売却されます。したがって、債権者への弁済をなるべく大きくするという意味において、第二会社方式には意義があります。

　また、税務上、貸倒損失の計上要件が厳格であることは周知の通りですが、特別清算や破産といった法的整理がなされる場合は、ほぼ文句なしに貸倒損失の損金算入が認められます。したがって、弁済後、元の会社（図のA社）が法的整理をする結果、債権者は、残債権の損切も容易に行えます。

　このように、第二会社方式による再生は、債権者にとっても相応のメリットがあるといえます。

3 濫用的な会社分割との違いは？

　前のご質問では濫用的な会社分割を取り上げました。第二会社方式で

も、優良事業の切り出し方法として会社分割が使われる場合がありますので、その違いが気になるかもしれません。この点、法的に明確な線引きはありませんが、一応、以下のような整理が可能でしょう。

すなわち、事業再生の実務は、裁判手続外の私的整理による場合でも、債権者平等の原則に従い、公平を旨として行われます。第二会社方式を利用する際は、その後の清算や破産手続を円滑に進められるように、元の会社に残す債務は、債権の切り捨てに同意している債権者からの債務とするのが通常です。したがって、濫用的会社分割の場合のように、債権者が訴訟を起こすというリスクもないですし、会社分割によっても、実際上の問題は起きないことでしょう。

つまり、第二会社方式としての会社分割は、全ての債権者が納得できる合理的な再生手法として行われるのが通常であり、この点で、一部の債権者を不当に害して行われる濫用的会社分割とは異なる、といえるでしょう。

組織再編 | 第9章

兄弟で経営している会社に複数の代表取締役を置く

質問

当社は、兄弟で経営している取締役会設置会社で、2つの事業を兄と弟がそれぞれ所管して、同じくらいの規模で推移しています。しかし、代表取締役が兄なので、弟の事業において、契約等の締結に手間を感じます。どうしたらよいでしょうか。

ポイント

弟にも会社の各種業務に係る契約締結権限を付与するためには、弟を代表取締役に選任し、兄と弟の二人を代表取締役とする方法が考えられます。ただ、この方法によると、兄・弟のそれぞれの代表権が包括的であり、会社の業務全般に及ぶ結果、たとえば弟が勝手に兄の所管業務に係る契約を締結してしまうことや、勝手にリスクの高い契約を締結してしまうことなどをどう防ぐか、という問題が生じます。この問題は、取締役会決議事項を広く定めることや、兄弟の代表行為に係る所管業務の分担を内部規程に定める方法などによっても、ある程度の対応が可能です。もっとも、制限に違反した取引が行われても、その取引は有効となってしまうという弱点があります。

●●● 解説 ||||||||||||||||||||||||||||||||||||||||||||||||||||||||||||||||||||||||||

1 複数の代表取締役を置くとどうなるのか？

取締役会設置会社では、代表取締役が対外的な代表権、つまり契約を締結する権限を行使します。この代表権は、会社の業務に関する一切の裁判上・裁判外の行為に及ぶ包括的なものであり、これを制限しても、善意の（つまり、代表権の制限について知らない）第三者に対しては、当該制限を主張することができません（会社法349条5項）。

代表取締役の数は一人である必要はなく、複数の代表取締役を置くことも可能です。実際、代表取締役社長のほか、会長職にも代表権を付与して

いる会社や、副社長に付与している会社などを見かけることがあります。

　ただし、代表権を付与した以上、各自が「代表取締役」として、会社の業務に関する包括的な代表権を行使することになります。その結果、たとえばご質問の例で、弟にも代表権を付与すると、弟が勝手に兄の所管業務に係る契約を締結してしまうことや、勝手にリスクの高い契約を締結してしまうことなどをどう防ぐか、という問題が生じます。なお、平成17年の改正前の商法では「共同代表」という制度がありましたが、現在は廃止されています。

2 代表取締役の行き過ぎた行為を防止する方策

　複数の代表取締役を置く場合に、各代表取締役の行き過ぎた行為を防止するにはどうすればよいでしょうか。

　まず、会社法の定める取締役会決議事項を、なるべく広く設定する、という方法が考えられます。すなわち、取締役会設置会社では、重要な財産の処分や多額の借財といった重要な業務執行の決定は、取締役会の専決事項とされており、代表取締役の独断で決めることができません（会社法362条4項）。そして、何が「重要な財産」や「多額の借財」に該当するのかについては、各会社の規模に応じて、職務権限規程や稟議規程などの内部規程で定めることができます。そこで、これら内部規程に定める取締役会決議事項を広めに設定すれば、代表取締役の権限はそれだけ制限されることになりますので、代表取締役の行き過ぎた行為を防ぐ一つの方策となり得ます。

　ほかにも、たとえば「A事業の代表権はAが行使し、B事業の代表権はBが行使する」などの取決めを職務権限規程に定めるなどして、代表取締役の代表権が及ぶ範囲を内部的に制限する方法も考えられます。

　ただし、取締役会決議事項を広く設定する方法、代表権が及ぶ範囲を制限する方法のいずれも、会社の内部的な制限に止まり、対外的な効力は

生じないという弱点があります。このような内部的な制限に違反して契約が締結されたとしても、そのことにつき善意（知らないこと）の第三者との関係では、取引は有効なものとして扱われてしまうのです。

　したがって、代表権に対する内部的制限を奏功させるためには、内規上、違反に対する制裁を定めたり、あるいは（二人の代表取締役がいずれも株主だとすれば）株主間契約により、違反に対する制裁を定めるなどの対応も検討した方がよいかもしれません。

5 兄弟で経営している会社を分割して二つの会社にする

質問

当社は、兄弟で経営している取締役会設置会社で、2つの事業を兄と弟がそれぞれ所管して、同じくらいの規模で推移しています。しかし、代表取締役が兄なので、弟の事業において、契約等の締結に手間を感じます。前問では、兄と弟を代表取締役に選任する方法を教えて頂きましたが、会社を分割する方法について教えてください。

ポイント

弟が所管している事業を別の会社に移管し、弟が当該別会社の代表取締役になる方法（分社）が考えられます。

分社によると、兄と弟がそれぞれ別の会社を代表することになるため、兄弟は、互いに干渉されることもなく、また、一方の会社が勝手にリスクの高い契約を締結したとしても、その影響が他方の会社に及ぶこともありません。したがって、1つの会社で代表取締役を2人置く場合に比べ、より独立性の高い経営が可能となります。

なお、分社を行うと、必然的に、各会社の事業規模は分社前より小さくなります。事業規模の縮小による取引上のデメリットを防止するためには、分社後も、各会社が1つのグループ会社を構成する持株会社体制とするのがよいでしょう。

会社分割という手続と株式移転という手続を実施することで、持株会社体制を形成することができます。なお、実際のスキーム検討に当たっては、税負担への考慮が重要となります。

●●● 解説

1 分社化による権限移譲

会社そのものを2つに分けてしまい、それぞれの代表取締役に、兄、弟が就任したと仮定します（図1）。

図1

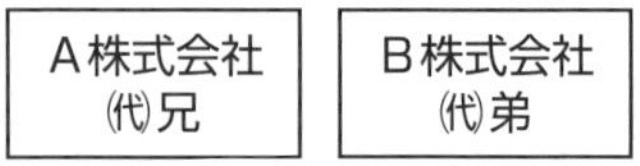

| A株式会社
(代)兄 | B株式会社
(代)弟 |

この場合、図1のA社、B社はそれぞれ別の会社ですから、兄弟は、互いに干渉されることもなく、また、一方の会社が勝手にリスクの高い契約を締結したとしても、その影響が他方の会社に及ぶこともありません。

ただし、それぞれの会社の規模は、分社化前に比較して小さくなります。その結果、銀行による信用評価や、事業上の取引における交渉力に影響が生じてしまうなどのリスクがあります。実務上、これは非常に大きな問題と言えます。

そこで、分社後の2つの事業会社を統括する持株会社（ホールディング会社）を設立し、そこに両事業会社の全株式を保有させる場合があります（図2）。

銀行による信用や、事業上の交渉力は、ABC会社を一体としたグループ全体に由来するので、分社化の前後でそういった評価に大きな影響が出ないことが期待されます。

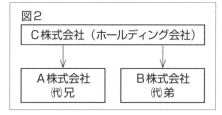

2 分社化の手法　～会社分割～

1つの会社を出発点として、上記のような持株会社体制を形成するにはいくつかの方法が考えられます。以下では、比較的簡便な方法と思われる、会社分割と株式移転を利用する方法を説明します。

(1) 会社分割

A株式会社に、A事業、B事業の2つの事業が存在し、当該会社には、個人の株主がいる、という状態を出発点として考えてみます（図3）。

持株会社体制を形成するには、

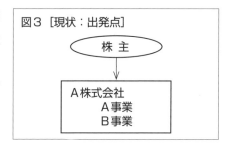

まず、B事業を切り出して別の会社とする必要があります。これを実施する手法の代表例に、会社分割というものがあります。

会社分割とは、株主総会の特別決議により、1つの会社を2つ以上の会社に分ける会社法上の手続です。分割を行った会社（分割会社）は、切り離した事業の対価として、事業を承継する会社（承継会社）の株式等を取得します。つまり、分割会社と承継会社は、いったん親子会社のような関係になります（分社型分割）。ただ、分割会社が取得した株式等を、直ちに分割会社の株主に移転することもでき、これによると分割会社と承継会社は兄弟会社のような関係になります（分割型分割）。

そこで、図3の場合を起点として、A事業を切り出す分社型分割と、B事業を切り出す分社型分割をそれぞれ実施すると、図4のようなホールディング体制が構築されます。

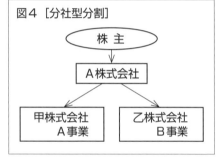

(2) **株式移転**

あるいは、図3の場合に、分割型の新設分割（承継会社が分割に際して新しく設立される分割のこと）を行うと、A社から切り出されたB事業により新会社（B社）が設立され、株主は、A社株式に加えてB社株式を取得します。その結果、図5のように、株主の下に2つの会社がぶら下がる状態が形成されます。

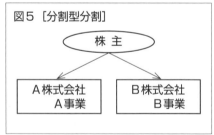

分割型分割でA社とB社が形成されましたので、次に、これらの両事業会社の株式を保有する持株会社を作る必要があります。

持株会社を作る会社法上の手段として、株式移転という手続がありま

す。株式移転とは、ある会社が、株主総会の特別決議により新設された他の会社（持株会社）の完全子会社となる取引です。なお、持株会社として既存の会社を利用する場合もあり、その場合を「株式交換」といいます。

2つの会社が同時に株式移転を行い、1つの持ち株会社を設立することも可能であり、このように複数の会社が参加する株式移転を共同株式移転と呼んでいます。図5の場合に、共同株式移転を実施すると、一度に、A社とB社を擁する持株会社（C社）を設立することができます（図6）。

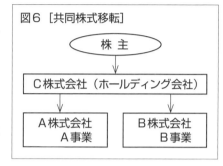

以上のとおり、会社分割と株式移転を組み合わせて実施することで、持株会社体制を形成することができます。

3 分社化と課税

なお、実際に、非上場会社の分社化を検討する際には、課税問題も視野に入れる必要があります。課税問題は、大きく分けて2つの段階で考えます。

一つ目は、分社化を実行する際の課税問題であり、株式や、会社保有資産に生じた値上がり益に対する課税が、分社化を機になされるか否かというものです。いわゆる適格組織再編の手法を利用できると、この意味での課税を抑えることができます。

二つ目の問題は、分社後、将来に訪れる相続税の負担をいかに抑えるか、という問題です。税法上、非上場会社の株式は、会社の規模が小さくなるほど、比較的不利な評価方式が適用される仕組みとなっています。その結果、分社化を行ったせいで、トータルの株式評価が上がってしまい、その分、相続税額が高くなってしまうリスクがあるためです。

不動産を売主に残して事業を譲り受けるには？
（会社分割等）

質　問

同業者より事業の売却を提案されました。工場の土地建物を先方に残して、機械などの設備、従業員、得意先などを譲り受け、工場の家賃を払うことになります。株式譲渡や合併によると工場の土地建物まで移転してしまいます。どうしたらよいでしょうか。

ポイント

あらかじめ、売主である同業者が用意した他の会社に、工場の土地建物を譲渡しておき、その後に売却対象会社の株式譲渡を受ける、あるいは対象会社を吸収合併するなどの方法を使えば、株式譲渡や合併でも、質問者の目的を達することは可能です。ただ、土地建物の譲渡により、その含み益が実現するので、課税リスクが生じるなどの問題があります。

事業譲渡や会社分割（吸収分割）を使うと、逆に、対象会社には工場の土地建物を残し、他の資産・負債を譲渡し（事業譲渡）、あるいは分割する（会社分割）ことになります。土地建物の譲渡はないから、含み益課税を回避できる可能性があります。

なお、事業譲渡と会社分割の最も大きな違いは、事業譲渡の場合、取引先や労働者との契約などを移転するためには、個々の契約の相手方の同意を要するのに対し、会社分割の場合、そのような同意を得る必要がないという点にあります。

 解説

1 株式の取得（子会社化）や合併

M&Aの手法として、実務で最も多用されているのは株式の取得です。とくに、非上場の対象会社を買収する場合、対象会社の全株式を取得して完全子会社化する方法が好まれます。

株式の取得（子会社化）の場合、買主は、対象会社の不動産を含め、そ

のすべてを買収することになります。したがって、対象会社が所有する不動産を切り出すためには、あらかじめ、売主が用意した別会社等に不動産のみを譲渡しておき、その後に株式の取得を行う、などの対応が必要です。ただし、不動産に含み益があるなら、不動産譲渡の段階で譲渡益が実現してしまうという問題があります。

　他方、合併とは、対象会社の資産や負債のすべてを、丸ごと（包括的に）、買主である会社の内部に取り込む手法です。対象会社の不動産を含め、すべての資産・負債が承継されてしまいます。ですから、対象会社の有する不動産を切り出すためには、株式の取得の場合と同様、事前に不動産のみを他へ譲渡しておくなどの対応が必要となります。

2 事業譲渡

　事業譲渡とは、ある事業を構成する資産や負債を、購入する手法です。合併と大きく違うのは、合併の場合、対象会社の特定の資産や負債を承継しないことはできない（包括承継）のに対し、事業譲渡は、逆に個々の資産や負債を吟味し、欲しいものだけを購入する手法であるという点です。

　したがって、対象会社には不動産だけを残して、他の事業用資産・負債を全て譲り受けることで、質問の目的は達成されます。不動産は譲渡していないため、その含み益に対する課税の問題も生じません。

　ただ、事業譲渡は、対象会社の契約関係（雇用契約、取引契約、賃貸借契約など）を引き継ぐためには、いちいち契約相手の同意を得る必要があり、非常に手間がかかるという問題があります。

3 会社分割

(1) 会社分割の利便性

　会社分割は、ある事業に関する権利・義務を承継する手法である点で事業譲渡に似ているのですが、分割による移転の対象となる権利・義務は、

当然に、つまり、契約相手の同意を要せずに移転する点が、事業譲渡と大きく異なります。また、会社分割の対価としては、承継する方の会社の株式を発行する方法のほか、現金などの株式以外の対価を使用することもできます。なお、分割された事業を承継する者が新設会社である場合を新設分割といい、既存の会社である場合を吸収分割といいます。

分割による移転対象となる権利や義務は、会社分割契約で特定する必要があるのですが、なるべく個々の権利・義務（資産・負債）を特定して記載し、包括的な記載を回避することにより、偶発債務を引き継いでしまうリスクを回避することができます。

このように会社分割は、合併の利便性と事業譲渡の利便性を合わせたようなものであるといえるでしょう。

質問との関係では、対象会社には不動産だけを残して、他の事業用の資産・負債は会社分割の対象とすることにより、その目的は達成されます。不動産の譲渡はしないので、その含み益に対する課税の問題も生じません。

(2) **会社分割（吸収分割）の手続**

まず、当事会社間で吸収分割契約を締結します。契約には、分割による移転の対象となる権利義務やその対価、吸収分割が効力を生じる日（効力発生日）などを定めます。また、吸収分割契約につき、分割会社、承継会社のそれぞれが、効力発生日までに、株主総会の特別決議による承認を経ることが必要です（例外あり）。

また、吸収分割では、前述のように分割対象となる契約は、契約相手の同意なく移転してしまうため、契約相手である債権者や労働者を保護する仕組みが必要となります。

債権者保護の仕組みとしては、分割対象とされた債権者（もとの会社に債務の弁済を請求できる場合を除く）や、承継する側の会社の債権者は、会社分割に異議を述べることができるとされています。

労働者保護の仕組みとしては、一定の労働者に対する事前の通知や協

議実施義務が定められていることに加え、①分割対象となる事業に主に従事していた労働者が、その労働契約が分割対象に含まれていなかった場合、自己の労働契約も分割対象に含めるよう求めることができ、②逆に、分割対象となる事業に主に従事していたわけではないのに、その労働契約が分割対象に含まれてしまった労働者は、分割対象から自己の労働契約を外すよう求めることができるようになっています。

◆◆◆ 税務からのアプローチ

【欠損金の引継ぎ等の税務 ──── 神田和俊】

　繰越欠損金を抱えている被合併会社を吸収する場合には、被合併会社の繰越欠損金を引き継げるか否かの問題があります。欠損金を存続会社が引継ぐためには、その合併が適格合併であることが前提となります。

1 欠損金の引継ぎの要件

　共同事業を行うための適格合併の場合には、被合併法人の合併の日前9年以内に開始した事業年度の繰越欠損金の全額が引き継げます（法人税法57条2項、3項）。支配関係がある場合の適格合併の場合においては、支配関係が5年前の日以前か否かによって、要件が異なります。

(1) **支配関係の成立が合併事業年度開始の日の5年前の日以前の場合**

　合併法人による支配が合併事業年度開始の日の5年前の日以前から継続していれば、被合併法人の合併の日前9年以内に開始した事業年度の繰越欠損金の全額が引き継げます（法人税法57条2項、3項、法人税法施行令112条4項1号）。被合併法人、合併法人が設立5年前の日に満たない場合にも、原則、継続して支配関係がある場合には、繰越欠損金の全額が引き継げます（法人税法57条3項、法人税法施行令112条4項2号）。なお、被合併法人が控除する欠損金額の生じた事業年度から青色申告書を提出し、

その後の事業年度も青色申告書を提出していることが必要です。

(2) **支配関係が5年に満たない場合**

合併法人による支配が5年に満たない場合であっても、みなし共同事業要件を満たしていれば、制限なく繰越欠損金の引き継ぐことができます。みなし共同事業要件とは下記のイからニもしくはイホの要件を満たす場合を言います（法人税法57条3項、法人税法施行令112条3項）。

イ　事業関連性要件（法人税法施行令112条3項1号）
　　合併法人と被合併法人の事業に関連性があること。

ロ　事業規模要件（法人税法施行令112条3項2号）
　　事業規模が5倍を超えないこと。

ハ　被合併事業規模継続要件（法人税法施行令112条3項3号）
　　被合併事業が支配関係になった時から合併時まで継続して営まれ、被合併事業の規模がおおむね2倍を超えないこと。

ニ　合併事業規模継続要件（法人税法施行令112条3項4号）
　　合併事業が支配関係になった時から合併時まで継続して営まれ、合併事業の規模がおおむね2倍を超えないこと。

ホ　特定役員引継要件（法人税法施行令112条3項5号）
　　合併前のおける被合併法人の特定役員のいずれかの者と合併法人の特定役員のいずれかの者が合併後の合併法人の特定役員となることが見込まれていること。

支配関係が5年に満たない場合で、みなし共同事業要件に該当しない場合の被合併法人については、支配関係事業年度より前の欠損金、支配関係事業年度以後の欠損金のうち特定資産譲渡等損失の部分は、一定の制限を受けます（法人税法57条3項、法人税法施行令112条5項）。

① 　支配関係事業年度の前事業年度末に含み益がある場合

　　支配関係事業年度の前事業年度末に含み益がある場合には、支配関係以後の欠損金を引き継げる他、支配関係以前欠損金のうち含み益相当額を

限度として欠損金も引き継げます（法人税法施行令113条1項1号、2号）。
② 支配関係事業年度の前事業年度末に含み損がある場合
　含み損がある場合は、支配関係前の欠損金を引き継げない他、支配関係後の欠損金の一部（特定資産譲渡等損失分）も引継不可又は損金不算入となります（法人税法施行令113条1項3号）。特定資産（棚卸資産、取得価額が1,000万円未満の資産等は除外）の譲渡等の損失は、合併事業年度の開始日から3年を経過する日又は、支配関係になった日から5年経過する日のいずれか早い日以降の特定資産の係る譲渡等損失の損金不算入は適用されません（法人税法62条の7第1項）。

2 合併法人が有する繰越欠損金の引継ぎ

　被合併法人の繰越欠損金の場合と同様に合併法人についても、繰越欠損金の引継ぎに制限があります。みなし共同要件を満たす場合を除き、支配関係が合併の開始日の5年前の日をから継続していない場合は、欠損金の使用制限がなされる場合があります（法人税法57条4項）。

3 租税回避行為とされた場合

　法人が実施した合併が、租税回避行為と認められた場合、企業組織再編に係る行為又は計算の否認の規定（法人税法132条の2）が適用され、上記の要件を満たしていても欠損金を引き継げないことがあります。最近話題となった事例では、ソフトバンクの100％子会社のソフトバンクIDCソリューション㈱をヤフーが買取しヤフーの子会社とし、その後子会社を合併し、IDCの欠損金を引く継いだことで、国税局から540億円の否認を受け追徴課税を受けました。最高裁まで争いましたが、国の勝訴に終わっています。

7 株式の譲受けに際して気を付けるべきポイント
〜株券の交付〜

質問

取引先企業の社長から、「後継者がいないうえに私も高齢になってきた。会社を買い取って、子会社として経営してくれないか。」との打診がありました。申し出を受け、取引先の全株式を買い取るつもりです。なお、この会社は定款上に株券を発行する旨の記載がありますが、社長は株券を所持していないとのことです。株式の取得に際して、注意すべき点はありますか。

ポイント

ご質問の取引先企業は、会社法上の株券発行会社に該当しますので、その株式を有効に譲り受けるためには、株券の交付を受けることが必要です。譲渡人が株券を所持していない場合の対応は、その会社が一度も株券を発行したことがないのか、あるいは発行したが紛失してしまったのかによって異なります。さらに、譲渡人に至るまでの株式譲渡に際して、必要な株券の交付が行われていない可能性もあり、そうだとすると、実は、当該譲渡人（取引先の社長）は、真実の株主ではない、という結論もあり得ます。

いずれにせよ、株式を譲り受ける際には、株式の来歴について慎重な調査を実施したうえでリスクを把握し、それぞれの場合に応じた適切な対応を図るべきです。

●●● 解説

1 「株券発行会社」の株式の譲渡

(1) 株券発行会社とは

現行の会社法では、株式会社は株券を発行しないことを原則とし、例外として、株券を発行する旨を定款に定めた場合に限り、株券を発行することとされています（会社法214条）。

したがって、株式会社は、定款に株券を発行する旨の記載がある「株券発行会社」（会社法117条7項）と、そのような記載のない会社（便宜上、

「株券不発行会社」といいます）に分かれます。

なお、株券発行会社は、株式を発行したのち遅滞なく株券を発行しなければなりませんが（会社法215条1項）、非公開会社（その定款上、発行する全株式に譲渡制限が付さ

表　株券発行会社と不発行会社

区　分	株式譲渡における株券の要否
1．株券発行会社 ①現実に株券を発行している会社 ②株券未発行状態の会社	必要 必要
2．株券不発行会社	不要

れている会社）の場合、例外的に、株主から請求があるまでは株券を発行しなくてよいものとされています（会社法215条4項）。したがって、株券発行会社であるが、現実には株券を発行していない「株券未発行の状態」の会社も多く存在します（表参照）。

(2)　**なぜ古い会社には株券発行会社が多いのか**

上記のとおり、現行の会社法では、あえて定款に株券を発行する旨を記載しない限り、株券発行会社にならない仕組みが採用されているため、近年設立される非上場の株式会社の殆どは株券不発行会社となっています。

ところが、歴史の古い株式会社の場合、逆に株券発行会社となっている場合が珍しくありません。それはなぜでしょうか。

実は、旧商法（平成16年改正前）の時代は、全ての株式会社が株券発行会社とされ、かつ、株式は遅滞なく発行することが義務付けられていました。

その後、平成16年商法改正（平成16年10月1日施行）により、定款に株券を発行しない旨を定めることにより、株券不発行会社となる途が開かれました。また、株券発行会社の場合でも、株式の譲渡制限がある会社では、株主の請求があるまで株券の発行を要しないものとされました（平成17年改正前商法226条1項但書、227条）。

そして、平成17年制定の会社法からは、上述(1)のように、株券不発行が原則とされるに至りましたが、その時点ですでに存続していた株券発行会

社は、会社法制定後も株券発行会社として扱われ、その定款に株券発行の記載があるものとみなされることになりました（会社法整備法76条4項）[i]。

このような商法、会社法の改正経緯があるため、古い株式会社には、株券発行会社である会社が比較的に多いのです。

(3) **株券発行会社の株式譲渡の要件**

株式譲渡の対象会社が株券発行会社である場合、その株式の譲渡は、株券を交付することにより行われます（会社法128条1項）。

株券の交付はいわゆる対抗要件ではなく、効力発生要件とされています。したがって、株券を交付せずに行った株式の譲渡は無効となります。株券発行会社のうち、株券未発行状態の会社もこの結論が当てはまりますので、注意が必要です（表の1①）。

ただし、株券発行会社の株式の譲渡に株券が必要とされるのは、「譲渡」すなわち売買や無償の贈与などによる場合だけであり、相続や合併、会社分割などの一般承継による株式の移動には適用がなく、これらの場合は株券の交付を欠いても、有効に株主の地位（株式）が移転します。

(4) **株券発行会社の見分け方**

株券発行会社であるか否かは、定款の記載によって区分されますから、定款を入手すれば、いずれであるかを確認できるはずです。また、株券発行会社である旨は登記事項でもあるため、登記を確認することも有益です。

なお、(2)で述べた事情から、会社法制定前から存続している株券発行会社の場合、（改正に併せた定款変更をしていない限り）定款上は、株券発行の旨の記載を欠いているものの、登記上は、職権登記によりその旨の記載がある、という例が少なくありません。この場合、定款よりも登記の

---

[i] 登記については、会社法制定時の経過措置として、会社法制定前に、株券の発行について定款に何の記載もない会社（つまり当時の株券発行会社）であった会社は、登記所が職権で（つまり自動的に）「当会社の株式については、株券を発行する。」旨を登記に記載しています（会社法整備法136条12項）。

方が正しく会社の状態を表しています。

2 株券がない場合の対応

(1) 譲渡人が株主であることは間違いないが、株券を所持していない場合

たとえば、譲渡の対象会社が株券発行会社で、譲渡人がその会社の発起人であり、その後の株式の譲渡もないというような場合、譲渡人がその会社の株主であることは間違いありません。

しかし、その会社が一度も株券を発行したことがないため、あるいは、一度は発行した株券を譲渡人が紛失したため、株券を所持していない場合があります。

このような場合に、譲渡人から株式を取得するには、どうすればよいでしょうか。

① その会社が一度も株券を発行していない場合

この場合、改めて対象会社に株券の発行をさせ、譲渡人からの譲渡に際し、その株券の交付を受ければ足ります。

②の場合と異なり、一度も株券の発行をしたことがないため、今回発行させる株券が、有効な株券となるからです。

② 一度は発行した株券を紛失したという場合

この場合でも、上記①と同様に、株券を再発行させ、その交付を受けるだけで株式譲渡を進めてしまうという対応の例もあるようですが、明らかに誤りです。なぜなら、過去に、有効な株券が発行されている以上、重ねて同じ株式について株券を発行することはできないからです。再発行したつもりの株券はただの紙屑です。このことは、最初の株券が紛失されている場合でも同じです。

正しい対応は、「株券の失効制度」（会社法221条以下）を利用して、最初の株券を無効にした上で、新しい株券を再発行させ、その交付を受け

る、という方法です。ただ、株券の失効制度を行うには1年以上の時間がかかるので、M&Aなどの実務では、この方法による対応も難しい場合があります。

そこで次の方法として、対象会社において株券を発行する旨の定款を廃止し、「株券不発行会社」に移行させてしまう方法があります。この場合、定款変更のための株主総会特別決議や、株主への通知と公告などの手続が必要ですが、手続は数週間で完成します（しかも手続上、株券の会社への提出が要求されていない）。定款変更により株券不発行会社となった後は、株式の譲渡に際して株券の交付は不要であり、当事者の合意（契約）だけで株式が移転します（株主名簿への記載が第三者や会社への対抗要件）。

(2) **譲渡人に至るまでの株式譲渡において、株券の交付を欠いている場合**

たとえば、100％オーナーのAが設立した対象会社（株券発行会社）の全株式を、かつてBが譲り受けており、そのBから株式の譲渡を受ける、という例を想定します。

この例では、そもそも設立当初から株券が発行されていないため、AからBへの譲渡の際にも株券の交付がない、という場合や、設立時に株券は発行されたが、AからBへの譲渡の際に株券の交付がされていない、などの場合があります。

いずれの場合も、AからBへの株式譲渡は、株券の交付を欠き無効なので、真実の株主は未だにAである、ということになります（このような例は、非上場会社のM&A実務では割と頻繁に出くわします）。

さて、このような事例でBから株式を購入するにはどうすればよいでしょうか。

① その会社が一度も株券を発行していない場合

この場合、改めて対象会社に、Aに対して株券を発行させ、これをAからBへと交付させるという、いわば「譲渡手続のやり直し」を行う例があ

ります。こうすれば、改めてBが真実の株主となるので、そのBから、（株券の交付を受けて）株式を譲り受ければよいのです。ⁱⁱ

しかし、Aが行方不明であるなどの場合、この方法は使えません。そこで、株券発行前の株式譲渡は当事者間では有効であり、会社との関係では対抗できないだけであるとの理解（会社法128条2項参照）のもと、AB間の株式譲渡を有効に扱う旨を対象会社に表明させた上、併せてBに対して株券の発行をさせて、Bから、（株券の交付を受けて）株式を譲り受ける方法も、検討に値します。ⁱⁱⁱ

② 一度は発行された株券が交付されていない場合

この場合、まだAの手元に株券があるのであれば、改めてこれをAからBに交付させれば足りるので、さほど問題はありません。問題は、かつて株券が発行されたことは間違いなさそうだが、今はその所在が分からない、という場合です。

この場合でも、上記(1)①で述べた「株券不発行会社」への移行を利用することは考えられます。株券を失効させ、改めてAからBへの株式譲渡をやり直した上で、Bから株式の譲渡を受ける、という手順です。

ただ、Aが行方不明である場合や、AとBの間に何人もの株式譲受人がいるかもしれない場合などでは、この方法でも対応しきれない可能性があります。

---

ii　なお、グループ内組織再編で、繰越欠損金の引継ぎの可否を検討するなどの場面では、より慎重な配慮が必要です。たとえば、数年前に甲社がその全株式を取得した完全子会社の乙社があり、これを吸収合併し、欠損金の一部を承継するなどの例で、よくよく調べてみると、過去の株式譲渡の際に株券の交付がなされていなかった可能性が浮上する、などの場合です。欠損金の引継ぎなどでは、完全親子会社関係が「いつ」成立したのかが重要となる場合があるところ、本文の「譲渡手続のやり直し」をすると、厳密には当該やり直しをした時点で初めて、完全親子会社関係が成立したことになってしまいます。

iii　会社法128条2項の理解については、本文に述べたように株券発行前の株式譲渡は当事者間では有効で、会社に対抗できないだけだという見解（神田秀樹『会社法（第17版）』94頁ほか）と、株券発行前の株式譲渡は当事者間でも無効であるという見解（江頭憲治郎『株式会社法（第6版）』229頁ほか）とが対立しており、判例の立場は不明です。後説に立つ場合は本文で述べた対応は効果を生じないので注意が必要です。

以上のとおり、様々な対応方法が考えられますが、いずれも万能ではなく、結局、事例に応じてできる限りの手立てを講じた上で[iv]、Bとの株式譲渡契約に、株式の移転に瑕疵があったときの補償条項を置くことなどで対応するほかありません。②の場合に株式を譲り受けるのは、それなりにリスクが高いことを理解しておく必要があります。[v]

3 その他の留意事項

　非上場会社の実務では、対象会社の株式は譲渡制限株式であることが想定されますので、株式の譲渡に際しては取締役会（取締役会が設置されていない場合は株主総会）の承認が必要です（会社法139条１項）。株式譲渡契約で、当該手続の履行と議事録の提出などを義務付けて、これに対応します。

　なお、平成26年会社法改正により、対象会社が他の会社（親会社）の子会社であり、その株式の親会社における簿価が親会社総資産額の５分の１を超える場合は、株式の譲渡に際して親会社の株主総会特別決議も必要とされたので、注意が必要です（会社法467条１項２号の２）。

---

iv 本文で紹介した対策のほか、株式の取得時効を利用することも考えられます。民法163条の「所有権以外の財産権」に株主権ないし株式が含まれるとして、株主名簿の記載や、継続的な議決権の行使、配当の受領などの事実があった事例で、株式の取得時効を認めた裁判例があります（東京地裁平成21年３月30日判決）。これに従えば、本文のBが取得時効の要件を満たすなら、Bに取得時効を援用させたうえで、株券不発行会社への移行を併せて実施し、Bから株式の譲渡を受ける、などの方法が有効な場合もあり得るでしょう。

v かつて発行された株券が行方不明であるという事例では、「株式の善意取得」が成立しているリスクもあります。これは、たとえばAが紛失した株券を拾ったBが、株主を装って、悪意・重過失のないCに対し、株券を交付して株式を譲渡したなどの場合に、Cが真実の株主になってしまうという制度です（会社法131条２項）。善意取得が成立した後は、株券の失効制度を使っても、株券不発行会社へ移行しても、依然としてCが真実の株主となります。

第10章

解散・清算など

　中小企業の後継者不足がいよいよ現実の問題となってきました。後継者のいない会社でも、事業価値の高い優良企業であれば、Ｍ＆Ａを選択し、取引先と従業員の雇用を守ることができます。しかし、Ｍ＆Ａが難しい会社は、自ら会社を消滅させる方法も考えなければなりません。
　第10章では、通常清算、破産、などの会社を消滅させる方法等について説明しています。

1 経営者保証ガイドライン

質問

経営者保証ガイドラインというものがあり、銀行融資での連帯保証の扱いが変わるかもしれない、という話を聞いたことがあります。これはどのようなものでしょうか。

ポイント

経営者保証ガイドラインは、大きく分けて、①会社への融資の際の無保証融資を促進すべく、無保証融資を行う場合の具体的な要件を定め、また、②社長が連帯保証をしたまま会社が倒産する場合でも、早期であればあるほど、社長個人の財産を残せる仕組みについて定めたルールです。法律ではないですが、金融庁の監督実務では、各金融機関がこれに準拠することを求めており、運用次第では中小企業金融に変革をもたらす可能性のあるものです。

●●● 解説

1 経営者保証ガイドラインの概要

経営者保証ガイドライン（「ガイドライン」）は、無保証融資を促進し、また、会社倒産の場合でも、社長個人の財産がより多く残る仕組みなどについて定めた、中小企業金融の実務上、極めて重要性を帯びる可能性のある取組みです。ガイドラインは、平成26年2月1日より適用が開始されています。

なお、ガイドラインであり、法的拘束力は有しませんが、かといって同ガイドラインを軽視することは間違いです。金融庁は、平成26年4月、「中小・地域金融機関向けの総合的な監督指針」を公表し、金融機関に対し、ガイドラインに応じた実務の取組みを求め、足りない場合は業務改善命令を出す場合があることまで言及しています。いうまでもなく、銀行等の金

融機関にとって一番怖いのは金融庁です。その金融庁の監査監督指針として、ガイドラインへの準拠が謳われていることの意味は軽視できません。

2 無保証融資の要件

ガイドラインの中で最も重要なのは、無保証融資のために求められる会社側の要件を定めた、「第4項(1)」です。概要、次の三つの要件（「三要件」）を定めています。

(1) 法人と経営者との関係の明確な区分・分離

①会社の業務、経理、資産所有等に関し、会社と経営者の関係の明確な区分・分離、②会社と経営者間の資金のやりとり（役員報酬・賞与、配当、オーナーへの貸付等）を、社会通念上適切な範囲を超えないものとする体制を整備するなどを求めています。

(2) 財務基盤の強化

財務状況および経営成績の改善を通じた、信用力の強化を求めています。この点は、金融機関によりいろいろな指標を定めていますが、たとえば東京信用保証協会の定める資格要件確認シートでは、①自己資本比率20％以上であり、かつ、②使用総資本事業利益率10％以上またはインタレストカバレッジレシオ2倍以上、を定めています。

(3) 財務状況の正確な把握、適時適切な情報開示等による経営の透明性確保

会社（および経営者）の資産負債の状況、事業計画や業績見通しおよびその進捗状況等に関する対象債権者からの情報開示の要請に対して、正確かつ丁寧に信頼性の高い情報を開示・説明することにより、経営の透明性を確保することを求めています。

報道によれば、すでに無保証融資の実例は少なからず出ているようです[i]。

---

i 平成26年8月18日付日本経済新聞朝刊など。

なお、上記のうち(1)と(3)については、外部専門家（公認会計士、税理士等）による検証結果を、金融機関に開示することが望ましい、とされています。

ガイドラインが根付けば、今後、会計事務所の役割は、より一層、重要になるものと思われます。

3 会社の倒産と経営者の個人財産

社長の連帯保証を残したまま、会社を破産させる場合、これまでは、社長も一緒に破産するのが通常でした。会社だけが破産しても、社長の保証債務は消えないからです。

ガイドラインでは、会社が破産（その他の倒産手法含む）する場合でも、同時に社長は私的整理の手続を利用することにより、破産を免れ、しかも、従来の実務より多額の個人資産が残る仕組みについて定めています（第7項）。

大雑把に説明しますと、「早めに倒産に踏み切れば、より多くの個人資産が残る可能性がある。」という仕組みです。

すなわち、これまでの実務では、破産を免れるためにあらゆる金策を講じ、ギリギリまで追い詰められてやっと破産に踏み切る、というのが通常でした。この場合、会社に目ぼしい資産は残っておらず、破産配当もゼロに近いものとなります。他方、より早い段階で倒産に踏み切れば、会社にはより多くの資産が残っているはずです。そこで、ギリギリまで頑張ってしまった場合に比較して多く残った資産の範囲では、社長個人の財産を多めに残してもよいではないか、という発想です。

これにより、採算の目途がたたない会社が早期に市場から撤退し、社長の個人資産もある程度残すことで、再チャレンジを可能とする、というのがガイドラインの趣旨です。

解散・清算など | 第10章

2 廃業する方法
（破産と解散）

質問

経営者の私が高齢になり後継者がいないため、事業を廃止しようと思っています。事業を廃止するには、どのような方法があるのでしょうか。

ポイント

事業廃止の手続は、会社が実質的な債務超過であるか否かにより異なります。

実質的な債務超過の場合、裁判所が関与する破産手続によるのが通常です。他方、債務超過でない場合は、裁判所の関与がない解散（清算）の方法を採用することができます。

いずれにせよ、会計・税務の処理や、微妙な法的判断を要する分野ですので、資金の余力があるうちに、早めに税理士や弁護士と相談し、手続を進める必要があります。

●●● 解説

1 廃業処理のルートは、債務超過か否かにより大きく異なる

会社という法人格を消滅させるための基本的な手続は、以下のとおり、会社が債務超過の場合は破産手続（あるいは特別清算）、そうでない場合は解散（清算）の手続を採用するのが通常です。債務超過であるか否かは、簿価ベースではなく時価ベースで考えます（実質債務超過）。

[基本的な廃業処理（会社の法人格を消滅させる手続）のポイント]

ア．債務超過の会社の廃業方法（破産）
- 会社の管理権は管財人（裁判所が選任する弁護士）に渡る。
- 不公平な弁済（偏頗弁済）は許されず、破産前の偏頗弁済も否認される可能性あり。
- 税金や従業員の給与等は優先的に弁済される。

- 経営者が連帯保証している場合、会社と一緒に破産せざるを得ない場合が多い。
- 手続には一定のお金が必要（裁判所に納める費用、申立の弁護士費用等）

イ．債務超過でない会社の廃業方法（解散（清算））
- 会社の管理権は、清算人（通常は社長）に帰属する。
- 清算手続中も税務申告義務がある。
- 手続開始後に、実質債務超過が判明したときは、破産等に移行する義務がある。

　実質債務超過の場合、全ての債務を会社の財産により弁済することはできません。そこで、裁判所の関与の下、公平な弁済（配当）を実施する必要があるため、破産手続等によることが要求されるのです。破産が申し立てられると、裁判所は破産管財人（通常は弁護士）を選任し、会社の管理権限は、代表取締役から管財人に移されます。管財人は、会社財産を調査し、換価できるものを換価し、債権者に公平に弁済（配当）を行います。この際、未払いの税金や、従業員の給料等は、他の債権よりも優先して弁済されます。

　他方、実質債務超過でない場合、株主総会の特別決議により会社の解散を決議し、その後、清算人が清算手続を行います。清算人は、通常は代表取締役が就任しますので、会社の管理権に異動は生じません。清算人は、管財人と同様に、会社財産の調査、換価、弁済を実施します。ただ、債務超過でないことが前提ですから、全ての債権者に満額の弁済がなされることになります。その後、株主総会にて決算報告の承認を受け、法人格の消滅にかかる登記を行い、清算手続が終了します（清算に要する期間は最短で2か月弱）。

2　破産申立前の弁済について

　実質債務超過の場合は破産手続によることとなりますが、破産手続によ

る債権者（とくに、得意先などの優先権のない一般債権者）への配当は、ごく僅か（数％）となる場合が多いです。

そのため、「破産する前に、世話になった取引先には先に弁済してしまいたい。」と考えてしまうのが人情かもしれませんが、破産前の弁済には注意が必要です。

破産手続は、少ない会社財産を公平に分配するための制度です。破産申立前に偏った弁済（偏頗弁済）が許されるとすれば、その制度目的が達成されません。

そこで、破産申立前でも、すでに支払不能（弁済期にある全債務の弁済は無理、という状態）となった以降になされた弁済行為等は、破産管財人により否認される（弁済金が取り戻される）ことになりますので、そのような行為は、控えるべきです。

3 何らの手続もしない（事実上の廃業）とどうなるのか？

破産にせよ解散（清算）にせよ、一定のコスト（お金と時間）がかかります。全く財産が無くなってしまえば、破産すらできないのです。したがって、事業廃止の可能性があるのであれば、資金の余裕があるうちに、準備を開始することが最も肝要です。

このような準備をせず、何らの手続もせずに（できずに）、業務のみを辞めてしまうケース（事実上の廃業）もありますが、取引先等の関係者に迷惑がかかること（法的手続を履践していないので売掛金の損金処理も面倒になる等）、登記不実施の過料のリスクが一応あること（なお、最後の登記から12年後、自動的に解散登記がされます）等、弊害が多く、そのような事態は回避すべきです。

◆◆◆ 税務からのアプローチ

【破産の税務 ──── 山田美代子】

　会社が破産を選択する場合には、会社自体の破産手続と会社の債務に連帯保証をしている経営者の自己破産がセットになることが多くなります。この場合の税務の手続は、以下のようになります。

1 会社の破産

　会社が破産となった場合には、期首からその破産手続開始決定日（解散日）までを1事業年度とみなして決算書と解散の確定申告書を作成し、解散の日の翌日から2か月以内に提出する必要があります。それ以降は、通常の決算日を事業年度終了日として、清算確定するまで確定申告書を提出することになります。この確定申告書の内容は、通常清算の申告と変わりませんが、解散後の事業年度終了日は、破産と通常清算では異なるので注意が必要です。実際に破産手続開始決定がなされると裁判所が破産管財人を選任するため、税務申告を含め様々な手続は破産管財人の下で行われることになります。

2 経営者個人の破産

　会社が法的整理をする場合には、会社の代表者は会社の債務に対して個人保証を行っているため同時に自己破産を申し立てる場合が多く見られます。

　破産に限るものではありませんが、個人資産を処分した場合の留意点として、会社経営者の個人資産を売却することにより売却益が発生した場合には所得税が課税されます。この場合に金融機関等に対する経営者の保証債務を履行するために土地建物などを売ったことに伴う譲渡所得はなかったものとする特例があります。この特例を受けるには、次の三つの要件すべてに当てはまることが必要です（所得税法64条）。

① 本来の債務者が既に債務を弁済できない状態であるときに、債務の保証をしたものでないこと
② 保証債務を履行するために土地建物などを売っていること
③ 履行をした債務の全額または一部の金額が本来の債務者から回収できなくなったこと

したがって、会社の破産に伴う自己破産の場合には資産の処分から生じる譲渡所得の課税の問題はないと言えます。ただし、個人が破産する場合には通常の債務は自己破産で整理できたとしてもそれまでに滞納している税金は免責となりません。

3 万一の破産への備え

会社経営は、経営者個人にとってもリスクを抱えることでもあります。万が一に備えて、個人資産を事前に分けておくことも考えておくべきです。たとえば、夫婦間で居住用の不動産を贈与した時の2,000万円の配偶者控除(相続税法21条の5、21条の6)を利用して配偶者に自宅を贈与したり、個人資産の一部を相続時精算課税制度(相続税法21条の9、租税特別措置法70条の2、70条の3)を利用して子供達へ贈与することも考えられます。ただし、こうした対策を会社の経営が傾いてから実行した場合には、詐害行為とみなされることもあり、あくまで会社が好調なうちに実行したいものです。

3 廃業する方法
（実質債務超過と解散（通常清算））

質　問

前問では、事業を廃止する方法を解説して頂きました。ところで、当社は実質的に債務超過の状態ですが、取引先などの債権者になるべく迷惑をかけないで廃業するにはどうすればよいでしょうか。経営者である私から会社への貸付金は放棄しますし、そのほかにも、多少の個人的な負担は覚悟しています。

ポイント

清算手続中に、清算会社が実質的な債務超過であることが判明したときは、破産（または特別清算）という裁判所の関与する手続に移行する義務が生じます。

しかし、経営者その他による債権放棄や増資等により、実質債務超過が解消されるのであれば、通常清算を完遂することが可能です。

通常清算であれば、（放棄した者を除く）全ての債権者に満額の弁済がなされますから、取引先等の債権者に迷惑をかけずに済むことでしょう。

●●● 解説

1 実質債務超過の場合の破産申立義務、特別清算申立義務

株式会社を解散した後、裁判所の関与しない通常の清算手続（通常清算）を開始した後に、実質債務超過が判明したときには、以下のとおり、清算人は破産または特別清算（裁判所の関与する特別な清算手続）の申立義務を負います。

① 破産申立義務（会社法484条1項）
　清算株式会社の財産が債務の完済に不足することが「明らか」になったとき
　　→ 清算人は、破産申立義務を負う。
② 特別清算申立義務（会社法511条2項）
　清算株式会社の財産が債務の完済に不足する状態（債務超過）の「疑い」があ

るとき
　→　清算人は、特別清算申立義務を負う。

　また、通常清算手続のゴールは、清算結了の登記ですが、登記申請書類に添付される決算報告書により債務超過の事実が判明する場合、登記は受理されません。
　よって、会社が実質債務超過の場合には、通常清算手続を完遂することはできません。

2 債権放棄・増資等による対応の可否

　もっとも、経営者の清算会社に対する貸付金を放棄することにより、あるいは、経営者による増資などにより、実質債務超過が解消する可能性があります。経営者に限らず、他の債権者から債権放棄を受けられる場合も同様です。債権放棄や増資などにより、実質債務超過を免れる見込みがある場合であれば、通常清算手続を採用することが可能です。
　債権放棄等の実施時期については、解散決議（＝通常清算手続の開始）の前に、債権放棄や増資を実施し、実質債務超過の状態を解消してから解散決議を行うほか、まずは解散決議を実施し、清算手続のなかで必要に応じて債権放棄や増資を実施することも考えられます[i]。

3 留意点

　法人税法が改正され、平成22年10月１日以後の解散による清算会社は、損益法による課税がなされることとされました（清算所得課税の廃止）。し

---

i　会社法上、清算会社も増資を実施することができることを前提とした規定があります（会社法487条２項等）。なお、債権放棄や増資の余地がある時点では、完済不能（会社法484条１項）やそのおそれ（会社法511条２項）は存在しないものと解すべきです。ただし、予定していた債権放棄や増資が実施できないこと、あるいは、それらを実施してもなお、実質債務超過となることが判明した場合には、破産か特別清算に移行しなければなりません。

たがって、債権放棄は、清算手続開始前に行っても、手続中に行っても、清算会社の益金を構成しますので、納税義務が生じる可能性があります[ii]。

会社法上の破産・特別清算申立義務が財産法ベース（実質債務超過）で判定される一方、清算手続中の法人税は損益法で算定される結果、納税義務のせいで実質債務超過となり、破産や特別清算に移行せざるを得なくなる、といった笑えない事態も想定されます。通常清算を計画する際には、綿密なタックスプランニングが非常に重要です。

◆◆ 税務からのアプローチ

【清算と休眠の税務上の手続 ——— 山田美代子】

1 通常清算

通常清算の手続の流れは下記のようになりますが、これに関する主な税務上の留意点を解説します。

> ① 株主総会による解散決議 → ② 解散・清算人就任登記 → ③ 解散公告および債権者に対する各別の催告 → ④ 株主総会による清算決算報告書の承認 → ⑤ 清算結了登記

① 期首から解散日までを１事業年度とみなして決算書と税務申告書を作成し、解散の日の翌日から２か月以内に提出する必要があります。その後も清算確定するまでは、解散の日の翌日から１年間を事業年度として清算予納確定申告書を提出することになります。これらの確定申告は、清算期間の所得に対して課税されるために通常の決算確定申告と大きく変わるところはありません。

---

ii なお、税法上期限切れの繰越欠損金の損金算入ができるなどの手当ても存在します。

② 解散と代表清算人就任の異動届を税務署等に提出します。
③ 解散公告や債権者に対する各別の催告は厄介に感じられるところです。しかし、実務的にはあらかじめ債権者への返済を終了させて、催告すべき債権者をなくしておけば、この手続を省略させることができます。
④ 残余財産が確定した時点で、残余財産確定事業年度の確定申告書をその翌日から1か月以内に提出します。この確定申告も①と同様に所得に基づく確定申告となります。ここで残余財産があれば、分配金を株主に支払うことになり、清算配当金がある場合には源泉所得税を納付します。
⑤ 清算結了の異動届を税務署等に提出します。

2 債務超過の時の通常清算

解散決議時点で債務超過の場合には、通常清算をできるように債務超過を解消する必要があります。そのために以下のような手続を顧問弁護士や税理士と相談しながら進めていきます。
① 会社の資産を資金化して債権者への返済を行います。
② それでも返済資金が足りない場合には、経営者が返済に必要な資金を会社に貸し付けます。
③ 外部の債権者への返済終了後、経営者の貸付金を債権放棄し、債務免除益により債務超過を解消します。

このケースでは、①の資産の売却益と③の債務免除益による課税の問題が発生します。会社を清算する場合に平成22年度税制改正により清算所得課税が廃止され、解散法人に債務免除益等の所得がある場合には課税されるようになりました。ただし、解散・清算する場合に利用できる方法として「期限切れ欠損金の損金算入」があります。

通常、税務上の欠損金額は9年間だけ繰り越すことができ、翌期以降の利益を控除することができますが、その期間を超過した部分は期限切れ欠損金となります（法人税法5条、59条3項）。会社が解散する時に残余財

産がないと見込まれる場合には、この期限切れ繰越欠損金の損金算入ができるようになり、解散法人の利益と相殺することが認められます。これによって、清算結了の年度において債務免除益等が生じた場合でも、法人税の課税は実質的に発生しないこととなります。

3 休眠

　会社を閉める際の原則的な手続が通常清算です。しかし、その手続が煩雑であり、登記の手続及び確定申告を最低2回は行わなければなりません。そこで会社を休眠させるという方法が取られることもあります。

　休眠をする際には、会社の事業を終了させて、確定申告書とともに法人の異動届出書に休業する旨を記載して提出します。休眠中は、会社の取引がないため法人税や消費税の支払いは発生しませんが、法人住民税均等割は、取引がなくても本店所在地において納めるのが原則です。

第10章 解散・清算など

4 破産

質問

会社の業績が悪化して、資金繰りが厳しくなってきました。今後の収益状況から借入金の返済が難しくなってきそうです。会社を破産させるための手続と費用を教えていただけますか？

ポイント

破産の手続とは、端的にいえば会社の全資産を換金し、債権者に配当し、会社を消滅させる、というものです。裁判所の選任する管財人が取り仕切ります。費用は、裁判所への予納金（管財人の報酬）と申立て弁護士の費用が大きなウェイトを占めます。いずれも債務総額や債権者数等により異なります。

●●● 解説

1 破産とは

破産とは、債務超過の会社が、裁判所の関与の下で行う廃業方法の一つです。端的にいえば、破産会社の財産を調べ、換金できるものは換金し、そのうえで全ての債権者に平等に配当する手続です。

破産手続は、破産しようとする会社（場合によっては債権者）が、裁判所に申し立てることで開始します。破産開始の要件は、会社の場合は「債務超過」でありさえすればこれを満たします。

破産の申立てがなされると、裁判所が「管財人」を選任します（名簿に掲載された弁護士から選択しています）。破産手続の一切はこの管財人が行います。会社の社長（代表取締役）は、破産手続の開始と同時に業務執行権限を失います。

2 破産するとどうなるのか

(1) 最も迷惑を被るのは仕入先や従業員？

破産手続では会社財産が換金され、これを債権者に配当します。しかし、抵当権などの物的担保を有する債権者は、その担保権からの優先的な回収が許されます。通常、物的担保を有するのは金融機関です。仕入先など無担保債権者は、そのような優先扱いはなく、極めて低い破産配当（事案によりますが、1％～数％の配当に止まる例が多い）しか受けられません。

また、従業員の給与債権も優先して配当されます。この意味では従業員も優先的地位にあります。しかし、彼らは職を失うのですから、やはり、その影響は重大です。

一概には言えませんが、会社が破産して、最も迷惑を被るのは、これまでお世話になった仕入先や従業員である場合が少なくないようです。

(2) とはいえ、**破産申立前の弁済等には限界がある（否認権）**

以上の事情を知ってか、破産申立てを検討する会社の社長さんの中には、「申立前に、お世話になった○○社長の買掛金だけは払ってやりたい」などと、一部の債権者のみに弁済をしたいと考える方もいます。しかし、破産状態にあることを相手も知っている等の事情があれば、そのような弁済は後で管財人により「否認」され、法的にはそのような弁済はなかったものとして扱われる（弁済金が取り返される）ことになります。

なお、すでに破産するつもりなのに、これを秘して新規に借入れをするなどの行為は、刑法上の詐欺罪（いわゆる取り込み詐欺）に該当する場合すらあるので注意が必要です。

(3) 社長個人の破産は必須ではなくなった？

これまで、日本の実務では、必ずと言ってよいほど、会社の借金は社長個人が保証していました。そこで、会社と同じ借金を社長も負担している関係上、会社と同時に社長も破産を申し立てるのが通常でした。

しかし、「経営者保証ガイドライン」では、借金をする際の無保証融資

を促進し、さらに、すでに経営者保証のある企業が倒産する場面で、経営者個人の破産を回避し、さらには従来よりも多くの個人資産を残させる、などの対応が求められており、従来の破産実務は変わってゆくことが予想されます。

3 破産のコスト

費用としては、破産申立ての時点で裁判所への予納金（管財人の報酬となる。）が必要です。また、破産の申立てそのものを、（管財人以外の）弁護士に依頼するのが通常です（法的には個人の申立ても可能ですが、裁判所は弁護士を使うよう促します。申立前に、ある程度法律関係を整理させる意図があるようです）。

予納金の目安は以下のとおりです。申立弁護士の報酬は弁護士によりますが、通常、予納金の1～1.5倍程度です。ですから、お金がないと、破産すらできません。

参考：予納金の目安

負債総額	法　人	自然人
5000万円未満	70万円	50万円
5000万円～1億円未満	100万円	80万円
1億円～5億円未満	200万円	150万円
5億円～10億円未満	300万円	250万円

4 破産はなるべく回避した方がよい

破産手続の概要は以上のとおりです。破産には、予納金と申立費用という二重の弁護士費用が発生します。その分、債権者に配当される資金が減少します。同じ廃業をするなら、破産に至る前に、通常清算などの債権者負担の少ない方法を採用することも検討に値すると思います。

あとがき

　この本は、弁護士の島村謙先生とTAX-CPA研究会の共同制作で完成しました。TAX-CPA研究会は、平成16年に会社法改正要綱が発表された際に、私の知人の公認会計士資格を持つ税理士に声をかけてスタートさせた勉強会です。

　私たちの世代の公認会計士試験では商法が受験科目に入っていたおかげで、たとえば「取締役の利益相反取引は商法265条を読めばよい」というところまで頭に入っておりました。そのため、公認会計士出身の税理士は、決算や税務に加えて、株主総会や取締役会など会社の組織的な運営や種類株式、新株予約権といった旧商法に関連する観点からも助言を行ってきました。ところが、会社法の改正要綱を読むと、商法が会社法と名前を変えるだけでなく、ゼロから作り直すに等しい転換があることが読み取れました。そのため、せっかく株式会社や有限会社の運営の基盤となる商法の知識も活用しながら税務の業務をしてきた公認会計士資格を持つ税理士の強みが失われることを危惧したのです。

　TAX-CPA研究会では、月に一度のペースで改正要綱を読み込み、会社法が成立してからは、会社法の条文を理解し、会社法施行規則、会社計算規則なども勉強しながら、会社法前後で大きな改正があった会計、監査、税法の勉強へと幅を広げながら今日に至っております。その過程では、「これだけ勉強してきたのだから、その成果を書籍にまとめてみてはどうか」という話もあり、本書の版元であるぎょうせいの編集者の方にも相談したりしておりました。

　そんな中、編集者の方から弁護士の島村謙先生が税理士向けの会社法に関するQ&Aによる解説の連載を始めたいが、質問文を作るところで苦労しそうだと言われているため、質問文をTAX-CPA研究会で作ることはできないか？という相談が持ち込まれました。これを引き受け、「速報税

理」誌での連載が始まり、島村先生のご尽力で1冊の本にするだけの連載が続いたため、単行本としたのが本書です。単行本とするにあたっては、Q&Aの内容によっては、会計や税務の観点からの追加の記載をTAX-CPA研究会の税理士が行いました。

　こうして出来上がった本書は、経営者が会社の運営において会社法に関係しそうな疑問を顧問弁護士に相談し、その前後に顧問税理士にも相談した場合の回答結果に近いものとなっていると思います。実務において、「法的にはこうだが、いざ実行するにあたって税務はどうなる？」という項目が少なくありません。本書では、島村先生が書かれたQ&Aのうち3割ほどに税務の観点からの記述を加えることで、会計や税務の留意点を追加しています。

　厳しい経済環境の中、中小企業が生き残っていくためには、会社法、会計、税務などあらゆる情報をフル活用していかなければなりません。会社を後継者に引き継ぐうえでも、閉鎖していくうえでも会社法や税務が必ず関係してきます。本書が、顧問弁護士を雇うまでの規模でないという会社の経営者にとって会社経営の中で生じる疑問を解決する書籍になることを祈念しております。また、税理士の先生にとっても、日ごろの会計・税務だけでなく、会社法分野に関しての助言ができるようになる書籍として活用していただければと考えております。

平成28年10月吉日

　　　　　　　　　　　TAX-CPA研究会　代表
　　　　　　　　　　　公認会計士・税理士　佐久間　裕幸

◆編著者略歴

島村　謙（しまむら　けん）

1999年横浜国立大学経済学部卒業、2001年同大学院国際経済法学研究科（租税法専攻）修了、法学修士。旧司法試験合格を経て弁護士登録、鳥飼総合法律事務所入所（現在）。

内閣府行政刷新会議事務局・内閣官房情報公開法改正準備室参事官補佐（2009年11月～2011年６月）。主な業務分野は、会社法務、Ｍ＆Ａ、IPO、租税法など。

著書に、「ビジネスシーンごとにつかむ　企業経営の法律知識」「税理士の専門家責任とトラブル未然防止策　法的責任から賠償訴訟の対応まで」「新版　税理士・会計士のための顧問先アドバイスノート　企業法務編」（以上、清文社）などがある。

鳥飼総合法律事務所
　東京都千代田区神田小川町１丁目３番１号　NBF小川町ビルディング６～７階

佐久間　裕幸（さくま　ひろゆき）

1984年慶應義塾大学商学部卒業、1986年慶應義塾大学大学院商学研究科修士課程修了、商学修士。同年公認会計士第二次試験合格、監査法人中央会計事務所（中央監査法人）に入所し、株式公開準備企業の監査等に従事。1990年公認会計士、税理士登録。

監査法人退職後、佐久間税務会計事務所を開設し、父の税理士事務所も引き継ぎ、所長に。中小・中堅企業の会計・税務の業務のほか、成長企業の株式公開準備支援などを実施。日本公認会計士協会IT委員会電子化対応専門委員会専門委員長。著書に「電子帳簿の実務Ｑ＆Ａ」「平成28年度改正対応　こうなる！　国税スキャナ・スマホ撮影保存」「国税庁Ｑ＆Ａ対応　実践　税務書類のスマホ・スキャナ保存」（ぎょうせい）、「顧問税理士も知っておきたい相続手続・書類収集の実務マニュアル」（中央経済社）などがある。

■税務からのアプローチ執筆者一覧（五十音順）

青山恒夫（公認会計士・税理士）　青山公認会計士事務所 　東京都荒川区西日暮里5丁目14番10号　サンライズビル4階
浅野昌孝（公認会計士・税理士）　柳澤・浅野公認会計士事務所 　東京都荒川区西日暮里3丁目6番14号　マンション道灌山508号
神田和俊（公認会計士・税理士）　新橋税理士法人 　東京都港区西新橋1丁目16番4号　ノアックスビル2階
佐久間裕幸（公認会計士・税理士）　佐久間税務会計事務所 　東京都文京区根津1丁目4番6号　SBビル6階
橋元秀行（公認会計士・税理士）　橋元秀行税理士事務所 　東京都清瀬市竹丘1丁目17番26号　コスモ・ザ・パークス清瀬の森612号
柳澤宏之（公認会計士・税理士）　柳澤・浅野公認会計士事務所 　東京都荒川区西日暮里3丁目6番14号　マンション道灌山508号
山田美代子（公認会計士・税理士）　山田公認会計士事務所 　東京都渋谷区代々木5丁目40番6号
吉田健太郎（公認会計士）　佐久間税務会計事務所 　東京都文京区根津1丁目4番6号　SBビル6階

TAX-CPA研究会とは

　TAX-CPA研究会は、平成16年に会社法改正要綱が発表された際に、その改正内容を研究する目的で結成された公認会計士・税理士による研究会です。商法から大幅に変わった会社法の知識をきちんと身につけることで、株式会社を規律する会社法を踏まえた助言を顧問先に行っていける税理士であることを目指してメンバーが集まりました。

　研究会では、月に一度のペースで勉強会を開催し、改正要綱を読み込み、会社法が成立してからは、会社法の条文を理解し、会社法施行規則、会社計算規則なども勉強しながら、会社法前後で大きな改正があった会計、監査、税法の研究へと幅を広げながら今日に至っています。

Q&A 中小企業経営に役立つ 会社法の実務相談事例

平成28年11月7日 第1刷発行

編著者 島村　　謙
　　　　佐久間　裕幸

発　行　株式会社ぎょうせい

〒136-8575　東京都江東区新木場1-18-11
電話　編集 03-6892-6508
　　　営業 03-6892-6666
フリーコール 0120-953-431
URL：http://gyosei.jp

〈検印省略〉

印刷　ぎょうせいデジタル㈱
※乱丁・落丁本はお取り替えいたします。

Ⓒ2016 Printed in Japan

ISBN978-4-324-10203-9
(5108287-00-000)
〔略号：中小会社実務〕